Kooperation und Mitbestimmung

Theorie und Praxis der Gewerkschaften

Kooperation und Mitbestimmung

Überlegungen zur innerbetrieblichen Mitbestimmung

Herausgegeben von
Hermann Huss und Eberhard Schmidt

Europäische Verlagsanstalt

Druck: Georg Wagner, Nördlingen
ISBN 3 434 10046 6
Printed in Germany

Inhalt

Vorbemerkung

Seit etwa vier Jahren werden in Teilen der Gewerkschaft Fragen der innerbetrieblichen Mitbestimmung unter dem Stichwort »Mitbestimmung am Arbeitsplatz« mehr schlecht als recht diskutiert. Offensichtliche Unzulänglichkeiten der Montan-Mitbestimmung wie auch die seinerzeit anstehende Novellierung des Betriebsverfassungsgesetzes hatten – besonders im Bereich der IG Metall – zu zaghaften Anregungen für eine verbesserte innerbetriebliche Arbeitnehmermitbestimmung geführt. Das Echo auf diese Vorschläge war uneinheitlich und reichte von kritischer Zustimmung bis zu heftiger Ablehnung. Die Befürworter verbesserter Mitbestimmungsrechte unterhalb der Unternehmensebene wurden sogar verdächtigt, der (uralten) Unternehmerstrategie der Verhinderung bzw. Zerstörung gewerkschaftlicher Solidarität Vorschub zu leisten.
Demgegenüber ist zunächst daran zu erinnern, daß der Deutsche Gewerkschaftsbund programmatisch stets an der Forderung nach Arbeitnehmermitbestimmung auf allen Ebenen des wirtschaftlichen Geschehens festgehalten hat. Im Aktionsprogramm 1972, das der DGB auf seinem 9. ordentlichen Bundeskongreß im Juni 1972 in Berlin verabschiedet hat, heißt es unter dem Abschnitt »Mehr Mitbestimmung« im Wortlaut: »Mitbestimmung der Arbeitnehmer am Arbeitsplatz, im Betrieb, im Unternehmen und in der gesamten Wirtschaft sowie in öffentlichen Verwaltungen und Betrieben muß die politische Demokratie ergänzen.« Eine infas-Umfrage ergab, daß auch die Mehrheit der Bundesbürger hinter solchen Forderungen steht. Auf die besondere Frage nach der Einschätzung der Mitbestimmung am Arbeitsplatz reagierten zwei Drittel der Befragten positiv. Danach halten 22 Prozent die Mitbestimmung am Arbeitsplatz für sehr wichtig und weitere 43 Prozent für wichtig. Nur 8 Prozent halten sie für unwichtig. Wie notwendig es ist, umfassende

Mitbestimmungsrechte zu verwirklichen, hat die Mitbestimmungskommission (Biedenkopf-Kommission) mit unfreiwilliger Offenheit dargelegt, indem sie nachwies, daß die auf die Unternehmensgremien der Montanindustrie und damit qualitativ und quantitativ begrenzte Mitbestimmung bisher weitgehend formal und politisch wirkungslos blieb. Um so verwunderlicher ist die Tatsache, daß sich der DGB und die Einzelgewerkschaften bisher der Aufgabe entzogen haben, Mitbestimmungsforderungen unterhalb der Ebene des Betriebsrates zu präzisieren und Strategien für ihre Durchsetzung zu entwerfen.

Welche Überlegungen und Ängste die heftige Frontstellung einiger Gewerkschaftsvertreter gegen eine nach ›unten‹ erweiterte Mitbestimmung im einzelnen auch verursacht haben mögen, in der Rückschau wird deutlich, daß nicht zuletzt einfachste Mißverständnisse zu der wenig fruchtbaren Kontroverse beigetragen haben. An diesen Mißverständnissen sind die Autoren der Vorschläge zur innerbetrieblichen Mitbestimmung nicht unschuldig. Es zeigte sich wieder einmal, daß neue Ideen nicht zum Ruhekissen für ihre Autoren werden dürfen, sondern daß diese die volle Beweislast für ihre Vorschläge zu tragen haben. Der hier vorgelegte Band soll ein bescheidener Versuch sein, dieser Notwendigkeit zu entsprechen. Es ist jedenfalls ein Versuch, einige Zusammenhänge, die in der Vergangenheit bei manchen Auseinandersetzungen um die Stärkung der Arbeitnehmerstellung im Betrieb offensichtlich aus dem Blickfeld geraten waren, aufzuzeigen und insoweit auch den mitbestimmungs- und gewerkschaftspolitischen Stellenwert innerbetrieblicher Mitbestimmung sichtbar zu machen.

Ein solches Bemühen muß jedoch unvermeidlich von dem Eingeständnis ausgehen, daß wir uns noch wesentlich in einer Diskussionsphase befinden, daß die praktisch-politische Auseinandersetzung um die Stärkung der Arbeitnehmerstellung im Betrieb nur sporadisch geführt wird. Auch die Durchsetzung des neuen Betriebsverfassungsgesetzes widerlegt diese Beobachtung nicht; vielmehr zeigt es den ungebrochen großen Einfluß der Unternehmer auf Richtung und Umzäunung der Mitbestimmungsentwicklung. Hoffnung gibt allerdings die Tatsache, daß seit einigen Jahren im Bereich der gewerkschaftlichen Vertrauensleute neue Tendenzen sich durchzusetzen beginnen, die auf eine stärkere Mobilisierung der Arbeiter und Angestellten für ihre unmittelbaren Interessen am Arbeitsplatz auf betrieblicher und

Unternehmensebene zielen. Die verschärften tarifpolitischen Auseinandersetzungen der letzten Jahre haben zumindest dafür gesorgt, daß traditionelle Forderungen und Kampfformen ergänzt wurden durch neue, eher qualitativ als quantitativ orientierte Ziele.

Darüber hinaus ist auch einzugestehen, daß die Diskussion und theoretische Klärung mancher Fragen der Mitbestimmung – sowohl als demokratische Kampfstrategie wie auch als Zielvorstellung – nicht in jeder Hinsicht an die Grenzen des Möglichen gestoßen sind, d. h. an die Grenzen, die durch den gegebenen Stand der politischen Entwicklung vorgezeichnet werden. Eine Reihe von Fragen könnte selbst beim heutigen Stand der Dinge theoretisch weiter aufgeklärt werden als bisher geschehen, z. B. das Verhältnis von Technik und Kooperation. Solches leistet auch der vorliegende Band nicht. Es konnte hier nur darum gehen, den erreichten Stand der Diskussion zu dokumentieren und mögliche Perspektiven für die notwendige weitere politische Willensbildung aufzuzeigen. So sollte es nicht verwundern, sondern zu theoretischen und praktischen Klärungsanstrengungen anregen, wenn die hier vorgelegten Beiträge nicht bruchlos ineinandergreifen, in Detailfragen sogar Widersprüche aufweisen und jedenfalls kein integrales Modell innerbetrieblicher Mitbestimmung sein können.

Zur Ergänzung dieser Beiträge – gleichsam zur weiteren Anregung der mitbestimmungspolitischen Phantasie – soll in einem weiteren Band über Erfahrungen und Vorstellungen von Mit- bzw. Selbstbestimmungsstrategien in verschiedenen europäischen Ländern berichtet werden.

Frankfurt am Main
im Juni 1972 — Die Herausgeber

Hermann Huss
Betriebsorganisation und Betriebsdemokratie

Trotz aller Wandlungen in der Gesellschaft und im Produktionsbereich beruht die Macht der Unternehmer wie eh und je auf ihrem Verfügungsrecht über die Maschinen und Produktionseinrichtungen in den Betrieben und auf der damit verbundenen Verfügungsgewalt über die an den Produktionsmitteln arbeitenden Menschen. Um diesen Kern herum haben sich vielfältige Veränderungen vollzogen, die sich in ihren politischen Auswirkungen teils ergänzen, teils widersprechen.

Gewandelt haben sich bedeutsame strukturelle Momente der kapitalistischen Wirtschaft. Die *Konzentration des Kapitals,* an sich ein seit Beginn der Industrialisierung bekannter Prozeß, vollzieht sich in jüngster Zeit mit nie gekannter Geschwindigkeit. Vor allem in den Schlüsselbereichen der Industrie (Chemie, Auto, Öl, Elektro und Stahl) ist bereits ein hoher Grad der Oligopolisierung erreicht; in jeder dieser Branchen geben drei, vier oder fünf Konzerne den Ton an. Dabei wird die jüngere Entwicklung auch durch grenzüberschreitende Kapitalkonzentration gekennzeichnet. Nach der Oligopolisierung der nationalen Märkte zeichnet sich eine Oligopolisierung des Weltmarktes ab. Auch im Weltmaßstab entwickeln sich je einige Superkonzerne zu Branchenführern. Das hat Konsequenzen für die gesellschaftlichen Machtverhältnisse. Denn auch die Groß- und Größtunternehmen unterliegen noch den alten Triebkräften. Ihr Ziel bleibt die Vermehrung des Kapitals im Interesse der privaten Besitzer. Doch mit zunehmender Größe wächst ihre Chance, die Profitwünsche zu verwirklichen eher überdurchschnittlich. Die alten Gegenkräfte verlieren demgegenüber an Gewicht. Der vielgerühmte Markt- und Wettbewerbsmechanismus wird fast völlig ausgeschaltet. Die wirtschaftspolitischen Werkzeuge des Staates versagen in vielen Fällen – und dies natürlich besonders gegenüber weltweit operierenden Konzernen. Und schließlich gerät auch die traditionelle Gewerkschaftsorganisation noch mehr ins Hintertreffen. Alles in allem ist zu beobachten, daß sich in Gestalt einiger Konzernspitzen angebbare, aber kaum kontrollierbare Planungszentren herausbilden, von denen mehr und mehr die bestimmenden Impulse der wirtschaftlichen Entwicklung ausgehen.

Veränderungen gab es auch in den gesellschaftlichen Bedingungen der *Arbeitnehmerstellung.* In dem Bereich, der – vordergründig genug – als der politische (nicht-wirtschaftliche) Bereich der Gesellschaft verstanden wird, hat sich die relative Position gefestigt. Im Bundestag wurden in jüngerer Zeit mehr die Interessen der Lohnabhängigen berücksichtigende Gesetze durchgebracht als früher. Durch Veränderungen in der bürgerlichen Mittelschicht in der jüngeren, nicht mehr vom Faschismus geprägten Generation, teils auch seit Beginn der Politisierung großer Teile der Studentenschaft, wird die sogenannte öffentliche Meinung nicht mehr so eindeutig von den Unternehmern und ihren reaktionären Sprachrohren beherrscht, wie das noch vor einigen Jahren der Fall war. Die Unternehmer reagieren darauf mit zunehmender Heftigkeit: von verschärfter Hetze gegen Arbeitnehmer und Gewerkschaften bis zu offenen Bündnissen unternehmerfreundlicher Parteien mit faschistischen Organisationen; begleitet und unterstützt von mächtigen Pressekonzernen. Diese Entwicklung darf nicht resignierend als völlig einseitig wachsende Kapitalmacht mißverstanden werden, sondern ist als Teil gesamtgesellschaftlicher Veränderungen anzusehen. Man könnte von Polarisation oder auch von der Verschärfung des Klassenkonflikts sprechen, doch damit würde nur ein Aspekt erfaßt. Die Politik des Springer-Konzerns, die arbeitnehmerfeindlichen Machenschaften einer CSU u. dergl. bezeichnen wesentlich, aber nicht schlechthin die Politik des Kapitals. Im tendenziell veränderten Kräftefeld sehen sich heute auch Gruppen, von denen man es kaum erwartet hat, genötigt, z. B. Mitbestimmungsmodelle zu entwickeln; ein Vorgang, den man politisch nicht ganz und gar als billige Schaumschlägerei abtun kann. Daneben haben sich eine Reihe struktureller Wandlungen auf Arbeitnehmerseite vollzogen. Der Konzentration des Kapitals entspricht u. a. ein wachsender Anteil der Lohnabhängigen und ihrer Familien an der Bevölkerung. In Anpassung an die technische Entwicklung sind neue Qualifikationsstrukturen entstanden; alte Berufsmuster sind verschwunden. Sowohl bessere Schulausbil-

dung im allgemeinen als auch größere Gruppen qualifizierter Techniker (»technische Intelligenz«) im besonderen verändern das Bild der Arbeiterschaft. Schließlich sei auf die gestiegenen Löhne hingewiesen, die einen höheren individuellen Lebensstandard ermöglichen, womit allerdings (bei gegebener Einkommensverteilungsstruktur) die Diskrepanz zum seit je niedrigen gesellschaftlichen Lebensstandard noch krasser geworden ist.
Gewandelt haben sich die *Arbeitsverhältnisse und -bedingungen in den Betrieben,* die in Verbindung mit den angedeuteten gesellschaftlichen Veränderungen die Ambivalenz mancher Aspekte des erzielten Fortschritts deutlich werden lassen. Ambivalent ist etwa die durch technologische Anforderungen und bessere Schuleinrichtungen veränderte und verbesserte Qualifikationsstruktur für Kapitalverfüger und Lohnabhängige gleichermaßen. Für erstere, weil ihre Interessen nicht die Verknüpfung von technischem und gesellschaftlichem Fortschritt erlauben. Für letztere, weil eben dies in ihrem Interesse liegt, die Macht der kapitalistisch orientierten Herrschaftsstrukturen aber noch ungebrochen ist. So bedeuten entwickelteres Bewußtsein und anspruchsvollere Qualifikation zunächst nur ein Potential, das gewerkschaftlich zu organisieren und zu entfalten wäre.
Die von der kapitalistischen Entfaltung der Produktivkräfte ausgehenden und sich im Betrieb konkretisierenden Wandlungen werden zunächst in der weitestgehenden Trennung von Besitz und Verfügung über die Produktionsmittel sichtbar. Diese Trennung ändert noch nicht die Herrschaftsstruktur und die am privaten Profit orientierte Entwicklungsrichtung des Systems, zerreißt aber den ideologischen Schleier, der es seit je stützen half. »Der Übergang von der Eigentümer- zur Managerkontrolle ... liefert ganz offensichtlich den Nachweis, daß nicht nur die Eigentümer zur rationellen Leitung des Produktionsprozesses befähigt sind. Das Eigentumsprinzip wird als Legitimationsbasis der kapitalistischen Produktionsweise in Frage gestellt.«[1] Die Ablösung der Eigentümer-Unternehmer durch professionalisierte Manager-Unternehmer (Kapitalverfüger) ist ein Aspekt der auf der erreichten Stufe der Technologie (bei gegebenem Profitstreben) notwendigen Rationalisierung der Produktion. Neue Qualifikationsanforderungen (die in manchen Fällen auch Entquali-

1 Otto Brenner, Perspektiven der deutschen Mitbestimmung, Arbeitsheft 226 der IG Metall, Frankfurt (M) 1972, S. 5 f.

fizierung bedeuten können) an die verschiedenen Arbeitnehmergruppen bilden einen anderen Aspekt. Daneben dienen eine Reihe weiterer Teilveränderungen diesem Rationalisierungsprozeß. So werden in einzelnen Bereichen die zum offensichtlichen Hindernis gewordenen hierarchischen Befehlsstränge durch »neue Führungsstile« ersetzt – wodurch die Gesamtkontrolle von oben jedoch nicht gefährdet werden darf, auch wenn diese Kontrolle weitergehender technischer Rationalisierung zuwiderläuft. Auch im ideologischen Bereich vollziehen sich Wandlungen. Die Kapitalverfüger entwickeln Modelle für die »Vermögensbildung in Arbeitnehmerhand« und für eine »Gewinnbeteiligung der Mitarbeiter«, denen allen gemeinsam ist, daß sie den relativen Anteil der Lohnabhängigen an den Einkommen und Vermögen weiter schrumpfen lassen.

Die von all diesen Veränderungen ausgehenden Konsequenzen für die Arbeitnehmerseite offenbaren sich generell in verschärften Leistungsanforderungen. Unter dem Deckmantel »fortschrittlicher und gerechterer« Arbeitsplatz- und Leistungsbewertungssysteme und entsprechende neue Normen wird die körperliche, nervliche und geistige Belastung kontinuierlich erhöht. Trotz ungeahnter technologischer Errungenschaften ist bis heute ein beachtlicher Teil der jährlichen Produktivitätssteigerungen schlicht auf die Beschleunigung der Knochen- und Nervenmühle zurückzuführen. Es nimmt nicht wunder, daß solche Veränderungen ihrerseits noch einen weiteren Wandel hervorbringen: neue, mehr und schärfere Konflikte in den Betrieben.

Selbst diese knappe stichwortartige Skizze der jüngsten Wandlungen und Veränderungen in der Gesellschaft (deren oberflächlichste von den Ideologen gerne herausgegriffen und isoliert werden, um die »Modernität« unserer Gesellschaft zu behaupten; diesen Propagandisten zufolge leben wir dann in einer »freien Leistungsgesellschaft«, in einer »nivellierten Mittelstandsgesellschaft«, in einer »pluralistischen, klassenlosen Gesellschaft«, oder was immer gerade ins Konzept paßt[2]) läßt bereits erkennen, was sich alles nicht gewandelt hat. Diese »un-

2 »Man erzählt uns immer wieder, daß sich in unserer Gesellschaft ›radikale‹ Veränderungen vollzogen haben und daß alles ›ganz anders‹ sei als früher. Die Wirklichkeit bestätigt das nicht. Sie zeigt uns, daß im Gegenteil vieles, allzuvieles beim alten geblieben ist. Geblieben ist nicht nur die abhängige Lage der Arbeitnehmer, ihr bescheidener Anteil am Sozialprodukt, ihre allgemeine Existenzunsicherheit. Geblieben und gewachsen sind vor allem Macht und Einfluß der Unternehmer, die

wandelbaren Grundwerte« – wie die Herren es wohl nennen – sind im Betrieb am deutlichsten zu erkennen; und dies nicht zufällig, denn dort finden sich Quelle und Hauptwurzel der unveränderten Grundstruktur unserer Gesellschaft. Dort wirkt der Profitmotor mit ungebrochener Kraft. Und dort sind die Herrschaftsverhältnisse wesentlich unverändert, die sein Laufen ermöglichen und sichern. Nicht gewandelt hat sich also, daß Ausmaß und Dynamik fast aller Veränderungen hauptsächlich von den Kapitalverfügern bestimmt werden, während sich Arbeitnehmer und Gewerkschaften als Anpasser verhalten. Obwohl die Arbeitnehmer die Produktivitätssteigerungen hervorbringen und tragen, haben sie auf deren Richtung keinen Einfluß. Die Tatsache des technischen Fortschritts erfährt der Arbeiter in Form von Umsetzung, Entqualifizierung, Qualifizierung, höherem Arbeitstempo, größerer Belastung und / oder Entlassungsschreiben. Weder auf der Ebene dieser konkreten Erfahrungen noch auf anderen Ebenen, auf denen er durch Delegation vertreten ist, initiiert oder lenkt er technischen Fortschritt. Selbst wenn einzelne es im arbeitsteiligen Prozeß scheinbar tun (im Forschungslabor und anderswo), bleiben doch alle von den treibenden Profitinteressen abhängig. – Nicht gewandelt hat sich aber auch – das sollte nicht verschwiegen werden – die *relative* Unfähigkeit der Lohnabhängigen, die Produktion in Selbstverwaltung zu übernehmen. Schließlich ist die mitskizzierte Dynamik des Kapitalismus bei allem ideologischen Brimborium im Kern nicht schlichtweg Ideologie.

Von den zahlreichen Wandlungen unterschiedlichen Gewichts, die sich vom Arbeitsplatz bis zur UNO um den alten kapitalistischen Kern herum vollzogen haben, sind natürlich die Gewerkschaften nicht unberührt geblieben. Ihre Position hat sich nicht auf allen Ebenen gleichmäßig entwickelt. Während ihr Gewicht im staatlichen Raum wuchs, blieben die Fortschritte auf der betrieblichen Ebene sehr bescheiden. Dort, wo das Kapital seine größte Schlagkraft entfaltete, blieb die gewerkschaftliche Organisation am relativ weitesten zurück.

Riesengewinne der Wirtschaft, ihre Finanzierung und Ausdehnung auf Kosten der Verbraucher und der arbeitenden Schichten. Mit einem Wort: Geblieben ist die Klassengesellschaft mit ihren sozialen Gegensätzen und Ungerechtigkeiten, dem Luxus und der Macht der wenigen auf der einen, der bescheidenen Existenz und der Abhängigkeit der vielen auf der anderen Seite.« (Otto Brenner, Protokoll des 5. ordentlichen Gewerkschaftstages der IG Metall, Nürnberg, 15.–20. 9. 1958, S. 204.)

Die hierarchische Betriebsorganisation dient nur dem Unternehmerinteresse

Auf der heute erreichten Stufe der Entfaltung der Produktivkräfte bleibt die Notwendigkeit der *arbeitsteiligen* Produktion unbestritten. Damit verbunden sind nach wie vor unterschiedliche Arbeits- und Qualifikationsanforderungen. Auch bleiben unter diesen Bedingungen Koordination und Leitung der Arbeitsprozesse selbständige Funktionen.

Im kapitalistisch organisierten Betrieb sind alle Arbeitsplätze (Positionen), auch die koordinierenden und leitenden, Bestandteile einer *hierarchischen Struktur:* Willensbildung und Anweisungen erfolgen nur von oben nach unten, während deren Ausführung unten erfolgt und die Vollzugsmeldungen nach oben geleitet werden; auf solche Meldungen von der Art »Befehl ausgeführt« beschränkt sich im großen ganzen das »Mitspracherecht« der Arbeitnehmer auf den unteren Stufen der Hierarchie. Die kapitalistische Ideologie behauptet diese Strukturierung als durch Natur und Technik zwingend begründet, als »Sachzwang«.

Es ist bisher nicht gelungen, der Arbeitnehmer-Mehrheit den ideologischen Charakter dieser Behauptung deutlich zu machen. Den weitaus meisten Arbeitern und Angestellten erscheinen die technischen, ökonomischen und organisatorischen Verhältnisse im Betrieb als Gegebenheiten, die sie nicht beeinflussen können, denen sie sich stets anpassen müssen. Obwohl die Produktion nur bei aktiver Mitarbeit der Lohnabhängigen funktioniert, entfaltet sie sich in deren Augen scheinbar automatisch, ohne bewußtes Zutun der einzelnen, ohne oder gar gegen ihren Willen. »In dem Gefüge des betrieblichen Arbeitshandelns ... konkretisiert sich zwar der Betrieb als ein soziales, organisatorisches und technisches Gebilde; die Zielsetzung und entscheidende Gestaltungs- und Strukturprinzipien dieses Handlungssystems resultieren jedoch aus vorgegebenen, in den Eigentumsverhältnissen und Verfügungsrechten über das Produktionskapital beruhenden Macht- und Interessenstrukturen, nicht aus dem Willen der Arbeitnehmer.«[3]

Der hierarchische Aufbau des Betriebes ist nicht das Ergebnis

3 Mario Helfert, Industrielle Arbeit als politische Gestaltungsaufgabe, in: WWI-Mitteilungen, 24 (1971) 1, S. 20.

von »Sachzwängen« technischer oder sonstiger Art, sondern ergibt sich aus den Profitinteressen der Kapitalverfüger; soweit andere Interessen eine Rolle spielen, bleiben sie von untergeordneter Bedeutung. Die zentrale Willensbildung im Dienste des zentralen Profitinteresses erfordert zentrale Anweisungen und zentrale Kontrolle. Diesen Anforderungen der Unternehmer genügt nur eine einzige Organisationsstruktur: die hierarchische. Wenn es den Unternehmern nicht möglich ist, die Produktionsstätten so zu führen, wie es ihre Profitwünsche erforderlich erscheinen lassen, sehen sie keinen Sinn in der Fortsetzung der Produktion; sie legen die Betriebe in solchen Fällen still, ganz gleichgültig, welche Konsequenzen das für die Beschäftigten auch haben mag.

Das Funktionieren der hierarchisch organisierten Produktion wird durch das heutige Arbeitsrecht (BetrVG u. a.) vielfältig abgesichert. Eine zentrale juristische Säule der privaten Verfügungsmacht ist das *Direktionsrecht* der Unternehmer. Es garantiert jedem Besitzer von Maschinen u. a. Produktionsmitteln das Recht, den an den Maschinen arbeitenden Menschen Befehle zu erteilen. Zudem dienen zahlreiche Arbeitsgesetze und Gerichtsurteile der Absicherung und Ausgestaltung dieses zentralen Rechts. Die Wirkung dieses Rechtssystems läßt sich vom Standpunkt der Arbeitnehmer auch andersherum zusammenfassen: es dient der Verhinderung eines ebenso grundlegenden Gegenrechts, das Ausdruck von Gegenmacht der Lohnabhängigen wäre. – Dabei ist jedoch einem möglichen Mißverständnis vorzubeugen. Das herrschende Arbeitsrecht ist selbstverständlich nicht Ausdruck und Werkzeug einer unumschränkten Unternehmermacht. Solange diese Macht unumschränkt war – im Frühkapitalismus – bedurfte es keiner Arbeitsgesetzgebung: die Kapitalisten konnten in jeder Minute schalten und walten wie sie wollten. In der Regel paraphiert und sichert jedes Arbeitsgesetz neben einem großen Stückchen Kapitalistenmacht auch ein kleines Stückchen Arbeitermacht. Doch bleibt das Arbeitsrecht ›per Saldo‹ Unternehmer*recht*, solange die Unternehmer*macht* dominiert. Die Handhabung der Friedenspflicht durch starke Betriebsräte in gut organisierten Betrieben gegen die Betriebsleitungen vermittelt einen Eindruck vom Wechselspiel von Recht und Macht.

Neben der hierarchischen Organisation gibt es im Betrieb so etwas wie eine »soziale Organisation« (Betriebsrat u. a.), von der mit Eifer behauptet wird, daß sie den »sozialen Bedürfnissen« der Arbeitnehmer diene und ihnen Mitbestimmungsrechte einräume. Das ist nicht ganz falsch. An dieser Stelle gilt es jedoch nur zu betonen, daß es sich bei der sozialen Organisation nicht im entferntesten um eine *selbständige* Organisation handelt, die gleichrangig neben der Hierarchie steht. Die soziale Organisation hat keine dem privaten Besitz-, Verfügungs- und Direktionsrecht entsprechende *Legitimationsbasis,* sie bildet ein der kapitalistischen Herrschaftsorganisation äußerliches Anhängsel.

Das läßt sich an allen bisherigen Mitbestimmungserfahrungen zeigen. Auch in den Unternehmen, die dem Mitbestimmungsgesetz unterliegen, ist an der Struktur der Produktionsorganisation kein Jota geändert worden. Die Betriebe sind nach wie vor hierarchisch organisiert, sie funktionieren im Interesse der Kapitalverfüger – und garantieren ihrerseits die Autonomie der Spitze. Die hierarchische Struktur des kapitalistischen Betriebs ist kein »wertfreier« umgekehrter Trichter, in den man oben nur die richtigen, »auch die Arbeitnehmerinteressen berücksichtigenden« Entscheidungen hineinzugeben braucht und unten etwas alle Beteiligten Zufriedenstellendes herauskommt. Die Qualität der Hierarchie ist unlösbar an ihren historischen Ausgangsort gebunden: an die Profitinteressen der privaten Kapitalbesitzer. Ein konsequent von den Arbeitnehmerinteressen ausgehender Betriebsaufbau kann kein hierarchischer mehr sein, sondern nur ein demokratischer. Entsprechend kann Mitbestimmung, die diesen Namen verdient, also Interessenvertretung der Lohnabhängigen wirksam erlaubt, nur entsprechende ›Durchlöcherung‹ der Hierarchie bedeuten. Wenn man in einem Betrieb feststellen will, ob die Arbeiter und Angestellten mitbestimmen, dann muß man zuerst Art und Qualität des Informationsflusses untersuchen und die Brüche in der autoritären Befehlsstruktur zählen, nicht die Arbeitnehmervertreter im Aufsichtsrat. Nach Maßgabe solcher Gesichtspunkte unterscheiden sich Montanbetriebe offensichtlich kaum von anderen.[4]

Das ungebrochene Fortbestehen der Hierarchie hat entscheidende Konsequenzen für die Wirksamkeit von Arbeitnehmervertre-

---

4 Auch im Bewußtsein der Arbeitnehmer gibt es heute keine besonders bemerkenswerten Unterschiede. Vgl. Institut für Angewandte Sozialwissenschaft, »Aspekte der Mitbestimmung«, vervielfältigtes Manuskript, Bad Godesberg 1966.

tern in Spitzengremien aller Art. Die Kapitalvertreter sichern ihr Direktionsrecht tagtäglich nicht mit dem Gesetz, sondern mit Hilfe des Apparats, der ihnen garantiert, daß ihre Entscheidungen unten ankommen und widerspruchslos ausgeführt werden. Die Arbeitnehmervertreter haben, bei Licht besehen, nur das Gesetz und keinen Apparat, mit dessen Hilfe die dort zugestandenen Rechte durchgesetzt werden könnten. Das ist aber nur die zweite Stufe des Problems; oberflächlich könnte man an der Behauptung festhalten, das hierarchische Prinzip sei neutral und es komme nur darauf an, oben mit Arbeitnehmerbeteiligung die richtigen Entscheidungen reinzugeben. Wiewohl es schon absurd wäre, von Durchsetzung der Arbeitnehmerinteressen zu sprechen, solange diese Durchsetzung nicht nur die Befehlsempfängerstellung akzeptiert und auf ihr beruht, sondern sie auch in einem Kreislauf ständig neu befestigt, ist die Durchsetzung von Arbeitnehmerinteressen auf dieser zweiten Stufe vor allem deswegen unmöglich, weil ihr von seiten der Lohnabhängigen keine erste Stufe vorgelagert ist. Die Arbeitgebervertreter können in den Unternehmensgremien fast immer die Machtfrage stellen – in den verschiedensten Abstufungen, von kleinen Lamentos bis zum großen Investitionsstop. Was können die Arbeitnehmervertreter dem entgegensetzen? Im Aufsichtsrat alleine fast nichts. Die im Aufsichtsrat oder auch im Vorstand sitzenden Arbeitnehmervertreter können formal den Kapitalinteressen entgegengesetzte Entscheidungen fällen (und noch formaler über die Hierarchie auch durchsetzen), nur merkt das niemand – ausgenommen vielleicht ein Historiker, der später einmal die Akten studiert. – Den Arbeitnehmern fehlt für wirksame Mitbestimmung bei der Betriebs- bzw. Unternehmensführung die Stufe darunter, nämlich der eigene Rücken, den sie im Produktionsprozeß selbst nur den Kapitalverfügern hinhalten.

Die Kapitalverfüger könnten an der Spitze auch nichts mit Erfolg bestimmen, wenn sie nicht den hierarchisch organisierten Unterbau fest in der Hand hätten. Angesichts dieses fundamentalen Unterschieds in den Ausgangspositionen ist auch das *persönliche* Geschick der Arbeitnehmervertreter in den Spitzengremien von untergeordneter Bedeutung.

Zu dem Spielchen von Bestimmen und »Mit«-bestimmen in den Zentralorganen, in denen die Arbeitnehmervertreter nie die Machtfrage stellen können, kommt aber noch ein weiterer Aspekt. Die Arbeitnehmer im Aufsichtsrat usw. sitzen dort nicht nur ohne Unterbau, der der hierarchischen Organisation in den Händen der Kapitalvertreter gleichwertig wäre, sondern auch mit restriktiven Bindungen von ›oben‹; die gesetzlichen Pflichten (Friedens-, Schweigepflicht) werden durch die zugestandenen Rechte nicht einmal formal ausgeglichen. Dies zeigt sich besonders an der Schweigepflicht, die angeblich zur Aufrechterhaltung der Konkurrenzfähigkeit notwendig ist (besonders für Unternehmen mit monopolartiger Marktstellung von Bedeutung!!), in Wahrheit aber nur der Spaltung und Unterdrückung der Arbeitnehmer dient. Formal ist der ganze Aufsichtsrat an die Schweigepflicht gebunden (nicht nur die Arbeitnehmervertreter), ebenso der ganze Vorstand (nicht nur der eventuell dazugehörende Arbeitsdirektor) usw. Nur, die geheimen Beschlüsse setzt die Betriebsleitung dann über den hierarchischen Apparat um und durch; es kommt nur alles darauf an, daß die Arbeiter das Geheime an den Entscheidungen nicht bemerken, bis sie die Arbeit ausgeführt haben. So lange haben die Arbeitnehmervertreter in den Entscheidungsorganen deswegen auch zu schweigen; und sie haben keinen wirksamen Apparat, ihr Schweigen so im Interesse der Arbeitnehmer umzusetzen, wie die Kapitalmanager das im entgegengesetzten Interesse tun. Zu der solchermaßen im Betriebsverfassungsgesetz detaillierten und verordneten Partnerschaft von oben wäre eine stärkere innerbetriebliche Position nicht nur unerläßliches Pendant, sondern langfristig überhaupt die einzige entwicklungsfähige Alternative.

Die Organisation der Arbeitnehmerinteressen außerhalb der Produktion ist unzureichend

Die ungebrochene Vorherrschaft der Unternehmer ist aus der schwachen Position der Lohnabhängigen in den Betrieben schlüssiger zu erklären als aus den Machtverhältnissen auf anderen Ebenen, etwa im Parlament. Es ist nicht zu leugnen, daß die Organisation der Arbeiterschaft sowohl hinter ihren Möglichkeiten als auch hinter ihren elementaren Notwendigkeiten zurückgeblieben ist. Trotz aller Erfolge der organisierten Arbeiterbewegung in den letzten hundert Jahren werden Richtung und Dynamik der Entwicklung der Produktivkräfte und damit wesentlich der Gesellschaft überhaupt nach wie vor von den Kapitalbesitzern und ihren Managern bestimmt. Kern der dafür notwendigen Macht ist ihre Stellung im Betrieb, ihre dezentral an Hunderttausenden von Orten gleichermaßen ausgeübte Herrschaft über Produktionsmittel und Menschen. Diese dezentrale Herrschaft wird durch Beeinflussung – wenn nicht Beherrschung – des Staates gesichert und erweitert, erkämpft wird sie aber nicht in einem Handstreich (Betriebseröffnung), sondern vor allem durch täglich erneuerte Maßnahmen in den Produktionsstätten.

Unter dem Gesichtspunkt des Profits werden laufend Erneuerungen und Veränderungen vorgenommen, denen sich die Lohnabhängigen anzupassen haben. Solche Anpassungen bedeuten oft Schlechterstellung bis hin zur Entlassung; sie bedeuten noch häufiger größere Belastung (größere Arbeitsintensität, Monotonie u. a.). Aber selbst wenn sie Verbesserungen für den einzelnen bringen, sind solche erzwungenen Anpassungen immer nur passives Nachhinken – für den einzelnen bleibt es stets »höhere Fügung«, ob die Fahrt nach unten (schlechtere Arbeitsplätze) oder nach oben geht. Geht es für den einzelnen nach oben, so eröffnen »eine als Beiwerk erzielte Erweiterung der Dispositionschancen, größere Verantwortung und höhere Qualifizierung ... deshalb auch nicht die Möglichkeit, die Prinzipien und Ziele, nach denen die technischen Umstellungen konzipiert und Arbeitsprozesse gestaltet werden, zu beeinflussen.«[5]

Das Instrumentarium, das angewandt wird, um den Lohnabhängigen täglich aufs Neue in eine passive Anpasserrolle zu drängen, ist außerordentlich vielseitig und reicht von kleinsten Tricks bis zur gröbsten Drohung und Erpressung. Das fängt mit dem hierarchischen Aufbau des Betriebes an: die Stellung des einzelnen ist so angelegt, daß er stets isoliert bleibt; er erhält nur Informationen, die seinen Arbeitsplatz betreffen und weiß meist nicht, was seine Kollegen tun und wohin die Gesamtentwicklung des Betriebes geht etc. Damit aber nicht genug: »Die Arbeitgeber ersinnen mit großer Erfindergabe immer neue Unterschiede des Status, der Einstufungen und der außertariflichen Zulagen. Sie denken neue Prämien aus für Fleiß und Produktivität, neue, variable ›Gratifikationen‹, oder ganz einfach Prämien für ›Radfahrer‹«.[6] Innerbetriebliche Maßnahmen wer-

5 M. Helfert (s. Anm. 3), S. 21 f.
6 André Gorz, »Zur Strategie der Arbeiterbewegung im Neokapitalismus«, Frankfurt (M) 1967, S. 33 f.

den dabei regelmäßig durch überbetriebliche ergänzt. Sie können entsprechend einzelne Arbeitnehmer, Gruppen oder auch alle Lohnabhängigen betreffen. »Herabsetzung von Akkordsätzen, Einführung neuer Arbeitsbewertungssysteme, den Arbeitnehmer benachteiligende Veränderungen der Produktionsmethoden, Preiserhöhungen, Verschlechterung der Arbeitsbedingungen oder der Produktqualität, Kapitalflucht oder Investitionsstreik sind einige der möglichen Kampfmaßnahmen des Kapitals zur Durchsetzung von Profitinteressen im Betrieb und in der Politik.«[7] Der strategische Angelpunkt aller dieser Maßnahmen ist die Verhinderung wirksamer Solidarisierung der Arbeitnehmer, die notwendig wäre, um an die Stelle passiver Erduldung der Unternehmer-Entscheidungen eigene Initiativen und selbständige Mitsprache zu setzen.

Aus diesen Beobachtungen und Überlegungen ist zu schließen, daß entgegen dem vordergründigen Anschein die Macht der Kapitalisten nicht in erster Linie auf der Polizei, dem Staat und/oder politischen Parteien beruht, sondern auf ihrer Stellung im Betrieb, wo sie sie täglich erkämpfen, behaupten, sichern, erweitern. Daraus ergibt sich, daß die Arbeitnehmer sich unvermeidlich zuerst auf der Betriebsebene dem Kampf stellen müssen. In diesem Sinn wird auch André Gorz zunächst verstanden: »Die Arbeitsplätze sind der Ort, wo man zur Veränderung einer erdrückenden Umwelt ansetzen muß, wenn die Umwandlung der Gesellschaft und die politische Macht der Arbeiterklasse für die Arbeitnehmer selbst einen Sinn haben sollen.«[8]

Daß die Schwäche der Lohnabhängigen und ihrer Organisationen *in* den Betrieben bisher nicht überwunden, sondern eher noch deutlicher wurde, ist aus der historischen Entwicklung heraus verständlich und mit vielen Argumenten zu erklären. Daß jedoch in der Gewerkschaftsbewegung bis heute keinerlei durchgreifende Neuorientierung erfolgte bzw. als notwendig erachtet wurde, beruht auf einem doppelten Mißverständnis.

Erstens wird, wie seit der Frühzeit der kapitalistischen Industrialisierung, daran festgehalten, daß die gewerkschaftliche Organisation in den Fußstapfen des Systems eine ganz bestimmte

---

7 Hans Matthöfer, »Streiks und streikähnliche Formen des Kampfes der Arbeitnehmer im Kapitalismus«, in Dieter Schneider (Hrsg.), »Zur Theorie und Praxis des Streiks«, Frankfurt (M) 1971, S. 161.

8 A. Gorz (s. Anm. 6), S. 62 f.

Ergänzungsfunktion zu erfüllen habe. Gezwungenermaßen hatten die Gewerkschaften »diesen enormen Apparat der Konzentration sich abplagender Körper geschaffen, ... Preise und Arbeitszeiten festgelegt und den Markt diszipliniert«[9]. Diese »Firma« war für die Unternehmer und die Polizei nur akzeptabel, wenn sie marktadäquate Leistungen erbrachte; sie durfte also nicht in das Produktions-Räderwerk eingreifen, sondern sich gegen die Zusicherung höherer und fester Preise auf die Bereitstellung des ›Öls‹ beschränken. Um das eine nicht zu gefährden, mußte die Gewerkschaft – die »Firma sich abplagender Körper« – das andere akzeptieren. Die strikte Einhaltung der »industriellen Legalität« (Gramsci) sicherte Erfolg und drastische Beschränkung zugleich. Hier soll nun nicht behauptet werden, daß diese Zange heute nicht mehr wirksam wäre (etwa nur in den Köpfen der Gewerkschaftsvorstände noch existierte, wie manche, die sich als besonders »Linke« verstehen, wohl meinen). Zu unterstellen ist jedoch, daß die Hebelarmlängen sich verändert haben. Wenn Gewerkschafter in Regierungskabinetten und Rundfunkräten sitzen, dann mag das in manchen Fällen bei kritischen Beobachtern begründetes Unbehagen hervorrufen, scheint aber neben anderem auf veränderte Positionen im überbetrieblichen Bereich hinzudeuten, die in der Rede von der »objektiven Beeinflussungsmacht« (Dobb/Trentin), die die Arbeiterbewegung gewonnen hat, recht treffend erfaßt sein dürften. Doch um so deutlicher springt das Fehlen der »Beeinflussungsmacht« in den Produktionsstätten ins Auge – und um so mehr Spielraum entsteht für das offene Eingeständnis dieser Tatsache. Der vom erworbenen Rundfunkrats-, Vorstands- oder Ministeresessel aus erfolgende Hinweis auf die herrlichen Erfolge im Kampf um die industrielle Legalität verkommt unweigerlich sehr schnell zur Sprechblase, die mit Fug zum Platzen gebracht werden darf. – Der erste Teil des doppelten Mißverständnisses besteht also darin, daß die Lohnabhängigen sich nicht bis in alle Ewigkeit darauf beschränken können (und nicht müssen), sich bloß außerhalb des Produktionsprozesses zu organisieren. Man stelle sich nur die grotesken Auswirkungen solcher Strategie auf einer Stufe weitgehend automatisierter Produktion vor, von der Tragik nicht zu reden. *Zweitens* besteht selbst hinsichtlich der wirksamsten Organisa-

9 Antonio Gramsci, Philosophie der Praxis, Frankfurt (M) 1967, S. 41.

tion der Interessenvertretung außerhalb der Produktion ein Mißverständnis. Auch hier wird das Organisationsprinzip, nämlich das der *Repräsentation,* das ursprünglich erzwungen wurde, um die wenigen Kräfte optimal zu bündeln, als gegenwärtig und zukünftig unabdingbares unterstellt. Als die Arbeiter sich in ihren marmorlosen »Firmen« zusammentaten, haben sie »von außen und aus dem eigenen Kreis vertrauenswürdiges Verwaltungspersonal gewonnen, das in diesen Spekulationen erfahren« war, die Marktbedingungen beherrschte, fähig war, »Verträge zu schließen, . . . ökonomisch nützliche Schritte in die Wege zu leiten« (Gramsci). Auch hiervon ist noch sehr viel gültig. Aber neue Probleme und neue Spielräume gleichermaßen erzwingen neue Orientierungen, neue Flexibilität. Kurz, es scheint plausibel, daß eine neue qualitative Stufe der demokratischen Entwicklung heute möglich ist.

Gegenüber dem ersten Mißverständnis ist zu betonen, daß die Lohnabhängigen und ihre Gewerkschaften die kapitalistisch organisierte, arbeitsteilige Produktion im Betrieb zugleich akzeptieren und ablehnen müssen. Sie müssen akzeptieren, daß es zur arbeitsteiligen Produktion auf gegebener Entwicklungsstufe keine radikale Alternative gibt und daß sie sie zu *ihrer* Produktion machen können und müssen. Ablehnen müssen sie dagegen die politische Qualität der Produktionsorganisation, die fast ausschließlich dem privaten Profitziel folgt und die Arbeitenden zu Anhängseln degradiert. Heute anerkennen die Gewerkschaften implizit die ideologische Propagandathese von der Untrennbarkeit von arbeitsteiliger Produktion und kapitalistischer Hierarchie, die These also von den »unentrinnbaren Sachzwängen«. Dies akzeptierend, versuchen die Lohnabhängigen über eine Selbstorganisation außerhalb des Arbeitsprozesses ihre Interessen genau wie die Kapitalbesitzer *auf der Basis der kapitalistisch organisierten Produktion* zu realisieren. Das muß für sie langfristig schief gehen. – Man kann das Problem auch so verbildlichen: Die Kapitalverfüger sind in der Produktion voll für sich und ihre Interessen da und nebenbei auch ein bißchen für die Arbeitnehmer (wozu sie allerdings bereits gezwungen werden müssen). Die Arbeitnehmer sind im Arbeitsprozeß ebenso voll – nicht für sich, sondern für die Hauptnutznießer da und nebenbei ein bißchen für sich selbst und ihre eigenen Interessen. Ein offensichtlich ungleiches Spiel.

Das zweite Mißverständnis läßt sich an zahlreichen Erfahrungen als solches belegen. Unterstellt wird von den Anhängern des Repräsentationssystems das reibungslose Funktionieren der Interessenrepräsentation und der Delegation von Interessenvertretungsrechten, so, als gäbe es die funktionierende Demokratie bereits zumindest auf Arbeitnehmerseite. Allerdings wird das die Demokratie erst begründende Moment der Selbstbestimmung von vornherein auf den Wahlakt reduziert; alles weitere regeln die Delegierten. Im Betrieb soll jede Art von Mitbestimmung auf jeder Ebene nur durch den Betriebsrat ausgeübt werden. »Tatsächlich bestehen in der Praxis jedoch kaum Kontrollmöglichkeiten durch die Repräsentierten: Der Betriebsrat ist ... der Überwachung durch die Belegschaft entzogen, seine Absetzung kann nur mit Einverständnis des Arbeitsgerichts ... erfolgen.«[10] Ganz abgesehen davon, daß der Betriebsrat nicht nur die Arbeitnehmerinteressen vertreten, sondern auch die Politik der Betriebsleitung mittragen soll.

Auf den ersten Blick wirft das Konzept, demzufolge nur gewählte Repräsentanten, vor allem die Betriebsräte, mit Verhandlungskompetenzen im Namen der Belegschaft ausgestattet sein sollen, keine Probleme auf: die Betriebsräte müssen nur mit hinreichender Verhandlungsmacht ausgestattet werden – nötigenfalls noch um einige Mitglieder erweitert werden und sich für ihre Aufgaben besser qualifizieren – dann werden sie die Interessen ihrer Kollegen schon wirksam vertreten können. Doch dagegen sprechen nicht nur viele bisherige Erfahrungen. Der Grundgedanke, daß die der Selbständigkeit, der Unabhängigkeit, der freien Entscheidungsmöglichkeit objektiv beraubten und subjektiv entwöhnten Lohnabhängigen ihren Interessen auch heute noch nur per Delegation dienen könnten, hat nicht mehr so viel Plausibles an sich. Er wird allerdings plausibel, wenn man ihn anders deutet: daß die Wähler des Betriebsrats prinzipiell weder die Chance noch die Fähigkeit haben, eine Entwicklung aus der Unmündigkeit zu machen und deswegen ihren Vormund brauchen. Sollten die Verfechter des Repräsentationssystems dieser elitären Vorstellung anhängen, so haben sie es jedenfalls vermieden, offen davon zu sprechen.

Prinzipiell und verbal wird die Fähigkeit und Möglichkeit der

---

10 Gudrun Kalms, Die ›Mitbestimmung am Arbeitsplatz‹ in der Strategie der Gewerkschaften und der Arbeitgeberverbände der Bundesrepublik, unveröffentlichte Diplomarbeit, Otto-Suhr-Institut, Berlin 1970, S. 64 f.

Emanzipation der Lohnabhängigen kaum bestritten. Dagegen werden »sachliche« Einwände erhoben. Es sei doch gar nicht möglich, »alle fünf Minuten eine Versammlung der ganzen Belegschaft« einzuberufen, damit dort demokratisch abgestimmt werde, sagen die Vertreter der Repräsentation. Abgesehen davon, daß solch eine diffamierende Demokratie-Vorstellung den Paternalismus-Verdacht unterstützt, wäre doch viel sinnvoller andersherum zu fragen, was das Delegationsprinzip bisher geleistet hat. Offensichtlich leistet es immer weniger.

Selbst wenn der Betriebsrat fünfmal so groß wäre wie heute und seine Mitglieder in jeder Hinsicht noch qualifizierter, würde er nur unwesentlich größere Chancen haben, Gegenmachtspositionen aufzubauen und zu halten – wenn er mit seiner Größe und dem Repräsentativsystem im übrigen allein bliebe. Den tausendfältigen Druckpunkten der kapitalistischen Arbeitsorganisation muß tausendfältig Widerstand geleistet werden können. Und das erstens aus dem trivialen Grund, weil nur realisierter Druck ›gebündelt‹ und ›delegiert‹ werden kann; zweitens gibt es keinen abstrakten Druck, der nur auf den Polsterstühlen der Aufsichtsräte ausgeübt würde und dem deswegen nur dort zu widerstehen wäre; und drittens bildet sich das Bewußtsein im individuell erfahrenen Druckbereich, nicht als Reaktion auf die Erzählungen der Interessenvertreter im Betriebsrat.

Es versteht sich, daß damit keinem voluntaristischen Aktivismus von Millionen einzelner das Wort geredet werden soll (der ja auch gar nicht zu initiieren wäre). Es geht ausschließlich um die offensichtliche Notwendigkeit, die gewerkschaftliche Organisation im Betrieb – und dann darüber hinaus – so vielschichtig, durchlässig und flexibel zu gestalten, daß einerseits eine fortschreitende Beteiligung aller Mitglieder (und letztlich Arbeitnehmer) ermöglicht und andererseits eine den nun einmal vorgegebenen und nicht frei gewählten Betriebsbedingungen angemessene, soll heißen: wirksame – Interessenvertretung gewährleistet wird. Nur mit der Entfaltung solcher Ansätze könnten die organisierten Arbeitnehmer schrittweise dahin gelangen, Initiativen zu ergreifen, statt immer nur auf die Überraschungen, mit denen die Betriebsleitungen täglich aufwarten, mehr oder weniger unvorbereitet zu reagieren. »Das Feld der Entscheidungen, die dem Arbeitgeber überlassen werden, dehnt sich ständig aus; ... Die Bemühungen betrieblicher Repräsentativorganisationen reichen nicht aus, um die Schwäche oder die Ab-

wesenheit der Gewerkschaft am Arbeitsplatz wieder gutzumachen.«[11]
So starr und widersinnig sich die hierarchische Arbeitsorganisation oftmals darstellt und optimale Produktionsergebnisse (bei gegebenem Kräfteeinsatz) verhindert, so flexibel und wirksam dient sie doch als Herrschaftsinstrument den Interessen des Kapitals. Praktisch jede Anstrengung, die ein Lohnabhängiger im Hinblick auf seine berufliche oder berufsbezogene Qualifizierung unternimmt, kann nur im hierarchischen Aufstiegsrahmen honoriert und damit zugleich im Unternehmerinteresse absorbiert werden. Die Solidarität der Arbeitnehmer blieb demgegenüber bisher eine Restgröße. Die Ernennung einzelner Kollegen zu Vorarbeitern, Meistern und dergleichen, oder auch nur das Winken mit solchen Möglichkeiten, dazu flankierende und weitergehende Spielarten des Köderns und Drückens zerstören oft mehr Solidarität unter den Lohnabhängigen als in gewerkschaftlichen Versammlungen und Bildungsveranstaltungen aufgebaut werden kann. Dieser Sysiphus-Zirkel kann nur durch direkte Mitsprache aller Betroffenen aufgebrochen werden. Wo Vorarbeiter, Meister u. a. Vorgesetzte nur als Aufpasser und Antreiber tätig sind, wären sie durch Erhöhung der Arbeitsgruppenautonomie ersetzbar; wo sie notwendige Aufgaben erfüllen (Koordination der Arbeit), könnten sie in aller Regel von den Angehörigen des Arbeitsbereichs mit mehr Sachverstand eingesetzt werden als von der Betriebsleitung. Die so zu erzielende schrittweise Veränderung der Legitimationsbasis dürfte heute und langfristig der einzig wirksame Ansatz der Arbeitnehmer-Interessenvertretung sein. Dieser Ansatz läßt sich selbstredend nicht außerhalb der Produktion entfalten.

Emanzipationsanstrengungen müssen im Betrieb ansetzen

In der bürgerlichen (kapitalistischen) Theorie gilt die menschliche Arbeitskraft als ein »Produktionsfaktor« neben anderen Faktoren. Diese Theorie ist ein durchsichtiger Versuch, die erst durch lebendige Arbeit entstandenen Produktionsmittel als einen ebenso bedeutsamen, selbständigen Produktionsfaktor einzufüh-

11 Bruno Trentin, Aktuelle Tendenzen des westeuropäischen Kapitalismus und die Strategie der antikapitalistischen Strukturreform, in: Heidelberger Blätter, 5 (1968), H. 12/13, S. 85.

ren und zu rechtfertigen. Dabei geht es nicht nur um eine Art betriebswirtschaftlicher Rechtfertigung (denn daß eine moderne Produktion nicht von Handarbeitern ohne Werkzeuge und Maschinen betrieben werden kann, ist klar), sondern vor allem um die als theoretische Begründung verstandene Heiligsprechung des privaten Besitzes und der privaten Verfügung über die von den Besitzern und Verfügern nicht selbst geschaffenen Produktionsmittel.

Demgegenüber ist die schlichte Tatsache zu betonen, daß die lebendige Arbeit die ursprüngliche Quelle allen Reichtums ist. Im vorliegenden Zusammenhang kommt es aber darauf an, einen anderen Aspekt der Arbeit hervorzuheben. Wieviel Zeit der einzelne auch immer für die Arbeit und damit für die Befriedigung seiner grundlegenden Bedürfnisse aufwenden mag, unleugbar bleibt, daß die Arbeit prägenden Einfluß auf seine Persönlichkeit, seine Entwicklung und seine Lebenschancen hat. Es mag sein, daß heute viele Menschen eine »instrumentelle Einstellung« zur Arbeit haben, d. h. daß sie ihre Arbeit sehr stumpfsinnig finden und deswegen nicht gerne oder überhaupt nicht an sie denken, sondern sie nur als Mittel (»Instrument«) zum Geldverdienen auffassen; das Geld soll dann die ersehnte Entfaltung außerhalb der Arbeitszeit ermöglichen. Doch es ist offenbar, daß solche Versuche und Vorstellungen illusionär sind. Die Stellung im Betrieb, die Höhe des Verdienstes, die Art der Arbeit und dergleichen bestimmen fast unmittelbar die Stellung außerhalb des Arbeitsbereichs und in der Gesellschaft. Noch bedeutsamer sind langfristig vielleicht die indirekten bzw. weniger sichtbaren Auswirkungen der Arbeitssituation auf alle anderen Lebensbereiche und die Entfaltung des Individuums: die Berufsqualifikation und die Chancen seiner Entwicklung am Arbeitsplatz, die Konflikte, Frustrationen usw. beeinflussen die Interessen, Neigungen und Verhaltensweisen in der Freizeit.

Eine selbstbestimmte Entwicklung des lohnabhängigen Arbeiters, irgendeine Emanzipation ist ausgeschlossen, wenn die tägliche Arbeitswelt dies nicht zu allererst erlaubt. Unfreiheit am Arbeitsplatz und Freiheit in der Freizeit gibt es nicht nebeneinander. Entweder setzten sich Freiheitsbestreben und demokratische Selbstbestimmung des einzelnen auch bei der Arbeit im Betrieb durch oder Unfreiheit und Unterordnung im Produktionsprozeß kennzeichnen die gesamte gesellschaftliche Existenz des Arbeitenden.

Dabei ist die Schaffung von Freiheitsspielräumen im Sinne der Entfaltung von Selbstbestimmungsansätzen nicht zu ersetzen durch als persönliche Weiterentwicklung mißverstandene Manipulationen von außen, d. h. durch permanente Qualifikation, Umschulung und dergleichen *außerhalb* der Produktion zum Zwecke der besseren *Anpassung* an die »Erfordernisse« des Arbeitsprozesses.
Emanzipation ist nur vorstellbar über eine schrittweise Entfaltung demokratischer Rechte und Beziehungen in allen Lebensbereichen und vor allem im prägenden Arbeitsprozeß. Von grundlegender Bedeutung ist dabei jedoch, daß die Ziele und Inhalte der Emanzipation nicht vom heiligen Geist vorgegeben werden, sondern autonom zu entwickeln sind. Die Ziele und Bedürfnisse der Menschen können sich erst in der Auseinandersetzung mit den jeweils vorgefundenen Verhältnissen und Bedingungen konkretisieren, wobei dieser (subjektive) Konkretisierungsprozeß nicht zugleich auch Veränderung der (objektiven) Bedingungen (in synchroner Weise) bedeutet. Die bestehende Arbeitswelt ist zugleich Teilhorizont der Bedürfnisorientierung und Objekt der Veränderungsbestrebungen.
Die Betriebsstrukturen wären dementsprechend nur schrittweise von unten her zu verändern – nicht durch eine bzw. nicht schon allein durch eine zentrale Maßnahme von der Art »Vergesellschaftung der Produktionsmittel«.
Neben anderen Einflüssen prägt vor allem die heutige Struktur der Arbeitswelt das Bewußtsein des Lohnabhängigen, ohne es zu *entwickeln*. Die kapitalistische Produktionsorganisation erzwingt Anpassung und bewirkt Resignation und Apathie. Bewußtseinsentwicklung erfolgt dabei in Richtung der Unternehmerinteressen. Es ist oft beschrieben worden, wie besonders der Facharbeiter seine anfänglichen Erwartungen stufenweise zurückdrängt (wobei es in diesem Zusammenhang nicht wichtig ist, daß viele dieser Erwartungen einer illusionären kleinbürgerlichen Welt entstammen: vom Traum vom eigenen kleinen Laden außerhalb der von vornherein nicht akzeptierten Fabrik bis zum Traum vom Meisterposten innerhalb derselben), bis die letzte Hoffnung dahin und die »Integration« vollzogen ist.
Ein Bewußtseinsbildungsprozeß in entgegengesetzter Richtung, im Interesse der eigenen Bedürfnisse, im Interesse der Emanzipation von der entfremdeten Arbeitswelt, kann erwiesenermaßen nicht außerhalb, oberhalb, neben dieser Arbeitssphäre an-

setzen. Ansetzen läßt sich zunächst nur dort, wo die Verkümmerung produziert wird, und die konkreten Stellen werden trotz allem Tag für Tag sichtbar: ihr Ausdruck sind die *Konflikte.* In den Konfliktsituationen offenbaren sich Interessen und Bedürfnisse, die sich nicht unterdrücken lassen, obwohl sie bewußtseinsmäßig oft gar nicht mehr als solche realisiert werden. Die bewußte Rekonstruktion der dem Konflikt auf Arbeitnehmerseite zugrunde liegenden Interessen ist der erste und unvermeidliche Schritt zur Emanzipation. Der zweite Schritt erfolgt dann leichter und schneller. Jedenfalls ergibt sich die nächste Konfliktstufe unvermeidlich, weil jeder vom Arbeiter *bewußt* ausgetragene Konflikt weder die »Konfliktkanalisierung« wahrscheinlicher macht noch den Grundgegensatz zwischen Unternehmer- und Arbeitnehmerinteresse als Ursache aller Konflikte aufhebt – vielmehr wird dieser gerade erst aufgedeckt.

Theoretisch erscheint es viel einfacher und wirksamer, den Grundkonflikt in gezielter Schulungsarbeit aufzudecken und die Machtfrage von einer solchermaßen außerhalb der Produktion gebildeten autonomen Basis zu stellen. Das bedeutete konkret: volle Duldung der kapitalistischen (täglich Entfremdung produzierenden) Arbeitsbedingungen bis zum Tage X, an dem dann die außerhalb voll entwickelte Alternative eine Veränderung ermöglicht. Diese theoretische Konstruktion wirkt plausibel, weil auch die Willensbildung der Kapitalverfüger zentralisiert erfolgt. Doch Lernprozesse zur Überwindung der Entfremdung verlaufen anders. Lernen beginnt an den sichtbaren Konflikten. Die je tiefer liegenden können nur durch die sichtbaren und sichtbar gemachten Konflikte hindurch ins Blickfeld rücken. »Der im Betrieb Stehende weiß, daß sich ein großer Teil der Konflikte in den unteren und mittleren Ebenen abspielt; ... Die Entscheidungen werden zwar auf oberster Ebene gefällt, wirken sich dann aber im Schneeballsystem nach unten aus. Den obersten Entscheidungsbereich zu überschauen, ist für den einzelnen Arbeitnehmer kaum noch möglich. Dort ist vieles für ihn anonym. Für ihn wirken sich die Konflikte auf der unteren Ebene aus, und hier kann er sie noch überschauen.«[12]

Dringen zunächst nur die direkt überschaubaren Konflikte ins Bewußtsein, so macht die Frage nach der *Motivation* für Lern-

---

12 Gilbert Graser, Mitbestimmung am Arbeitsplatz und innergewerkschaftliche Demokratie, in: Gewerkschaftliche Umschau, 13 (1969), H. 4, S. 107.

anstrengungen die bisherigen Überlegungen noch plausibler. Schulungsbemühungen, die auf die täglichen Arbeitserfahrungen nur pauschal oder überhaupt nicht eingehen, langen auch deswegen nicht zur Bewußtseinsbildung, weil die Ziele abstrakt bleiben und eher einschläfernd als motivierend wirken. Es darf als erwiesen gelten, daß Lernfortschritte bei Arbeitnehmern nicht zu erzielen sind, wenn keine konkreten Alternativen zur alltäglichen Arbeits- und Lebenssituation sichtbar sind und wenn auf dem Wege zu ihrer Realisierung keine praktischen Erfolge erzielt werden. Von den täglichen Sorgen und Bedürfnissen der Lohnabhängigen ausgehend ist die Unternehmerautorität mit Erfolg anzukratzen, weil und soweit dabei sichtbare Verbesserungen zu erlangen sind. Die Idee von einer vernünftigeren Gesellschaft wirkt nicht schon an sich lern-, geschweige denn handlungsmotivierend.
Selbstbestimmung und Eigenverantwortung sind aber nicht nur nicht abstrakt erlernbar, auch ihre jeweiligen Inhalte und Ziele müssen letztlich von den Betroffenen selbst entwickelt werden. Die von weisen Lehrern des Volkes erreichten Stufen der Emanzipation (ganz zu schweigen, wenn diese Stufen nur theoretisch antizipiert sind) sind nicht in Lehrgängen übertragbar. Es gibt keine Emanzipation ohne permanente Beteiligung der Lohnabhängigen von Anfang an.

Ansätze einer innerbetrieblichen Mitbestimmungsstrategie

Wenn es richtig ist, daß der Kampf für die Überwindung schlechter Arbeitsbedingungen und die Emanzipationsanstrengungen zuerst am Arbeitsplatz ansetzen müssen, dann ist zu fragen, wie dieser Kampf praktisch organisiert werden muß. Die Organisation der Arbeitnehmer-Interessenvertretung zum fast ausschließlichen Zweck des Lohnkampfes rückt die unmenschlichsten Aspekte des Arbeiterdaseins gar nicht erst ins Blickfeld, womit implizit auch die Verfügungsmacht der Unternehmer voll und ganz anerkannt wird. Uneingeschränkt bleibt dabei deren Macht, »den Produktionsprozeß zu organisieren, den quantitativen und qualitativen Inhalt der Arbeitsstunde und die Arbeitsbeziehungen zu bestimmen. Die Arbeitgeber brauchen nichts weiter zu tun, als das Übermaß der Entmenschlichung, welche sie ihren Arbeitskräften ungestört zufügen können, durch Prämien auszugleichen.«[13] Die Unternehmer zahlen – und bleiben die Herren. Die in langen Kämpfen erlangte Teilautonomie, die Tarifautonomie, ist auch heute noch unverzichtbar; nicht zufällig muß sie stets aufs neue abgesichert werden. Doch den zunehmenden Ausweichmöglichkeiten der Unternehmer muß durch neue Gewerkschaftsstrategien begegnet werden.

Auch von überbetrieblicher, von staatlicher Seite erfahren die Arbeitnehmer im täglichen Kleinkrieg keine konkrete Hilfe, obwohl die Einflußmöglichkeiten der Gewerkschaften und Arbeitnehmer-Parteien (soweit es sie gibt) dort größer sind als im Betrieb. Staatliche Maßnahmen wie Arbeitsmarkt- und Berufspolitik, Berufsförderung, Umschulung und dergleichen sind wesentlich darauf gerichtet, negative Folgen des bestehenden Produktionssystems auszubügeln, durch technokratische Anpassung in Grenzen zu halten. So sind auch von dieser Seite keine weitreichenden Veränderungen zu erwarten – das neue Betriebsverfassungsgesetz zeigt das noch einmal. Es bleibt für die Arbeitnehmer bei der Notwendigkeit, den Widerstand und die aktive Interessenvertretung mit ihren Gewerkschaften selbst zu organisieren.

Da der Unternehmer in seinen Produktionsentscheidungen ziemlich frei bleibt, kann er noch einen Schritt weitergehen, indem er die Lohnerhöhungen von vornherein einkalkuliert. Das kann er auch mit gewerkschaftlichen Protestaktionen machen, die ihn *an*greifen, in seine Entscheidungsgewalt aber nicht *ein*greifen. So gelingt es z. B. den Gewerkschaften nicht, »einen einmal angekündigten Entlassungsplan durch Protestaktionen anzufechten: die Kosten der Proteststreiks gehören bereits zu den vorgesehenen Gesamtkosten der Operation; die Entlassungen werden wie vorgesehen stattfinden, nachdem sie ›bekämpft‹ wurden. So bekommt die gewerkschaftliche Aktivität die Entscheidungen und die Fakten der Arbeitgeberpolitik nicht in den Griff.«[14] Es ist offensichtlich, daß so selbst die Tarifautonomie an Bedeutung verliert. Eine Gewerkschaftspolitik, die auf die Eroberung von Machtpositionen *im* Betrieb verzichtet und dieses Terrain den Arbeitgebern überläßt, läuft Gefahr, gegen die Gewerkschaft selbst und die Interessen ihrer Mitglieder zurückzuschlagen.

---

13 Gorz (s. Anm. 6), S. 50.
14 Gorz (s. Anm. 6), S. 66.

Angesichts dieser Lage ist eine neue Betriebsstrategie dringend erforderlich. Dazu bedürfen die Gewerkschaften einer neuen Betriebstheorie; sie müssen eine neue Entwicklungspolitik entwerfen, die von der Machtverteilung im Betrieb ausgeht und Perspektiven für die schrittweise Verbesserung der Arbeitnehmerstellung in der Gesellschaft aufzeigt. Mangels einer solchen Entwicklungspolitik wird die Diskrepanz zwischen der effektiven und der notwendigen Schlagkraft der Gewerkschaftsorganisation größer. »Die Entscheidungen, welche die Löhne, die allgemeinen Arbeitsbedingungen und die Wirtschaftspolitik betreffen, tendieren zunehmend dahin, sich dem Machtbereich der Gewerkschaften zu entziehen. Diese Diskrepanz ist in den Betrieben schon sehr deutlich spürbar.« Daraus sind Konsequenzen zu ziehen. »In jedem Betrieb muß die Gewerkschaft fähig sein, die spezifischen Interessen der Arbeiter zu verteidigen und die konkreten und besonderen Formen der kapitalistischen Ausbeutung zu bekämpfen. Im allgemeinen muß eine Gewerkschaft, die gegenüber der sich wandelnden Industriestruktur ihre Macht behalten und erweitern will, ein viel flexibleres und dezentralisierteres Verhandlungssystem als bisher aufstellen.«[15]
Daß solches bisher nicht geleistet wurde, läßt sich wohl nicht ganz zu unrecht als Ausdruck davon interpretieren, daß die gewerkschaftliche Organisation nicht hinreichend demokratisch (›lebendig‹) ist. Nur ein ›lebendiger (demokratischer) Organismus‹ kann den eigenen Lebensbedürfnissen und -interessen stets und wirksam Rechnung tragen; eine starre (bürokratische) Organisation hinkt unvermeidlich hinterher. »Gesellschaftliche Reformen« werden bisher wesentlich von den Kapitalisten vorangetrieben – und die arbeiten auf ihre Art demokratisch: dezentral mit Elementen von Selbstbestimmung. Es versteht sich, daß diese ›dezentrale Demokratie‹ in einem strukturierten Gesamtzusammenhang funktioniert, in einem Regelmechanismus, den privates Profitinteresse, Privateigentum und Markt begründen und kennzeichnen. Den Gesamtzusammenhang einer demokratischen Arbeitnehmerorganisation müßten letztlich entsprechend konstituieren: kollektives ›Profit‹interesse, kollektive Verfügung über die Produktionsmittel und gesellschaftliche Planung. Mit dem Blick auf dieses Ziel sind unzählige Zwischenschritte zu machen.

---

15 Trentin (s. Anm. 11), S. 82 f.

Die Ebene, die Basis, die Grundeinheit, von der ausgehend die Schwäche zu überwinden ist, bildet der Arbeitsplatz bzw. die Arbeits- und Kooperationseinheit (Arbeitsgruppe, Abteilung, Kolonne), in der Arbeitsplätze einander zugeordnet sind. Dort sind die *Ansätze* für emanzipatorische Schritte zu entwickeln. Dort und zuerst dort müssen die Arbeitsbeziehungen unter die *Kontrolle* der Arbeitenden selbst gebracht werden. Niemand behauptet, daß dort die Macht der Betriebsleitungen gebrochen werden kann. Behauptet wird nur, daß sie vor allem von dort aus in Frage gestellt werden muß. Der Kampf um die Emanzipation blieb bisher vor allem deswegen erfolglos, weil er abstrakt blieb und wesentlich nur in Reden und Grundsatzprogrammen »geführt« wurde.

Eine Konfliktstrategie, die von der Arbeitsplatzebene ausgeht, kann natürlich keinen isolierten Aktionismus meinen. »Die Logik der Forderung nach Arbeiterkontrolle liegt in der Suche nach Anknüpfungspunkten, die die unmittelbaren Sorgen und Bedürfnisse der Arbeiter und Angestellten mit den Problemen der Macht ihrer Klasse verbinden.«[16] Die Aktualisierung des Kampfes am Arbeitsplatz kann nur im Rahmen einer umfassenden Strategie erfolgen, die letztlich von einer alle Lohnabhängigen umfassenden Organisation getragen werden muß.

Die ersten konkreten Ansatzpunkte für Kontrolle und Mitbestimmung im Arbeitsprozeß wären: Gestaltung der Arbeitsplätze hinsichtlich ihrer Abgrenzung, hinsichtlich des Unfallschutzes und letztlich auch hinsichtlich des Arbeitstempos; Gestaltung der Kooperation in der Gruppe hinsichtlich der Arbeitsverteilung, des Arbeitsplatztausches und hinsichtlich der Pausen; Gestaltung der Beziehungen zu den Vorgesetzten, wobei es vor allem darum geht, Eingriffe in die Autonomie der Gruppe strikt abzulehnen und Begründungen für Anweisungen zu erzwingen – damit muß schließlich erreicht werden, daß der Arbeitgeber auf den jeweiligen Ebenen über alle Veränderungen *verhandeln* muß. Schon die Diskussion aller Maßnahmen, die von oben eingefädelt werden, erzwingt Argumentation bei den unteren Vorgesetzten, wodurch nicht nur autoritäre Mätzchen abgebaut werden, sondern die Risse der kapitalistischen Logik deutlicher sichtbar werden können als durch allgemeine Abhandlun-

16 Ernest Mandel, Arbeiterkontrolle, in: express international, VIII (1970), Nr. 110, S. 8.

gen über die Widersprüche des Kapitalismus. Weiterhin: Gestaltung der Entlohnungsformen, so daß an die Stelle terroristischer Lohnspalterei übersichtliche Lohnberechnungen treten; Gestaltung letztlich auch der Personalplanung. Von der Ebene der Arbeitsplätze ausgehend, müssen Kontrolle und Mitsprache in all diesen Fragen schließlich zu einem integrierten gewerkschaftlichen Gegenmachtkonzept im Betrieb und Unternehmen führen. Erst damit könnte die Gewerkschaft die Schwächen ihrer Lohnpolitik ausgleichen und zudem über sie hinausgelangen. Die Macht des Unternehmers beruht nicht auf seinem Bankkonto, sondern auf seiner Planungsgewalt. An diesen ›Topf‹ müssen die organisierten Lohnabhängigen heran und das schaffen sie nur durch gezielte Gegenplanung. Dabei nützt es aber gar nichts, allgemeine Gegenpläne vorzulegen und im Aufsichtsrat und Vorstand darüber zu verhandeln. Gegenplanung funktioniert nur, wenn die Arbeitnehmer jedem Schritt der Unternehmensleitung konkret begegnen können. In diesem Zusammenhang sei jedoch betont, daß die Forderung nach Gegenplanung nicht als Forderung nach technokratischen Gegenstäben mißzuverstehen ist. Das wäre nicht nur unrealisierbar, sondern auch sinnlos, denn damit wird verkannt, daß die qualitativen zentralen Entscheidungen der Unternehmenspolitik nicht von Ingenieuren, sondern von Vertretern des Kapitalinteresses getroffen werden; analog können sich auch die Arbeitnehmer ihre Interessenvertretung nicht von Ingenieuren abnehmen lassen – von allen Selbstbestimmungsansprüchen ganz abgesehen. Anzudeuten wäre hier allerdings ein Aspekt, der der offiziellen Gewerkschaftsbewegung bisher völlig entgangen ist: daß die Organisierung von Angehörigen der »technischen Intelligenz« nicht nur unerläßlich, sondern auch mit Erfolg möglich ist; die empirischen Belege dafür sind bisher bescheiden, aber nicht zu übersehen.

Aus den bisherigen Überlegungen dürfte implizit schon deutlich geworden sein, daß ein in der orthodoxen Linken häufig gesehenes Problem nicht existiert – bestimmt jedenfalls nicht in der konstruierten Verkürzung: daß innerbetriebliche Mitbestimmung und der Erwerb von Machtpositionen im Betrieb zu Partikularismus, Syndikalismus und dergleichen führe. Um Mißverständnissen vorzubeugen, sei ein Grundgedanke nochmals hervorgehoben. Bei allen Überlegungen zur Dezentralisierung der Gewerkschaftsorganisation und der Verhandlungsmacht bleibt evident, daß die Qualität und Kraft der zentralen Organisation unerläßliche Bedingung bleiben. Die »objektive Beeinflussungsmacht der Arbeiterklasse« (Dobb/Trentin) bezeichnet einen historischen Entwicklungsstand, auf den notwendig aufzubauen ist (hinter den zurückfallen zu wollen ja nun wirklich absurd wäre). Der Vorwurf des »Neosyndikalismus« bezieht sich auf eine gewerkschaftsstrategische Alternative, die vor 80 bis 50 Jahren eine gewisse Rolle spielte, inzwischen aber verstorben ist. Die Vorschläge für eine dezentrale Gewerkschaftspolitik knüpfen nicht an Verhältnisse und Ideen von 1900 an, sondern an offensichtliche Probleme der heutigen Arbeiterbewegung. Allerdings charakterisiert sich die Orthodoxie wohl stets durch das mechanische Anknüpfen bzw. Festhalten an den Ideen und Problemen der vorvorletzten Generation; konsequenterweise können die zeitgenössischen Gegner dann auch nur als Neogegner, als die direkten Nachfahren der Gegner von damals begriffen werden; und verständlicherweise kann man nicht zugeben, daß nur die Gegner etwas dazugelernt haben könnten.

Die Emanzipation der Lohnabhängigen ist ein wechselwirkender Prozeß von Bewußtseinsbildung und Eroberung von Machtpositionen an der Basis einerseits und von Autonomie (aufgrund erlangter Macht im Arbeitsprozeß) und umfassender Organisation andererseits. Es darf dabei vor allem nicht übersehen werden, daß es auch weiterhin genuine Probleme der globalen Organisation geben wird, besonders das Problem der Repräsentation von Interessen. Aber diese Probleme können, wenn überhaupt, dann nur durch von unten aufbauende Autonomie gelöst werden. Jedenfalls würde erst dann sichtbar, daß die Delegation von Interessenvertretungsrechten und Entscheidungen kein politisches Veredelungsprinzip ist (wie die Zentralisten heute glauben), sondern ein technisches Hilfsmittel, dessen implizite Gefahren (›Verselbständigung‹) nur durch basisdemokratische Autonomie und demokratische Transparenz zu bannen sind.

Gerhard Leminsky
Mitbestimmung am Arbeitsplatz, im Betrieb und im Unternehmen*

Vorschläge zur Mitbestimmung am Arbeitsplatz

Jede Mitbestimmungsforderung, die nicht darauf abzielt, dem einzelnen Beschäftigten und der Arbeitnehmerschaft als Gruppe möglichst viel Freiheit und Entfaltung zu vermitteln, ist ohne innere Rechtfertigung. Das Schicksal des einzelnen im Arbeitsleben wird zu einem großen Teil durch seinen Arbeitsplatz bestimmt. Das bedeutet aber nicht, daß man Änderungen nur unmittelbar am Arbeitsplatz vornehmen könnte oder sollte. Denn jeder Arbeitsplatz ist eingebettet in die Abteilung oder Werkstatt und damit in eine Arbeitsgruppe, in den Betrieb, das Unternehmen und darüber hinaus in den jeweiligen Wirtschaftszweig und die gesamte Wirtschaft. Von all diesen Ebenen her wird der Arbeitsplatz beeinflußt; sie müssen deshalb ebenso wie der Arbeitsplatz selbst auf ihre Möglichkeiten untersucht und gestaltet werden, Freiheitsspielräume für den einzelnen zu schaffen. »Wenn also gesagt wird, das Wichtigste im ganzen Bereich der Mitbestimmung sei die Mitbestimmung am eigenen Arbeitsplatz, so ist damit zwar etwas sehr Richtiges gemeint, aber es ist unglücklich formuliert und bedarf daher, um Mißverständnissen vorzubeugen, der Richtigstellung.«[1]

Bei der Mitbestimmung des einzelnen am Arbeitsplatz muß man zwei Bedeutungsinhalte trennen: die Rechte des einzelnen gegenüber dem Arbeitgeber sind im Einzelarbeitsvertrag geregelt, der sich im Rahmen der geltenden Gesetze (z. B. Kündigungsschutzgesetz) und kollektiven Normen (z. B. Rationalisie-

---

* Dieser Aufsatz stellt eine gekürzte und geänderte Fassung von Überlegungen dar, die unter gleichem Titel in Heft 1/2 1969 der »WMI-Mitteilungen« und Heft 10/1969 der Zeitschrift »Das Mitbestimmungsgespräch« veröffentlicht wurden.

1 Oswald von Nell-Breuning, Mitbestimmung, Frankfurt a. M. 1968, S. 24.

rungsschutzabkommen) halten muß. Mit dem Mitbestimmungsaspekt ist jedoch gemeint, daß die Beziehungen zwischen Belegschaft und Arbeitgeber vor allem in großen Betrieben aufgrund der Betriebsverfassung »arbeitsplatznah« gestaltet werden sollten.[2] So spricht Vilmar von der Mitbestimmung der »elementaren Kollektive (Teams) an der Basis des Produktionsprozesses oder der Verwaltungen«.[3]
Es gibt allerdings auch Vorschläge, welche die Diskussion um die Mitbestimmung am Arbeitsplatz in eine Konzeption einschalten, die auf eine begrenzte Selbstverwaltung der Abteilungen, verbunden mit einer weitreichenden Umstrukturierung der gewerkschaftlichen Strategie im allgemeinen und der Tarifpolitik im besonderen hinauslaufen würde.[4]

Einzelziele der Mitbestimmung am Arbeitsplatz

Bei der Diskussion um die Mitbestimmung am Arbeitsplatz wird deutlich gesehen, daß die konkreten Vorschläge gleicherweise die gesellschaftspolitischen Zielsetzungen wie auch die Eigenart des Ordnungsbereichs im Betrieb zu beachten haben. »Es kommt darauf an . . ., eine Lösung zu finden, die den persönlichen Ein-

---

2 Die Kirchen haben von jeher auf diesen Gesichtspunkt besonderes Gewicht gelegt. Vgl. dazu Alfred Christmann, Wirtschaftliche Mitbestimmung im Meinungsstreit, Bd. 1 (Hrsg. Otto Kunze), Köln 1964. Formulierte Vorschläge für eine arbeitsplatznahe Mitbestimmung finden sich aus evangelischer Sicht schon bei Symanowski/Vilmar, Die Welt des Arbeiters, Frankfurt/M., 4. Aufl. 1963, S. 121. Vgl. auch die Studie der Kammer für soziale Ordnung, hrsg. vom Rat der Evangelischen Kirche in Deutschland, Sozialethische Erwägungen zur Mitbestimmung in der Wirtschaft der Bundesrepublik Deutschland, Hamburg o. J. (1968), bes. Ziffern 24 und 25. Die CDU-Sozialausschüsse haben ähnliche Vorstellungen entwickelt. Vgl. weiter: Oswald von Nell-Breuning, Mitbestimmung, a. a. O., S. 21ff. Von gewerkschaftlicher Seite haben sich Hans Matthöfer mehrfach (z. B. Mehr Mitgestaltung am einzelnen Arbeitsplatz, Handelsblatt vom 4. 11. 1968) und Fritz Vilmar (Die Mitbestimmung muß am Arbeitsplatz beginnen, in: Gewerkschaftliche Monatshefte, 19. Jg. (1968), H. 8, S. 474) zu diesen Fragen geäußert. Auf dem 9. Ordentlichen Kongreß der Deutschen Postgewerkschaft vom 30. Sept. bis 4. Okt. 1968 wurde eine umfassende Entschließung zur Mitbestimmung angenommen, die bedeutsame Aussagen zur Mitbestimmung am Arbeitsplatz enthält. Vgl. dazu Das Mitbestimmungsgespräch, 14. Jg. (1968), H. 12.

3 Fritz Vilmar, Die Mitbestimmung muß am Arbeitsplatz beginnen, a. a. O., S. 474.

4 Vgl. Reinhard Hoffmann, Rechtsfortschritt durch gewerkschaftliche Gegenmacht, Frankfurt/M. 1968, bes. S. 36–88.

fluß- und Freiheitsbereich des einzelnen Arbeitnehmers erweitert und gleichzeitig die Produktivität des Betriebes steigert, weil der Arbeitnehmer dann größere Möglichkeiten hat, organisatorische Phantasie, Vorstellungskraft, Kombinationstalente, Interessen und Kenntnisse zu zeigen, die jetzt nicht immer zum Zuge kommen.«[5]
Konkrete Aufgabenbereiche, an deren Lösung einzelne Arbeitnehmergruppen unmittelbar im Betrieb beteiligt werden sollten, werden von Matthöfer und Vilmar vorgeschlagen. Danach handelt es sich einmal um Probleme, die das Ergebnis der Arbeit im weitesten Sinne betreffen: betriebliche Einkommenspolitik, Lohn- und Gehaltsfindung, Festsetzung zusätzlicher »Leistungszulagen« oder Abbau betrieblicher Sozialleistungen. Zum anderen werden Gesichtspunkte genannt, die den Vollzug der Arbeit, die Arbeitsorganisation, Arbeitsbedingungen und die Arbeitsgestaltung betreffen: Einführung neuer Produktionsverfahren, Änderung des Arbeitsablaufs, Springerzuteilung am Fließband, Dauer eines einzelnen Arbeitstaktes, Mehrmaschinenbedienung, Festlegung von Erholungszeiten. Ferner werden angeführt: Wahl des Arbeitsplatzes, Einrichtung neuer Arbeitsplätze, Wechsel von Arbeitsplätzen, Versetzungen, Beförderungen, Reihenfolge von Einstellungen und Entlassungen, zwischenbetrieblicher Ausgleich von Einstellungen und Entlassungen in großen Unternehmen. Die Einflußnahme der Arbeitnehmer auf solche Fragen soll zu einer Demokratisierung der Arbeitsorganisation beitragen, die Solidarisierung der Arbeitnehmer erhöhen und Möglichkeiten der Manipulation verringern.[6] Diese Aufzählung ist nicht umfassend und überschneidet sich in mehreren Punkten. Sie vermittelt jedoch einen Eindruck von den Fragen, die mit Mitbestimmung am Arbeitsplatz bezeichnet werden.

Tarifverträge und Betriebsverfassungsgesetz als Ansatzpunkte

Es wird nicht als ausreichend angesehen, daß die Probleme der Arbeitnehmer bei objektiver Würdigung effektiv behandelt werden. Der einzelne und kleine Gruppen sollen selbst in die Be-

5 Hans Matthöfer, Mehr Mitgestaltung am einzelnen Arbeitsplatz, a. a. O.
6 Vgl. derselbe, und Vilmar, Die Mitbestimmung muß am Arbeitsplatz beginnen, a. a. O., S. 473.

handlung der Probleme eingeschaltet werden. Diese Aktivierung soll ihnen auch subjektiv das Gefühl vermitteln, an Entscheidungen teilzunehmen und Maßnahmen zu beeinflussen. Die Mitbestimmung am Arbeitsplatz soll nicht zuletzt der internen Willensbildung der Gruppe mit der Chance der Solidarisierung und der Bewußtseinsbildung der Arbeitnehmer dienen. Deshalb wird eine arbeitsplatznähere Institutionalisierung gefordert. Das neue Betriebsverfassungsgesetz hat dafür gewisse Möglichkeiten vorgesehen. Nach § 3 können durch Tarifvertrag »zusätzliche betriebsverfassungsrechtliche Vertretungen der Arbeitnehmer bestimmter Beschäftigungsarten oder Arbeitsbereiche (Arbeitsgruppen), wenn dies nach den Verhältnissen der vom Tarifvertrag erfaßten Betriebe der zweckmäßigen Gestaltung der Zusammenarbeit des Betriebsrats mit den Arbeitnehmern dient«, gebildet werden.

Im einzelnen wäre denkbar, daß die bisherigen, meist regionalen, Tarifverträge rahmenhafte Vorstellungen über die Mitbestimmung am Arbeitsplatz enthalten, die dann in einzelnen Betrieben zu konkretisieren wären. Es ist jedoch auch möglich, tarifvertragliche Abmachungen mit einzelnen Unternehmen zu treffen, die dann die Mitbestimmung am Arbeitsplatz präzise festlegen könnten. Bislang enthalten viele der geltenden regionalen Tarifverträge zwar oft spezielle Bestimmungen über Einzelfragen der Arbeitsorganisation, aber keine umfassenden Regelungen. Nur in Verträgen für relativ homogene Bereiche wie im graphischen Gewerbe und der Zigarettenindustrie und in Firmentarifverträgen finden sich umfangreichere Vereinbarungen über arbeitsorganisatorische und personelle Fragen etwa über die Art einzelner Arbeitsplätze, die Zahl der zu bedienenden Maschinen sowie ihre Ausstattung mit Werkzeugen und Vorrichtungen.[7] Die Verfechter einer Mitbestimmung am Arbeitsplatz streben nicht nur mehr Rechte *zugunsten der Arbeitnehmer*, beispielsweise durch Rationalisierungsschutzabkommen und Maßnahmen der Personal- und Sozialplanung[8] an, sondern auch eine möglichst weitgehende Wahrnehmung dieser Rechte *durch die Arbeitnehmer* selbst. Wie man bei tarifvertraglichen Rege-

7 Vgl. Alfred Müller, Technischer Fortschritt und gewerkschaftliche Tarifpolitik, in: WWI-Mitteilungen, 21. Jg. (1968), H. 4/5, S. 123.

8 Vgl. Klaus Rumpff, Sozialplanung, insbesondere Aufstellung von Sozialplänen – Wichtige Aufgaben für die Mitbestimmungsträger, in: Das Mitbestimmungsgespräch, 14. Jg. (1968), H. 2/3, S. 25 f.

lungen auch immer vorgehen mag, bei Beachtung dieser Gesichtspunkte kann auf eine institutionelle Verankerung im Betrieb nicht verzichtet werden. So könnten Betriebsräte, Vertrauensleute oder besondere Gruppen und Kommissionen an der Konzipierung der tarifvertraglichen Normen mitwirken; in jedem Fall müßten sie an der Anwendung und Kontrolle der Vereinbarungen beteiligt sein.[9] Hoffmann hat in diesem Zusammenhang Vorschläge entwickelt, die weit über das Problem »Mitbestimmung am Arbeitsplatz« hinausgehen: Vertrauensleutekörper und Betriebsrat müßten nach seinen Vorstellungen zu einer neuartigen betrieblichen Gewerkschaftsvertretung mit eigenem Streikrecht entwickelt werden, wobei durch ein verbessertes Betriebsverfassungsgesetz, durch Rahmenbestimmungen in Regionaltarifverträgen und durch betriebsnahe Tarifpolitik neue Möglichkeiten für die Emanzipation der Arbeitnehmer im Betrieb geschaffen werden sollen.[10]
Damit sind die prinzipiellen Möglichkeiten der Einführung und Ausweitung der Mitbestimmung am Arbeitsplatz zunächst hinreichend angedeutet. Welcher Weg eingeschlagen wird, hängt von der bisherigen Entwicklung des Mitbestimmungssystems, dem Kräfteverhältnis von Gewerkschaften und Unternehmern bzw. organisationspolitischen Überlegungen usw. ab.

Möglichkeiten der institutionellen Ausgestaltung

Matthöfer und Vilmar haben Vorschläge zur Diskussion gestellt, die in den Rahmen der geltenden Betriebsverfassung eingeordnet sind, diese jedoch durch einen institutionellen Unterbau auf eine breitere Grundlage stellen. »Die Mitwirkung der meist in Arbeitsgruppen organisierten Arbeitnehmer auf der untersten Ebene des Produktionsprozesses könnte dadurch erfolgen, daß Arbeitsgruppen, die im Rahmen der Aufgaben einer Betriebsabteilung gemeinsam selbständige Teilfunktionen erfüllen, jeweils einen Arbeitsgruppensprecher wählen, der die Aufgabe hat, in Zusammenarbeit mit dem Betriebsrat die Interessen die-

9 Vgl. Fritz Rudolph, Die Ordnung des Betriebes in der Sicht der deutschen Gewerkschaften nach 1945, Köln und Opladen 1965, S. 51 und S. 62.

10 Diese Vorschläge können hier nicht im einzelnen diskutiert werden. Vgl. Reinhard Hoffmann, a. a. O.

ser Arbeitsgruppe gegenüber den unmittelbaren Vorgesetzten zu vertreten.«[11]

Die Gruppensprecher würden Arbeitsgruppenbesprechungen durchführen, um die einzelnen Arbeitnehmer an der Lösung der Fragen zu beteiligen, die den Bereich der jeweiligen Arbeitsgruppe betreffen. Diese Fragen würden, wie bereits unter den Zielen der Mitbestimmung am Arbeitsplatz dargelegt wurde, von der Einführung neuer Produktionsverfahren, über Fragen der Arbeitsplätze bis hin zur Bestimmung der Verdienste reichen. Der für die anstehenden Fragen zuständige Vorgesetzte und mindestens ein Mitglied des Betriebsrats sollten an der Sitzung teilnehmen. Vor der Einführung neuer arbeitsorganisatorischer Maßnahmen sollte der Arbeitgeber die beabsichtigten Änderungen begründen. Ziel der Besprechung sollte eine gemeinsame Beschlußfassung sein. Würden die Vorgesetzten anders entscheiden, so hätten sie dies der Gruppe gegenüber zu begründen. Die Sache würde dann im Falle einer Nichteinigung auf der nächsten Betriebsratssitzung weiter behandelt und entsprechend den Rechten des Betriebsrats entschieden.

Die Vorschläge der Kammer für soziale Ordnung sehen ebenfalls vor, jeden Vorgesetzten zu verpflichten, seine Mitarbeiter an der Regelung der Arbeitsvorgänge zu beteiligen. Als wichtigste Voraussetzung dafür wird eine laufende Information angesehen. Die Arbeitsgruppen sollten Vorschläge unterbreiten können, die nicht ohne Angabe von Gründen abgelehnt werden dürften. Außerdem sollten die Gruppen den Arbeitsablauf so weit wie möglich selbst ordnen.[12] Hoffmann führt solche Überlegungen präzisierend weiter und macht Vorschläge, in welcher Weise die Arbeitsgruppen die Erledigung der gemeinsamen Aufgaben selbst organisieren könnten. Solchen relativ autonomen Kollektiven sollten Leitungsfunktionen übertragen werden, die bislang von der Hierarchie wahrgenommen würden. Die Gruppe hätte im Rahmen der Gesamtaufgabe die Teilaufgaben zu bestimmen, sie an ihre Mitglieder zu verteilen und die Verantwortung für die Ausführung der gemeinsamen Arbeitsaufgabe zu übernehmen.

---

11 Hans Matthöfer, Mehr Mitgestaltung am einzelnen Arbeitsplatz, a. a. O.

12 Vgl. Kammer für soziale Ordnung, Hrsg. Rat der Evangelischen Kirche in Deutschland, Sozialethische Erwägungen zur Mitbestimmung, a. a. O., Ziff. 25.

13 Vgl. Reinhard Hoffmann, Rechtsfortschritt durch gewerkschaftliche Gegenmacht, a. a. O., bes. S. 55.

Probleme der Mitbestimmung am Arbeitsplatz

Die Mitbestimmung am Arbeitsplatz kann nicht als isoliertes Problem gesehen werden. Sie steht im Zusammenhang mit anderen Institutionen in Betrieb und Unternehmen und mit den Gewerkschaften. Von daher ergeben sich einige Gesichtspunkte, die nicht außer acht gelassen werden sollten.
Zunächst muß klargestellt werden, daß die »Mitbestimmung der Arbeitnehmer« als programmatische Forderung nicht in allen Fällen mit einer Mitentscheidung im rechtlichen Sinne gleichzusetzen ist. Das Betriebsverfassungsgesetz sieht beispielsweise bei personellen, sozialen, wirtschaftlichen und arbeitsorganisatorischen Fragen abgestufte Möglichkeiten der Einflußnahme vor. Die Mitbestimmung am Arbeitsplatz ist rechtlich lediglich ein Mitwirkungsrecht, weil sie den Arbeitnehmern einer Gruppe nur Anhörungs-, Informations- und Beratungsmöglichkeiten gibt (sieht man von den wesentlich weitergehenden Vorstellungen Hoffmanns einmal ab). Bei Unstimmigkeiten entscheidet nach den bisher vorliegenden Vorschlägen der Arbeitgeber bzw. dieser zusammen mit dem Betriebsrat. Die Mitbestimmung am Arbeitsplatz kann damit zwar den einzelnen aktivieren, die objektiven Möglichkeiten, für den Arbeitnehmer Verbesserungen durchzusetzen, liegen jedoch bei betriebsbezogener Betrachtung weiterhin beim Betriebsrat. Auf sich allein gestellt, kann deshalb eine arbeitsplatznahe Beteiligung der Arbeitnehmer keine Veränderungen herbeiführen.

Beziehungen zwischen einzelnen Mitbestimmungsinstitutionen

Wenn die Mitbestimmung am Arbeitsplatz durch neue Institutionen verankert werden soll, muß die Beziehung zu den bestehenden Einrichtungen des Arbeitnehmereinflusses geklärt werden. Matthöfer erwähnt als zusätzliche Formen Arbeitsgruppensprecher und betriebliche Lohnkommissionen, die sich mit Fragen der betrieblichen Einkommenspolitik beschäftigen würden. Die Kompetenzen solcher Institutionen müßten untereinander und in bezug zu den schon bestehenden Organen Betriebsrat und Vertrauensleutekörper abgegrenzt werden. Der Betriebsrat als zentrale Instanz müßte in jedem Fall darüber wachen, daß die Willensbildung der Gesamtbelegschaft nicht durch »gruppenegoistisches Verhalten« behindert wird. Weitere Gefahren können durch unnötige Reibungsverluste bei nicht koordiniertem Verhalten entstehen sowie durch das gegenseitige Ausspielen einzelner Gruppierungen. Die mögliche Beziehung zwischen Vertrauensleuten und Arbeitsgruppensprechern muß in diesem Rahmen besonders geprüft werden. Matthöfer meint, die gewerkschaftliche Betriebspolitik könne dann besonders effektiv sein, wenn sie sich nicht nur auf das nichtgewerkschaftliche Vertretungsorgan der Arbeitnehmer »Betriebsrat« stütze. Es sei vielleicht zweckmäßiger, auf gewerkschaftliche Vertrauensleute zurückzugreifen, die zusätzlich über die rechtlichen Möglichkeiten des jeweils zu wählenden Arbeitsgruppensprechers verfügten. Nun werden aber Vertrauensleute, deren Aufgaben bekanntlich nicht gesetzlich geregelt sind, nur von den gewerkschaftlich Organisierten einzelner Betriebsteile gewählt. Werden die Aufgaben der Vertrauensleute mit denen der Gruppensprecher verbunden, dann würden die Sprecher von *allen* Mitgliedern einer Arbeitsgruppe gewählt. Ist ihre Aufgabe formal im Betriebsverfassungsgesetz verankert, dann muß untersucht werden, ob sie nicht auch unter die Friedenspflicht, die Pflicht zur vertrauensvollen Zusammenarbeit und die Verpflichtung zur Gleichbehandlung Organisierter und Unorganisierter dieses Gesetzes fallen und einen Teil der Unabhängigkeit der Vertrauensleute verlieren. Dadurch könnte zugleich die Bewegungsfreiheit der Gewerkschaften im Betrieb eingeschränkt werden. Werden beide Funktionen getrennt, dann ist die Zuteilung der Kompetenzen zu prüfen. Eng verbunden mit diesen institutionellen Abgrenzungsfragen ist die Beziehung der Gewerkschaften zu solchen neuen Einrichtungen im Betrieb.

Gewerkschaften und Mitbestimmung am Arbeitsplatz

Die Beziehung der Gewerkschaften zu den Einrichtungen des Arbeitnehmereinflusses in Betrieb und in Gruppen wirft die grundsätzliche Frage nach der Stellung der Gewerkschaften auf betrieblicher Ebene auf. Wenn die Mitbestimmung am Arbeitsplatz im Rahmen des Betriebsverfassungsgesetzes verwirklicht würde, dann würde dies eine Verstärkung der syndikalistischen Komponente bedeuten. Zwischen die Gewerkschaften und die Arbeitnehmer würden neue Institutionen treten, die unter teilweiser Übernahme einkommenspolitischer Funktionen die Arbeitnehmer von den Gewerkschaften entfremden könnten. Die Gewerkschaften als Interessenvertretung der Arbeitnehmer würden dort herausgehalten, wo sich das Schicksal der Menschen im Arbeitsleben entscheidet, ohne ihrer Verantwortung für die Beschäftigten enthoben zu sein. Eine solche Entwicklung müßte zu einer Verschärfung von Konflikten führen und die gesellschaftspolitische Aufgabe der Gewerkschaften in Frage stellen.

Im übrigen wäre die Mitbestimmung am Arbeitsplatz und im Betrieb überfordert, wenn sie ohne enge Zusammenarbeit mit den Gewerkschaften arbeiten müßte. Die Stärke der Organisation, die Beratung und die Schulung durch die Gewerkschaften sind für betriebliche Einrichtungen unverzichtbar. Die hohe Organisationsquote der Betriebsräte und die oft enge Kooperation mit den Gewerkschaften sind Ausdruck sachlicher Notwendigkeit. Wo diese enge Beziehung zwischen Betriebsrat und Gewerkschaft nicht gegeben ist, bestehen häufig begründete Zweifel, ob der Betriebsrat als Interessenvertretung wirksam handeln kann. Empirische Untersuchungen haben ergeben, »daß der Betriebsrat ohne gewerkschaftliche Rückendeckung auf verlorenem Posten steht«.[14]

Aus diesen Gründen hat der DGB so großes Gewicht darauf gelegt, daß die Durchführung der Aufgaben der Betriebsräte generell in enger Zusammenarbeit mit den im Betrieb vertretenen Gewerkschaften und mit ihrer Unterstützung wahrzunehmen ist und daß der Zugang der Gewerkschaften zum Betrieb erleichtert wird. Dies würde in gleicher Weise für die Mitbestimmung am Arbeitsplatz gelten. Werden darüber hinaus originäre gewerkschaftspolitische Funktionen aus dem Bereich der Einkommenspolitik in die Betriebe verlagert, dann kann dies nur akzeptiert werden, wenn die Gewerkschaften durch Organe im Betrieb selbst tätig werden. In solche Organe könnten Repräsentanten der Gewerkschaftsmitglieder aus dem Betrieb und Vertreter der Gewerkschaftsorganisation entsandt werden. Dieser Aufgabenbereich könnte jedoch nicht von Arbeitsgruppensprechern wahrgenommen werden, die den bisherigen Regelungen der Betriebsverfassung unterliegen.

---

14 Otto Blume, Normen und Wirklichkeit einer Betriebsverfassung, Tübingen 1964, S. 149.

Hoffmann will die Rechte des Betriebsrats, die dieser als Belegschaftsvertretung gegenüber der Geschäftsleitung hat, mit den ebenfalls im Betriebsverfassungsgesetz anerkannten Arbeitskampfmöglichkeiten der Gewerkschaften im Betrieb verbinden. Das erfordert eine betriebliche Gewerkschaftsorganisation (Vertrauensleutekörper), die sich in ihrer Spitze sachlich und personell möglichst weitgehend mit dem Betriebsrat decken sollte. Vom Vertrauenskörper, der mit den Arbeitsgruppensprechern identisch sein werde, müsse praktisch der Betriebsrat dirigiert werden, so daß ein faktisch einheitliches Organ entstehe. Dabei muß nach den Vorstellungen Hoffmanns die betriebliche Gewerkschaftsorganisation von den gewerkschaftlichen Zentralen hinreichend unabhängig sein, ohne in die Gefahr des Betriebsegoismus zu verfallen.[15]

Weitere Bezugspunkte zwischen Gewerkschaften und Mitbestimmung am Arbeitsplatz liegen in den folgenden Thesen: »Solange nicht ... anstelle ausschließlich betriebsferner Aktivitäten und Verhandlungen von ›Spitzengremien‹ eine Verlagerung wesentlicher gewerkschaftlicher Aktionen in die betriebliche Gewerkschaftsorganisation hinein erfolgt, darf man sich über Passivität und Desinteresse der Kollegen wie über die hohe Zahl der Unorganisierten kaum wundern.«[16] Betriebliche Gewerkschaftspolitik und Organisationsquote stehen allerdings in keinem zwingenden Zusammenhang, wenn man berücksichtigt, daß etwa in Schweden mehr als vier Fünftel der Arbeitnehmer bei relativ zentralisierter Gewerkschaftspolitik organisiert sind; die Vereinigten Staaten können als Gegenbeispiel belegen, daß trotz aggressiver gewerkschaftlicher Betriebspolitik, die formell mit den Forderungen nach Mitbestimmung am Arbeitsplatz weitgehend übereinstimmt, die Organisationsquote nur etwa ein Viertel aller Arbeitnehmer beträgt. Die Organisationsquote dürfte von vielfältigen Faktoren bestimmt sein, die u. a. von der Struktur der Wirtschaft und der jeweiligen Branche, der Größe der Betriebe, dem Anteil der Frauen und Angestellten, der Politik des Staates und dem Leitbild der Gewerkschaften abhängen. Die Art der Mitbestimmung ist ein möglicher, aber nicht der allein entscheidende Bestimmungsgrad der Organisationsquote.

---

15 Vgl. Reinhard Hoffmann, Rechtsfortschritt durch gewerkschaftliche Gegenmacht, a. a. O., S. 16 ff.

16 Fritz Vilmar, Die Mitbestimmung muß am Arbeitsplatz beginnen, a. a. O., S. 473.

Ein zunehmendes Interesse der einzelnen Arbeitnehmer ist hingegen mit Sicherheit zu erwarten, wenn sie mehr an den Entscheidungen beteiligt werden, die sie unmittelbar betreffen. Zwei Gesichtspunkte deuten aber darauf hin, daß dieses Interesse gleicherweise durch eine aktive Gewerkschaftspolitik wachgehalten und im Zusammenhang mit anderen Institutionen der Einflußnahme gesehen werden muß. Erstens ist eine arbeitsplatznähere Ausgestaltung der Mitbestimmung nur in großen Betrieben von Bedeutung. Mit zunehmender Betriebsgröße ist aber häufig ein Stand der Technologie und der Arbeitsorganisation verbunden, der für die Behandlung der Probleme der Arbeitsplätze durch kleine Gruppen im Sinne der bisherigen Vorstellungen zur Mitbestimmung am Arbeitsplatz nur begrenzte Spielräume bietet. Das wird auch in neueren empirischen Untersuchungen festgestellt. Eine echte Beteiligung an der Gestaltung und Veränderung der Arbeitsbedingungen im weitesten Sinne ist hier nur zu gewährleisten, wenn die Arbeitnehmer in die Planung neuer Organisationsformen und Techniken eingeschaltet werden. Dies ist jedoch nur auf Betriebs- und Unternehmensebene möglich und wird häufig die Einschaltung und Hinzuziehung außerbetrieblicher Fachleute aus dem Gewerkschaftsbereich erfordern. Kern fordert beispielsweise aufgrund seiner Erhebungen eine Stärkung der »Sachkompetenz« der Belegschaftsvertreter durch eigene technische Stäbe der Gewerkschaften, die von den Betriebsräten bei schwierigen Problemen beratend hinzugezogen werden können, um den fehlenden technischen Sachverstand der betrieblichen Arbeitnehmervertreter auszugleichen.[17] Damit verbunden ist zweitens die Überlegung, daß das Interesse der Arbeitnehmer nur anhält, wenn sie rechtzeitig und umfassend informiert werden und wenn ihre Vorschläge Beachtung finden. Andernfalls verlieren sie, wie ausländische Erfahrungen zeigen, alsbald das Interesse, und die Apathie wird größer als zuvor.[18] Die notwendige Kooperation und Informationsbereitschaft der unteren Vorgesetzten ist aber nur dann mit Sicherheit zu erwarten, wenn durch die Mitbestimmung in Betrieb und Unter-

17 Vgl. Horst Kern, Mitbestimmung und technische Entwicklung, in: Gewerkschaftliche Monatshefte 4/1969, S. 224; vgl. die ähnliche Argumentation bei Burkhart Lutz, Die Angestellten im Zeitalter der Automation, in: DGB-Nachrichtendienst vom 18. 9. 1968.

18 Vgl. Gerhard Leminsky, Der Arbeitnehmereinfluß in englischen und französischen Unternehmen, Köln 1965, S. 54.

nehmen und die Bildungsarbeit der Gewerkschaften entsprechende Voraussetzungen geschaffen werden. Diese Bildungsaufgabe muß besonders hervorgehoben werden, weil sie unabhängig von institutionellen Formen das gewerkschaftliche Aktionsfeld im Betrieb ausweitet und die konkrete Demokratisierung im Arbeitsleben vorantreibt. Je größer die Zahl kritischer, selbstbewußter und sachkundiger Arbeitnehmer im Betrieb ist, desto eher wird das Schlagwort von der Mitbestimmung am Arbeitsplatz mit Inhalt ausgefüllt werden können.[19]

Beziehungen zwischen arbeitsplatznahen Regelungen und Mitbestimmung auf Unternehmensebene

Die Forderung nach Ausweitung der qualifizierten Mitbestimmung sieht vor, in großen Kapitalgesellschaften erstens personelle und soziale Probleme gleichberechtigt in die Unternehmerfunktion einzubeziehen (Arbeitsdirektor) und zweitens die Parität von Arbeitnehmer- und Anteilseignervertretern im Aufsichtsrat zu verankern.[20]

Diese Mitbestimmung der Arbeitnehmer in Unternehmensorganen ist auch für die Lage und Entwicklung in den Betrieben bis hin zum einzelnen Arbeitsplatz von großer Bedeutung. Denn die Mitbestimmung im Betrieb kann sich nur in den Strukturen bewegen, die durch Unternehmensentscheidungen, etwa über Investitionen oder die Einführung neuer Verfahren, vorgegeben sind. Es kommt aber gerade bei der Planung solcher Maßnahmen darauf an, Entscheidungen so zu fällen, daß die Arbeitnehmer rechtzeitig und umfassend ihre Gesichtspunkte zur Geltung bringen können. Zugleich muß von der Unternehmensleitung ein Führungsstil ausgehen, der die aktive Beteiligung der Arbeitnehmer geradezu in sein Konzept einbezieht. Etwas überspitzt formuliert könnte man deshalb sagen, daß die Veränderung der Lage des einzelnen Mitbestimmung im Unternehmen erfordert. Dies wird durchaus auch von den Verfechtern der Mitbestim-

19 Zur Problematik dieser Forderung vgl. sehr instruktiv Matthöfer, Die Bedeutung der Mitbestimmung am Arbeitsplatz und im Betrieb für die politische Bildungsarbeit der Gewerkschaften, in: Die neue Gesellschaft, 15 (1968) 1, S. 37 ff.

20 Vgl. im einzelnen DGB-Bundesvorstand (Hrsg.), Mitbestimmung – Eine Forderung unserer Zeit, Düsseldorf, o. J. (1965).

mung am Arbeitsplatz deutlich gesehen.[21] Nur durch eine Verbindung aller Mitbestimmungsebenen wird verhindert, daß neue Kommunikationswege einseitig und instrumental auf betrieblicher Ebene vom Management als Ergänzung der gängigen Führungstechniken genutzt werden. Der Gedanke der Mitbestimmung am Arbeitsplatz würde damit in sein Gegenteil verkehrt. Er erhält sein Gewicht nur im Rahmen des gesamten Mitbestimmungssystems. Es ist deshalb nicht verwunderlich, daß die Unternehmer einer begrenzten Mitbestimmung am Arbeitsplatz und im Betrieb zustimmen, wenn sie dafür eine Ausweitung der qualifizierten Mitbestimmung vermeiden können. Denn in einem solchen Fall würden die Mitwirkung am Arbeitsplatz und die Möglichkeiten der Mitbestimmung im Betrieb letztlich in weiten Bereichen vom guten Willen der Unternehmensleitungen abhängen. Es geht aber gerade darum, durch die Mitbestimmung die Zusammenarbeit von Vorgesetzten und Untergebenen im Betrieb und die Abwägung der Interessen von Kapital und Arbeit im Unternehmen nicht vom guten Willen abhängig zu machen, sondern auf die Grundlage klarer Rechtsbeziehungen zu stellen. Für deutsche Unternehmen erscheint dies im übrigen besonders notwendig, wenn man ausländischen Beobachtern folgt: »Amerikanern zum Beispiel wird besonders die autoritäre und paternalistische Art auffallen, in der der typisch deutsche Unternehmer sein Unternehmen beherrscht.«[22]
Es kann somit kein Zweifel darüber bestehen, daß Mitbestimmung am Arbeitsplatz und im Betrieb ohne Mitbestimmung im Unternehmen unzureichend ist. Der Zusammenhang aller Mitbestimmungsinstitutionen ist im übrigen auch aus empirischen Untersuchungen hinreichend zu belegen. Es hat sich gezeigt, daß die Möglichkeiten des Betriebsrats in einem qualifiziert mitbestimmten Unternehmen wesentlich positiver sind als in einem Unternehmen, das nur dem Betriebsverfassungsgesetz unterliegt – obwohl die gesetzliche Grundlage für den betrieblichen Bereich in beiden Fällen völlig gleich gelagert ist. Die analytisch mög-

---

21 Vgl. Matthöfer, Mehr Mitgestaltung am einzelnen Arbeitsplatz, a. a. O. Hoffmann scheint anderer Meinung (vgl. seine Untersuchung Rechtsfortschritt durch gewerkschaftliche Gegenmacht, a. a. O., S. 80 f.).

22 Vorwort von Frederick H. Harbison zu Heinz Hartmann, Der deutsche Unternehmer: Autorität und Organisation, Frankfurt/M. 1968, S. 5; vgl. auch S. 6 und 13 und Detlev F. Vagts, German Company Law in: Harvard Law Review, Vol. 80, S. 43.

liche und notwendige Trennung von Betrieb und Unternehmen bedeutet eben nicht, daß keine engen Zusammenhänge bestehen: in Unternehmen mit qualifizierter Mitbestimmung können die betrieblichen Vertreter in den Aufsichtsräten die Belange der Beschäftigten im Rahmen eines paritätisch besetzten Gremiums vertreten. Sie verhandeln zudem ständig mit einem für personelle und soziale Fragen zuständigen Arbeitsdirektor, der, unbeschadet möglicher Sachauseinandersetzungen, in der Regel das Vertrauen der Arbeitnehmer besitzt. In Betriebsverfassungsgesetz-Unternehmen sind die Beschäftigten hingegen durch die Drittelbeteiligung in den Aufsichtsräten ständig in der Minderheit und können mithin permanent überstimmt werden; personelle und soziale Fragen werden meist nicht von einem besonderen Vorstandsmitglied wahrgenommen, so daß die Leitung den Betriebsrat in vielen wichtigen Fällen überspielen kann.[23] Diese Überlegungen gelten in gleicher Weise für die Mitbestimmung am Arbeitsplatz. Nur eine möglichst *gleichzeitige* Realisierung der Mitbestimmung auf den einzelnen Ebenen wird zu der Demokratisierung führen, die das letzte Ziel aller Regelungen ist.

Perspektiven

Auf lange Sicht genügt es nicht, der Macht der Unternehmer und Arbeitgeber nur eine »Gegenmacht« gegenüberzustellen. Wenn man lediglich demokratische Institutionen über eine der Menschenwürde nicht angemessene Realität stülpt, so verändert dies die Struktur der Arbeit selbst nicht grundlegend. Demokratie und Selbstbestimmung aber erfordern, daß autonomes Handeln *in der Arbeit* möglich sein muß, daß die konkreten Strukturen und die tatsächlichen Inhalte der Arbeit verändert werden. Ausgangspunkt der Überlegungen muß eine normative Vorstellung davon sein, wie Arbeit vollzogen werden müßte und welche Inhalte sie haben sollte. Jede Tätigkeit müßte ein Mindestmaß an Lernfähigkeit, Entscheidungsmöglichkeiten, Teamwork, sozialen Kontakten, differenzierter Belastung und Aufstiegsmöglichkeiten eröffnen. Nach *diesen* Anforderungen sind Technik

23 Fritz Voigt, Die Mitbestimmung der Arbeitnehmer in den Unternehmungen, in: W. Weddigen (Hrsg., Zur Theorie und Praxis der Mitbestimmung, Bd. 1 (Schriften des Vereins für Socialpolitik, N. F. Bd. 24/I), Berlin 1962, S. 192.

und Organisation umzugestalten. Dies erfordert, um einige Stichworte zu nennen, eine neue Struktur der Arbeitswissenschaft, die von einer primär ingenieurmäßig betriebenen zu einer »humanwissenschaftlichen Disziplin« (Burkhart Lutz) werden muß; es erfordert eine Personalplanung, die, soweit sie zur Zeit überhaupt vorhanden ist, neben quantitativen auch qualitative Elemente (wie eine Lösung des Problems älterer Arbeitnehmer) zu beachten hat; es erfordert eine innerbetriebliche Bildung, die Theorie und Praxis, Arbeiten und Lernen, systematisch verknüpft. Erst wenn solche Perspektiven bei gleichzeitiger Mitbestimmung auf allen Ebenen vorangetrieben werden, ist eine reale Demokratisierung möglich und wird eine Selbstbestimmung am Arbeitsplatz möglich sein.[24] Eine solche Entfaltung durch Strukturänderungen der Arbeit selbst ist eine der großen gewerkschaftlichen Aufgaben für die Zukunft.

24 Vgl. dazu Leminsky/Helfert, Die Gestaltung von Arbeitsanforderungen und Tätigkeitsstrukturen bei technisch-organisatorischem Wandel, in: WWI-Mitteilungen, Heft 2/1970; M. Helfert, Industrielle Arbeit als politische Gestaltungsaufgabe, in: WWI-Mitteilungen, Heft 1/1971; G. Leminsky, Die Zukunft der Gewerkschaften in der Wohlstandsgesellschaft. Referat auf der 4. internationalen Arbeitstagung der IG Metall vom 11. bis 14. April 1972 in Oberhausen; ders., Qualität des Lebens – Herausforderungen an die Wert- und Zielvorstellungen in der Arbeitswelt. Referat am 27. April 1972 im Sozialamt der Evangelischen Kirche von Westfalen im Haus Villigst.

Michael Schumann
Möglichkeiten der Mitbestimmung am Arbeitsplatz

I

Der Tatbestand, daß die gewerkschaftliche Arbeit für den einzelnen Arbeitnehmer mehr und mehr den unanschaulichen, abstrakten, anonymen Charakter von »Verwaltungsarbeit« annimmt, und tarifliche Erfolge sich gleichsam automatisch einstellen, ohne daß sie vom einzelnen aktives Handeln und persönliche verantwortliche Beteiligung forderten, wurde oft betont und selten geleugnet. Dasselbe gilt für die damit verbundene Gefahr der Entfremdung zwischen der gewerkschaftlichen Organisation und ihren Mitgliedern bzw., allgemeiner, der Gesamtheit der Arbeitnehmerschaft. Zwar weiß man, daß die Distanz bisher zumindest nicht jenes Stadium erreicht hat, wo sie in Mißtrauen und Feindschaft oder auch nur totale Gleichgültigkeit umschlagen könnte: denn trotz aller partiellen Kritik ist die überwiegende Mehrzahl der Arbeiter auch heute noch von der Notwendigkeit der Gewerkschaften überzeugt. Diese im ganzen positive Einschätzung der Gewerkschaften[1] beruht im wesentlichen auf zwei Argumenten:

1. einem ständisch-pluralistischem Argument: Gewerkschaften sind ein Element des Gleichgewichts, wie etwa im Bundestag die Opposition und im Gericht der Verteidiger;
2. einem Argument, das das Schutzbedürfnis der Arbeitnehmer artikuliert. Gewerkschaften sind notwendig, weil ohne institutionelle Interessenvertretung die erreichte soziale und ökonomische Position

1 In der von der Forschungsgruppe S. Braun – H. Kern – M. Schumann vom Soziologischen Seminar der Universität Göttingen gemachten Untersuchung über die Auswirkung von technischen Neuerungen (vgl. Seite 222 dieses Heftes, Anm. 2) sprachen 88% der befragten Industriearbeiter davon, daß die Gewerkschaften in ihren Augen eine notwendige Institution seien.

nicht zu behaupten wäre, denn das Vertrauen der Arbeiter in das gesellschaftliche System und die politische Ordnung ist keinesfalls derart, daß im System selbst bereits ein Garant für die Sicherung des materiellen Besitzstandes gesehen würde.

Die Einsicht in die Notwendigkeit der Gewerkschaften impliziert aber bei zunehmend weniger Arbeitern die Bereitschaft zu persönlichem Engagement und individueller Aktivität; selbst die formale Mitgliedschaft erscheint heute weniger zwingend geboten, eben weil die Apparate scheinbar selbständig und autonom funktionieren.

II

Die eigentliche Intention der seit langem erörterten und in der letzten Zeit in einem schriftlichen Entwurf[2] fixierten Überlegungen zur Mitbestimmung am Arbeitsplatz ist, im Unternehmen die Machtüberlegenheit der Unternehmerseite einzuschränken und gegenüber der einseitigen Herrschaftsgewalt der Geschäftsleitung eine Gegenmacht der Arbeitnehmer aufzubauen, um damit deren nur formale rechtliche Gleichberechtigung inhaltlich zu realisieren und somit die hierarchisch-autoritären Strukturen des Betriebes zu demokratisieren. Als Konsequenz dieser objektiven Veränderung der Stellung der Arbeitnehmer im Betrieb durch die Erweiterung ihres Einfluß- und Freiheitsbereichs wird eine Veränderung ihres gesellschaftlich-politischen Bewußtseins sowie ihrer Arbeitseinstellung erwartet, verbunden mit einer Reaktivierung ihres Verhältnisses zur gewerkschaftlichen Organisation.
Diese allgemeine Zielsetzung liegt etwa dem Vorschlag zugrunde, den *Hans Matthöfer* im Rahmen der Diskussionen um die Novellierung des Betriebsverfassungsgesetzes vorgelegt hat.[3] Der Entwurf von Matthöfer versteht sich nicht als Gegenkonzept zu der vom DGB geforderten Ausweitung der Mitbestimmungsrechte auf Unternehmensebene und zur Erweiterung der Befugnisse des Betriebsrates, sondern will diese Mitbestimmungs-

2 Vgl. »Vorschlag von Hans Matthöfer zur Novellierung des Betriebsverfassungsgesetzes«, GM 12/1968, S. 751.
3 A. a. O.

konzeption ergänzen durch die Einbeziehung der Ebene des Arbeitsplatzes bzw. der Arbeitsgruppe.

Der Matthöferentwurf zielt ab auf einen Unterbau für den Betriebsrat. Es wird zwischen dem Gesamtkollektiv der Belegschaft eines Werkes unterschieden und Teilkollektiven, den sogenannten *Arbeitsgruppen*, die sich in einem Betrieb als Einheiten mit relativ abgeschlossenen Teilaufgaben ausgliedern und untereinander abgrenzen lassen. Während der Betriebsrat die Interessenvertretung des Gesamtkollektivs wahrnimmt, werden Probleme, die nur den Bereich einer Arbeitsgruppe betreffen, von dieser selbst bzw. von einem gewählten sogenannten *Arbeitsgruppensprecher* vertreten – gleichsam in einem Vorverfahren vorbehaltlich der späteren Einschaltung des Betriebsrates, der vor allem bei Nichteinigung wirksam wird. Die Arbeitsgruppenbesprechung dient, wie es im Matthöferentwurf heißt, »der Mitwirkung der Arbeitnehmer an allen ihren Arbeitsplatz betreffenden Fragen, insbesondere bei: Einführung neuer Produktionsverfahren, Einrichtung neuer Arbeitsplätze, Wechsel des Arbeitsplatzes und des Arbeitsablaufes, der Arbeitsteilung und Arbeitszerlegung, der Materialanlieferung, der Verdienstberechnung, – jeweils, soweit diese Fragen den Bereich der Arbeitsgruppe betreffen.«

Ich kann hier darauf verzichten, im einzelnen die Zusammensetzung und Arbeitsweise der beiden geplanten neuen Institutionen in der Organisation der Arbeitnehmerseite, d. h. Arbeitsgruppe und Arbeitsgruppensprecher, genauer anzugeben. Die Frage, die hier geprüft werden soll, lautet:

Was könnte eine solche Basisorganisation der Arbeitnehmerinteressenvertretung im Betrieb real leisten und wo liegen die Grenzen ihrer Wirksamkeit?[4]

III

Von einer Mitbestimmung am Arbeitsplatz ist nicht oder doch nur sehr eingeschränkt zu erwarten, daß aktuell, gleichsam mit und durch die Einfügung von Paragraphen in das BetrVG, ef-

4 Diese Frage wird im folgenden anhand der Untersuchungen Braun-Kern-Schumann erörtert.

fektive Mitbestimmung oder auch nur Mitwirkung für den einzelnen Arbeitnehmer bzw. die Arbeitsgruppe realisiert werden könnte. Die Gründe für diese Einschätzung sind die gleichen, die *Horst Kern* als Ursache der geringen Einflußmöglichkeiten des Betriebsrates bei technischen Neuerungen nannte[5]:

1. Die technische Apparatur legt die Rahmenbedingungen fest für den Einsatz der Arbeitskräfte. Entscheidungen über neue Produktionsverfahren und Veränderungen der Produktionsmittel, die, je nach der Dimension der vorgesehenen Neuerung, auf der Betriebs- oder Unternehmensebene getroffen werden, präjudizieren weitgehend die Verhaltensweisen der unmittelbaren Vorgesetzten der Arbeitsgruppe in bezug auf den Arbeitsablauf, die Arbeitszerlegung und allgemein die Arbeitsplatzgestaltung. Zumindest sind deren Verhaltensalternativen äußerst eingeengt. Wirksame Mitbestimmung über Produktionstechnik und Arbeitsorganisation und damit über die konkreten Arbeitsbedingungen des einzelnen Arbeitnehmers und dessen Arbeitssituation hätte deswegen in dem jeweils die Entscheidung treffenden Gremium stattzufinden in einer Art und Weise, wie sie von Horst Kern dargelegt wurde.
2. Der den unmittelbaren Vorgesetzten verbleibende Handlungsspielraum bei der Gestaltung der Arbeitsplätze und des Arbeitsablaufes wird zudem durch die für ihr Verhalten verbindliche Maxime der kapitalistischen Produktionsweise weiter reduziert. Dasselbe gilt für ihren Einfluß auf die Lohn- und Gehaltsfindung, soweit die arbeitsteilige Betriebsorganisation ihnen hierbei überhaupt Interventionschancen einräumt. Relevante Einbrüche gleichsam in das verbindliche Prinzip ökonomisch möglichst rationeller Produktion können, wenn überhaupt, höchstens auf Unternehmensebene, wirklich wirksame wohl ausschließlich im makroökonomischen Bereich erzwungen werden. Der unmittelbare Vorgesetzte ist weitgehend Erfüllungsgehilfe unter dem Verhaltenszwang, eine optimale Geltung des Prinzips zu sichern.

Da also sowohl die immanente Rationalität und Logik der Produktionstechnik wie die des kapitalistischen Wirtschaftsprinzips ebenso wie die betriebliche Arbeitsteilung den unmittelbaren Vorgesetzten kaum relevante Dispositionschancen und Entscheidungsalternativen einräumen für die Gestaltung der Arbeitssituation der Arbeitnehmer, sind sie als Adressat und Instanz für die Verhandlungen mit den Arbeitsgruppen kaum in der Lage, wesentliche Zugeständnisse zu machen und von den

---

5 Vgl. den Aufsatz von Horst Kern »Mitbestimmung und technische Entwicklung« in diesem Heft, S. 221.

Arbeitnehmern für notwendig erachtete Änderungen vorzunehmen. Es scheint mir eine Illusion, zu meinen, durch die Schaffung des Organs der Arbeitsgruppe Prinzipien der kapitalistischen Produktionsweise außer Kraft setzen oder auch nur nennenswert modifizieren zu können.

Diese negative Einschätzung realer Mitbestimmungsmöglichkeiten auf der Ebene der Arbeitsgruppe heißt freilich nicht, daß nicht durch institutionalisierte Rechte der Arbeitsgruppe auf Information, Konsultation und Beschwerde sehr viel wirkungsvoller und zuverlässiger als bei der bisherigen Regelung individuelle Härtefälle, hierarchisch bedingte Fehlleistungen und Irrationalitäten sowie personenbedingte Willkür abgebaut und mehr und mehr verhindert werden könnten. Der Betriebsrat, zumindest in größeren Betrieben, ist nicht in der Lage, für alle Arbeitsgruppen seines Betriebes bzw. Bereichs diese Art Kontrolle auszuüben. Weder verfügt er über ausreichende Informationen und Kenntnisse, um im Einzelfall sachkundig eingreifen zu können, noch wäre er von seiner potentiellen Arbeitskapazität dazu in der Lage: die Einsicht der Arbeitnehmer in diesen Sachverhalt wiederum führt aber dazu, daß man den Betriebsrat von vielen dieser Einzelprobleme mehr oder weniger automatisch entlastet, ihn nicht einschaltet, lieber vielleicht geringfügig erscheinende Ungerechtigkeiten und uneinsichtige Anweisungen widerstandslos akzeptiert. Überdies hält gerade in größeren Betrieben die Ferne der Belegschaftsvertretung, die sich zwangsläufig bei großen Betreuungsbereichen ergibt, vom Weg zum Betriebsrat ab.

Die Institution der Arbeitsgruppe und des Arbeitsgruppensprechers wäre dagegen eine permanent präsente, immer mit allen notwendigen Informationen versehene *Kontrollinstanz,* die bei jeder Art von Regelverstoß intervenieren könnte. Allein der Zwang, alle Entscheidungen möglicherweise vor der Arbeitsgruppe rechtfertigen zu müssen, würde Konsequenzen haben für das Verhalten der Vorgesetzten. Die unmittelbaren Auswirkungen wären mit Sicherheit zum einen eine Reduktion persönlicher Willkürakte und Ungerechtigkeiten, zum anderen ein größeres Maß an immanenter Rationalität bei der Erfüllung der Arbeitsaufgaben und damit auch höhere Produktivität; Auswirkungen also, die die Prinzipien des Wirtschaftens im Kapitalismus zwar unberührt lassen, für die Arbeitssituation des Arbeitnehmers deswegen keine radikale aber dennoch eine durchaus relevante

Verbesserung bedeuten können. Da solche arbeitsorganisatorische Maßnahmen wie etwa Arbeitsplatzwechsel innerhalb der Arbeitsgruppe oder gewisse Modifikationen der Arbeitsaufgabe dem unmittelbaren Vorgesetzten möglich sind – vor allem in gering mechanisierten Produktionsbereichen und bei repetitiven Teilarbeiten oder auch handwerklichen Verrichtungen – könnte die institutionalisierte Arbeitsgruppe eine wirkungsvolle Kontrollfunktion ausüben. Alles in allem wird aber die reale Mitbestimmung der neu geschaffenen Organe aus den erwähnten Gründen äußerst gering sein, so daß darin nicht die zentrale Rechtfertigung des Entwurfs gesehen werden kann. Wenn das Konzept der Mitbestimmung am Arbeitsplatz mit dieser Argumentation bereits als wirksamer Schritt zur Demokratisierung der Arbeit angesehen wird, so erscheint mir das als eine vage, weitgehend unbegründete Hoffnung.

IV

Die eigentlichen, wirklich relevanten Vorteile des Konzepts sind andere.

Die hierarchischen Entscheidungen werden problematisiert. In der aktuellen Situation wird im Betrieb – abgesehen vielleicht von sehr groben Verstößen gegen persönliche, rechtlich gesicherte Belange – jede Entscheidung und Anweisung allein dadurch legitimiert und deswegen akzeptiert, weil sie von einer vorgesetzten Instanz erfolgt. Der unreflektierte, unkritische, selbstverständliche Gehorsam, der auf jede Nachfrage, Erklärung und Begründung verzichtet, ist üblich und wird rigoros erzwungen, wo gegen ihn aufbegehrt wird von einzelnen Arbeitnehmern. Der gesamte Adaptionsprozeß, etwa auch während der Lehre, an die Bedingungen und Anforderungen der Industriearbeit hat u. a. die Verhaltensweise kritikloser Hinnahme von ausschließlich hierarchisch sich legitimierenden Anweisungen zum Resultat. Die institutionalisierte Arbeitsgruppe mit dem expliziten Ziel, das Geschehen im Betrieb und das Verhalten der unmittelbaren Vorgesetzten zu diskutieren und in Frage zu stellen, abzuklopfen auf die jeweilige Adäquanz des Vorgehens, könnte eine wesentliche Veränderung dieser Haltung bewirken. Der Zwang, sich in regelmäßigen Arbeitsgruppenbesprechungen sowohl mit den Inhalten der Entscheidungen wie mit der Art ihrer Vermittlung durch die Vorgesetzten auseinanderzusetzen, sie unter dem Gesichtspunkt der eigenen Interessen zu reflektieren und zu problematisieren, hätte mit Sicherheit Konsequenzen für das *Bewußtsein* der Arbeitsgruppenmitglieder. Die eigenen Interessen würden artikuliert und bewußt – es bestünde die Chance, daß sie wiedererkannt würden. Dies wäre wichtig, denn in der aktuellen Situation hat die Anpassung an die bestehenden Formen der Herrschaftsausübung und die Unmöglichkeit zur Intervention die Verdrängung der eigenen Interessen in einer Weise perfektioniert, daß sie oft gar nicht mehr als solche wahrgenommen werden.

Die Herausbildung von Problembewußtsein für die betriebliche Position und die Fragen der Arbeit wäre zudem verbunden mit einem steigenden Selbstbewußtsein, denn einmal würde bei der Diskussion von Sachfragen mit den unmittelbaren Vorgesetzten die fachliche Kapazität der Arbeitsgruppe demonstriert, zum anderen würden sich Erfolgserlebnisse einstellen, wenn aufgrund der Intervention der Arbeitsgruppe Entscheidungen revidiert werden müßten. Die potentielle Macht und die Fähigkeit zu qualifizierter Mitwirkung und Beteiligung würden bewußt.

Diese Auswirkungen auf das Bewußtsein der Arbeitsgruppenmitglieder sind unabhängig davon, ob dem Organ im Gesetz reale Mitbestimmungsrechte eingeräumt werden oder ob die institutionalisierten Besprechungen nur einer internen Willensbildung der Arbeitsgruppe dienen sowie einer Formulierung der eigenen Position – die vor allem bei offenkundigen Regelverstößen und immanenten Irrationalitäten beim unmittelbaren Vorgesetzten direkt durchgesetzt werden kann, deren Realisierung aber bei Nichteinigung dem Betriebsrat zufällt. (Verzichtet man auf eine Konstruktion, die der Arbeitsgruppe effektive Mitbestimmungsrechte einräumt, – wofür auch etwa *Reinhard Hoffmann* plädiert[6] – so wäre damit übrigens auch der Vorteil verbunden, daß es nicht so leicht wäre, das Organ des Arbeitsgruppensprechers an die Einhaltung des Betriebs- und Arbeitsfriedens zu binden, wie dies zumindest beim geltenden BetrVG für den Betriebsrat gilt.) Allein der durch die Institution der Arbeitsgruppe vorgegebene Zwang zur Willensbildung und Artikulierung der eigenen Interessen würde das Bewußtsein der Ar-

6 Reinhard Hoffmann: »Erweiterung der innerbetrieblichen Mitbestimmung durch Arbeitsgruppen«, GM 12/1968, S. 722.

beitnehmer verändern, weil dadurch der Anspruch und das Recht auf Verbesserung der Arbeitssituation und allgemein der sozialen Position neu erweckt und mobilisiert werden könnte. Deswegen erscheint mir auch die etwa von *Radke* und *Moneta* vorgebrachte Befürchtung, die rechtliche Institutionalisierung der Arbeitsgruppe und des Arbeitsgruppensprechers könnte die Integration der Arbeitnehmer im Betrieb forcieren und eine Solidarität mit den Unternehmern auf Kosten des solidarischen Verhaltens mit den Gewerkschaften fördern, ebenso unbegründet wie die Sorge, daß ein Arbeitsgruppenegozentrismus entsteht, der dieselbe desolidarisierende Wirkung haben müßte. Die kritische Kontrolle des Betriebsgeschehens und das Bewußtmachen des eigenen Interessenstandpunktes müßte beides verhindern, gerade wenn dieser Prozeß der Willensbildung nicht von vornherein unter dem taktischen Gesichtspunkt einer möglichst günstigen Verhandlungsposition geschieht.
Eher wäre zu erwarten, daß bei der Artikulierung der eigenen Forderungen und bei ihrer Diskussion mit den unmittelbaren Vorgesetzten den Arbeitsgruppenmitgliedern immer wieder deutlich wird, wie deren Handlungsspielraum durch die zwangsläufige Orientierung am Prinzip der technischen Effizienz und der Profitmaxime eingeengt wird. Die Systemzwänge würden sichtbar, die eine primäre Orientierung an den menschlichen Bedürfnissen und humanitären Erwägungen unmöglich machen. Eine Mobilisierung der Arbeitnehmer durch die Gewerkschaften für strukturelle Veränderungen der Wirtschaftsprinzipien und allgemein der Gesellschaft wäre denkbar, wenn diese Erfahrung zur Erkenntnis würde. Aber ebenso müßte der Betriebsrat für seine Auseinandersetzungen mit der Unternehmensleitung, gerade wenn es sich um Probleme handelt, die in den Arbeitsgruppen besprochen und bei den unmittelbaren Vorgesetzten nicht durchgesetzt werden konnten, eine sehr viel breitere Unterstützung finden.

V

Aus diesen Gründen, wegen der positiven Auswirkungen also auf das gesellschaftlich-politische Bewußtsein der Arbeitnehmer, halte ich das Konzept der Institutionalisierung der Arbeitsgruppen für äußerst wichtig. Solange die Gewerkschaften ihren verbalen Anspruch aufrecht erhalten und selbst ernst nehmen, die Interessen der Arbeitnehmer wirkungsvoll zu vertreten, ihre gesellschaftliche Position zu verbessern und insgesamt die Gesellschaft zu demokratisieren, gibt es auch m. E. keine gewerkschaftspolitische Alternative zu diesem Modell.

S. Braun spricht von dem Versuch einiger Gewerkschaften »durch Verfügung über Informationen, Schulen, Fonds und Dienstleistungen ausschnitthafte Interessen zu befriedigen und die Organisation durch objektive Anreize und Zwänge am Leben zu erhalten« und sieht darin *eine* mögliche Entwicklung der Gewerkschaftsbewegung, nämlich »in allen möglichen bürokratischen Gremien zu sitzen« und durch »bürokratische Einmauerung« eine »öffentlich garantierte Pfründe in die Hand zu bekommen».[7]

Diese Politik würde die Gewerkschaften weitgehend unabhängig machen von ihrer eigenen Basis, und auch eine große Entfremdung zur Arbeitnehmerschaft könnte in Kauf genommen werden, weil die gesellschaftliche Herrschaftsposition gleichsam in Absprache mit den übrigen etablierten Mächten ausgeübt würde und deswegen die Machtbasis weitgehend in dieser Absprache läge. Freilich ist mit dieser *bürokratischen Integrationspolitik* die Respektierung der anderen etablierten Institutionen verbunden, sie bedeutete also die endgültige Festlegung auf den Status quo; vielleicht sogar widerstandslose Akzeptierung einer zunehmend autoritären gesellschaftlichen Umstrukturierung in der Illusion, damit die eigene Position bewahren zu können. Wollen aber die Gewerkschaften sich eine autonome Machtbasis erhalten, so müssen sie die Kluft zwischen ihrer Bürokratie und der Arbeitnehmerschaft abbauen und genuines Interesse der Arbeiter und Angestellten an der gewerkschaftlichen Arbeit anstreben. Dies aber wäre vor allem durch die Wahrnehmung der elementaren, konkreten Interessen am Arbeitsplatz möglich, wobei gerade am Beispiel nicht durchsetzbarer Forderungen der Zusammenhang zwischen den Interessen der Arbeitnehmer und den Prinzipien des Wirtschaftssystems deutlich zu machen wäre.

Dieser Ansatz scheint heute noch möglich, doch wir sollten uns darüber im klaren sein, daß auch diese Möglichkeit zur Aktivie-

---

7 S. Braun, Die Gewerkschaften als Verbände von Arbeitsplatzbesitzern, in: Zwischen Stillstand und Bewegung, hrsg. A. Horné, Frankfurt/M. 1965.

rung der Arbeitnehmer in nicht allzu langer Zeit nicht mehr gegeben sein könnte. Die zitierte Göttinger Untersuchung ebenso wie eine neuere englische Studie kommen zu dem Ergebnis, daß sich das Verhältnis der Arbeiter zu ihrer Arbeit mehr und mehr instrumentalisiert. Mit der Verkürzung der Arbeitszeit, der Erleichterung der betrieblichen Verrichtungen in bezug auf schwere physische Belastungen sowie Gratifikationen, die zumindest partiell gesellschaftlich vorgegebene Konsumentenwünsche realisierbar machen und das Leben außerhalb der Arbeit erfüllt erscheinen lassen, verliert sich generell das Interesse an der Arbeit. Die negativen Seiten der Arbeitssituation werden in Kauf genommen, weil das eigentliche Leben im Selbstverständnis der Arbeiter erst nach der Arbeit beginnt. Selbstverwirklichung, Befriedigung und Genugtuung wird eher in der Sphäre außerhalb der Arbeit gesucht, denn in der Arbeit und durch die Tätigkeit. Die Arbeit wird reduziert zu einem Mittel, um mit dem Verdienst die gewünschte Gestaltung der Zeit nach der Arbeit zu ermöglichen. Diese Einstellung ist kaum vereinbar mit einem engagierten, politischen Verhältnis zu den Gewerkschaften.

Hat sich eine solche Arbeitseinstellung durchgesetzt, so dürfte sich das Interesse der Arbeitnehmer an der Gewerkschaft weiter verringern und auf die Konsumentenhaltung gegenüber einer Versicherungsanstalt reduzieren. Die bürokratische Einmauerung der Institution der Gewerkschaft wäre dann sogar die konsequente Forderung der Mitglieder selbst an ihre Organisation. Wer diese Entwicklung aber nicht will, wer die Ziele der gewerkschaftlichen Arbeit noch weitersteckt, muß die Forderung auf Institutionalisierung der Arbeitsgruppen unterstützen, weil diese Politik der Tendenz zunehmender Instrumentalisierung der Arbeitseinstellung entgegenwirkt. Die Einsicht in die präjudizierende Wirkung der Arbeit auf das gesamte menschliche Dasein ist aber zentrale Voraussetzung für die Unterstützung und die aktive Mitarbeit bei einer auf gesellschaftliche Strukturveränderungen abzielende Gewerkschaftspolitik.

Reinhard Hoffmann
Erweiterung der innerbetrieblichen Mitbestimmung durch Arbeitsgruppen

I

Alle Überlegungen und Ansätze zur Mitbestimmung haben ihren Ursprung in dem Umstand, daß die formale, rechtliche Gleichberechtigung des Arbeitnehmers mit dem Unternehmer, die durch die für beide Seiten geltende Arbeitsvertragsfreiheit gewährleistet wird, den einzelnen Arbeitnehmer nicht aus seiner grundsätzlich schwächeren Position gegenüber der Unternehmerseite im Rahmen des individuellen Arbeitsverhältnisses herauszuheben vermag und ihn nicht davor bewahrt, sich weitgehend der einseitigen Herrschaftsgewalt der Geschäftsleitung im Betrieb unterwerfen zu müssen. Nur durch *kollektive Interessenvertretung* kann der Arbeitnehmer, können die Arbeitnehmer eine Gegenmacht aufbauen, um die Machtüberlegenheit der Unternehmerseite einzuschränken und eine Mitbestimmung durchzusetzen. Die wirtschaftliche Mitbestimmung der Arbeitnehmer muß sich in nahtlosem Zusammenhang auf alle Ebenen erstrekken, vom Arbeitsplatz und Betrieb über die Unternehmensorgane bis in den makroökonomischen Bereich hinein. Die Mitbestimmung am Arbeitsplatz darf daher nicht »vorrangig oder gar isoliert« herausgehoben, sondern kann nur als (wenn auch wesentlicher) Bestandteil einer umfassenden Mitbestimmungskonzeption und -politik erkämpft werden.

Die schwache Position des Arbeitnehmers im Betrieb kann einerseits durch zusätzliche individuelle Rechte des einzelnen Arbeitnehmers verbessert werden; das gilt jedoch nur für solche Bedingungen des Arbeitsverhältnisses, die sowohl unabhängig vom konkreten Geschehen am Arbeitsplatz und im Betrieb sind als auch für ihre praktische Verwirklichung nicht noch irgendwelcher »Verhandlungen« mit der Geschäftsleitung bedürfen, sondern quasi automatisch eintreten und daher unabhängig sind von der jeweiligen Machtposition des einzelnen Arbeitnehmers. Solcherart können individuelle Rechte des einzelnen Arbeitnehmers z. B. hinsichtlich des Urlaubs oder der Kündigungsfristen, die dem Recht des individuellen Arbeitsvertrags zugehören und unmittelbar kraft Gesetzes oder Tarifvertrags gelten, die Position der Arbeitnehmer stärken.

Andererseits aber sind im übrigen, nämlich bezogen auf die konkreten und alltäglichen Auseinandersetzungen im Betrieb und um den einzelnen Arbeitsplatz, auch zusätzliche individuelle Rechtspositionen für den einzelnen Arbeitnehmer unzureichend, weil eben der einzelne Arbeitnehmer aufgrund seiner sozialen und ökonomischen Ausgangslage in der betrieblichen Auseinandersetzung keine hinreichende Macht für die praktische Durchsetzung solcher Rechte hat und zudem auf diesem Wege leicht in eine desolidarisierende Konkurrenz mit den einzelnen anderen Arbeitskollegen geraten kann. Daher ist in diesem Bereich eine Art rein »persönlicher« Mitbestimmung, bloß individueller Mitbestimmung des einzelnen Arbeitnehmers weder sinnvoll noch praktisch zu realisieren, muß vielmehr der einzelne Arbeitnehmer seine Interessen mit Hilfe von und auf dem Wege über kollektiv organisierte Interessenvertretungen durchsetzen.

Zudem ist der Gegenstand der Mitbestimmung am Arbeitsplatz die Regelung von Arbeitsbedingungen, die überwiegend kollektiv zugleich für eine Mehrzahl von Arbeitnehmern in gleicher Weise gelten, entsprechend der innerbetrieblichen Kooperation der Arbeitnehmer als dem Grundzug der industriellen Arbeitsweise. Wenn man als solche Regelungsgegenstände etwa die Arbeitsweise am Arbeitsplatz, die Zuweisung eines neuen Arbeitsplatzes und die Festsetzung des Leistungslohnes betrachtet, so wird deutlich, daß die Regelung der »Arbeitsweise am Arbeitsplatz«, unmittelbar zumindest überwiegend und mittelbar (aus dem Gesamtzusammenhang des Arbeitsprozesses) fast immer, kollektiv für eine Mehrzahl von Arbeitnehmern zugleich und in gleicher Weise erfolgen muß; daß bei der Zuweisung eines neuen Arbeitsplatzes auch nicht allein das individuelle Schicksal des versetzten oder umgesetzten Arbeitnehmers, sondern die damit zusammenhängende Veränderung in der Arbeitsaufteilung innerhalb der Belegschaft bzw. Arbeitsgruppe (Freimachen eines Arbeitsplatzes und Nachrücken anderer auf die freigemachten Plätze) als kollektiv wirkend gesehen werden muß; daß die Festsetzung des Leistungslohnes zwar meist individuell für je-

den einzelnen Arbeitsplatz erfolgt, aber doch hinsichtlich der Lohnseite wie der Leistungsseite von kollektiven Normen abhängt, die entweder im Tarifvertrag (Lohn) niedergelegt sind oder sich aus dem allgemeinen Leistungsstandard der gesamten Belegschaft bzw. Arbeitsgruppe ergeben.
Deswegen bedarf es einer kollektiven Mitbestimmung am Arbeitsplatz, die sich zwar einerseits im Rahmen der jeweiligen Tarifverträge halten muß, die andererseits aber, gerade in Verlängerung der Reichweite der Tarifverträge, die im einzelnen Betrieb trotz der Tarifverträge noch fortbestehenden umfangreichen Betätigungsgebiete der einseitigen Herrschaftsgewalt der Geschäftsleitung weiter einschränken soll.

II

Solche kollektive Mitbestimmung am Arbeitsplatz muß möglichst effektiv sein. Dafür ist vor allem zweierlei erforderlich: Zum einen müssen die Befugnisse der Arbeitnehmerinteressenvertretung (des *Betriebsrats*) erheblich erweitert werden, etwa in der Richtung, die die Vorschläge des DGB zur Änderung des BetrVG für § 56 Abs. 1 Buchst. a, f, g, h anzeigen (»in folgenden Angelegenheiten, auch wenn sie nur einzelne Arbeitnehmer betreffen, mitzubestimmen: a) Dauer der täglichen Arbeitszeit; Festsetzung von Kurz- oder Mehrarbeit; f) Fragen der Arbeitsorganisation, soweit dadurch die Arbeit oder Leistung des einzelnen Arbeitnehmers beeinflußt wird; g) Festsetzung der Akkord- und Prämiensätze und leistungsbezogener Entgelte; h) Fragen der betrieblichen Lohnfindung«).
Zum anderen muß die tatsächliche Ausübung solcher erweiterter Mitbestimmungsrechte in jedem Einzelfall gewährleistet werden, d. h. müssen die tatsächlichen Möglichkeiten solcher Mitbestimmung von der institutionellen Seite her, von der Organisation und dem Aufbau der innerbetrieblichen Interessenvertretung der Arbeitnehmer verbessert werden. Denn heute ist in den Großbetrieben mit mehreren tausend bis zu zigtausend Arbeitnehmern selbst ein 35köpfiger Betriebsrat (nach den DGB-Vorschlägen höchstens 45) nicht imstande, die individuellen Probleme der einzelnen Abteilungen und kleinen Arbeitsgruppen und schließlich des einzelnen Arbeitsplatzes noch zu übersehen und (erweiterte) Mitbestimmungsrechte für den einzelnen Arbeitsplatz aus-

zuüben, etwa bei jeder einzelnen Zeitaufnahme und Akkordfestsetzung auch nur anwesend zu sein. Daher muß – zumindest in den größeren Betrieben (mit mehr als 500 Beschäftigten) – die Organisation der Interessenvertretung der Belegschaft ausgebaut und für den Betriebsrat, als das zentrale Entscheidungsorgan auf Arbeitnehmerseite, gewissermaßen ein *Unterbau* zusätzlicher (Unter-)Organe kollektiver Interessenvertretung auf unterer Ebene, mit entsprechend kleinerem Aktions- und Vertretungsbereich, geschaffen werden.

Das bedeutet, daß in den größeren Betrieben (mit mehr als 500 Beschäftigten)[1] die einzelnen Abteilungen und Arbeitsgruppen als *Teilkollektive* aufgefaßt werden und auch in beschränktem Umfang selbständig aktionsfähig werden und vor allem durch ihre jeweiligen Vertreter an der kollektiven Interessenvertretung, unterhalb der Ebene des Betriebsrats, beteiligt werden können. Soweit nur der Bereich der Arbeitsgruppe betroffen ist, vertritt zunächst und vorerst, sozusagen im Vorverfahren vorbehaltlich der späteren Einschaltung des Betriebsrats, die Arbeitsgruppe kollektiv die Interessen der Gruppe und ihrer einzelnen Mitglieder gegenüber den unmittelbaren Vorgesetzten. Das betrifft im wesentlichen die Einrichtung der Arbeitsplätze und die Organisation des Produktionsverfahrens, insbesondere bei Einführung neuer Verfahren und Änderungen des Arbeitsablaufs oder der Arbeitsplätze, sowie die individuelle Lohnfindung und den Wechsel von Arbeitsplätzen.

Das Funktionieren der Interessenvertretung durch die Arbeitsgruppe muß durch klare Rechte und Handlungsmöglichkeiten der Arbeitsgruppe für diesen Bereich abgegrenzt werden. Deswegen muß die »Programmerklärung«, daß Arbeitsgruppenbesprechungen »der Mitwirkung der Arbeitnehmer ... dienen«[2], konkret ausgefüllt werden. Die Vertretung der Interessen der Arbeitsgruppe und ihrer Mitglieder durch die Arbeitsgruppe selbst, im Vorverfahren gegenüber den unmittelbaren Vorgesetzten, bringt zwei neue Institutionen in der Organisation der Arbeitnehmerseite hervor: den Arbeitsgruppensprecher und die Arbeitsgruppenbesprechung.

Der *Arbeitsgruppensprecher* wird von der Arbeitsgruppe ge-

---

1 Vgl. § 56 a, Abs. 1 des Vorschlags von Hans Matthöfer zur Novellierung des BetrVG.

2 § 56 b, Abs. 1 des Matthöfer-Vorschlags.

wählt, möglicherweise aus verschiedenen Anlässen oder für unterschiedliche Aufgaben jeweils ein anderer Arbeitnehmer, wie überhaupt ein Arbeitsgruppensprecher jederzeit »abberufen« bzw. abgelöst werden kann und daher die »Amts«-Periode des Arbeitsgruppensprechers unbestimmt ist.[3] Er muß im Auftrag der Arbeitsgruppe oder auf (formlosen) Antrag eines einzelnen Arbeitnehmers deren Interessen gegenüber den unmittelbaren Vorgesetzten vertreten, d. h. die betreffende Frage selbst untersuchen und prüfen und dann darüber mit den unmittelbaren Vorgesetzten verhandeln. Dazu kann der Betriebsrat für Fragen der Arbeitsorganisation und der individuellen Lohnfestsetzung, soweit jeweils ein einzelner Arbeitsplatz betroffen ist, die Ausübung seiner Mitbestimmungsrechte nach § 56 Abs. 1 BetrVG einem Arbeitsgruppensprecher übertragen, allerdings nur, wenn er selbst (infolge der Größe des Betriebs) nicht imstande ist, diese Rechte tatsächlich von vornherein für jeden einzelnen Arbeitsplatz wahrzunehmen, und nur unter dem Vorbehalt eines jederzeitigen Widerrufs.[3a] Kann er den Standpunkt der Arbeitsgruppe bzw. des einzelnen Arbeitnehmers bei den unmittelbaren Vorgesetzten nicht durchsetzen, so muß er die Angelegenheit weiterreichen[4]; auf Antrag des Arbeitsgruppensprechers, des Betriebsrats oder eines Drittels der Arbeitsgruppenmitglieder ist zugleich auch eine Arbeitsgruppenbesprechung einzuberufen.[5] Wegen seiner Aufgabe, mit den unmittelbaren Vorgesetzten im Interesse der Arbeitnehmer zu verhandeln, darf der Arbeitsgruppensprecher nicht selbst Vorgesetztenfunktionen haben.

Das Gesetz muß ausdrücklich vorschreiben, daß Arbeitsgruppensprecher in der Ausübung ihrer Tätigkeit, also der Interessenvertretung an Ort und Stelle (»vor Ort«) während der Arbeitszeit, nicht gestört oder behindert werden dürfen[6] und daß eine Versäumnis von Arbeitszeit, die nach den konkreten Umständen zur ordnungsgemäßen Durchführung seiner Aufgabe erforderlich ist, den Arbeitgeber nicht zur Minderung des Arbeitsentgelts berechtigt (entsprechend § 37 Abs. 2 BetrVG). Dadurch wird ihm vor allem eine Bewegungsfreiheit in seiner Ab-

3 § 56 a, Abs. 1 Satz 2 Matthöfer-Vorschlag.

3a Vgl. § 56 a, Abs. 3 Matthöfer-Vorschlag.

4 Vgl. dazu § 54 Abs. 1, Buchst. c BetrVG; § 56 b, Abs. 2 Matthöfer-Vorschlag.

5 § 56 b, Abs. 2 Matthöfer-Vorschlag.

6 § 53, Abs. 1 Matthöfer-Vorschlag.

teilung und im Betrieb gesichert. Eine besondere, förmliche Freistellung, auch nur für kleine Bruchteile der Arbeitszeit[7], erscheint m. E. nicht angebracht, weil dadurch der Arbeitsgruppensprecher schon wieder zu sehr aus den Reihen seiner Kollegen herausgehoben wird und zugleich eine elastische Handhabung seiner Aufgabenerfüllung entsprechend den stark schwankenden, ungleichmäßig verteilten Anlässen behindert werden könnte.

Arbeitsgruppenbesprechungen dienen (jedenfalls in dem bestehenden allgemeinen Rahmen) nicht so sehr einer direkten »Mitwirkung« der Arbeitnehmer[8], im Sinn des Betriebsverfassungsrechts als direkter Beteiligung an den Entscheidungen im Unternehmen, sondern primär der *Willensbildung* auf seiten und innerhalb der Belegschaft über die gemeinsam zu verfolgenden Interessen, als interne Voraussetzung für die Auseinandersetzung mit der anderen Seite, der Geschäftsleitung und Betriebshierarchie (in Form von Mitbestimmung, Mitwirkung oder anderswie). Arbeitsgruppenbesprechungen finden während der Arbeitszeit statt, regelmäßig einmal im Monat, außerdem auf Antrag eines Drittels der Mitglieder der Arbeitsgruppe sowie bei (für die gesamte Gruppe wichtigen) Neuerungen in der Arbeitsorganisation.[9] Sie werden vom Arbeitsgruppensprecher (oder vom zuständigen Betriebsratsmitglied) einberufen und geleitet. An den Arbeitsgruppenbesprechungen nehmen außer den Gruppenmitgliedern (und neben mindestens einem, dem zuständigen Betriebsratsmitglied) die zuständigen Vorgesetzten teil. Die letzteren haben jedoch kein Stimmrecht, soweit sie nicht wie etwa Vorarbeiter auf der letzten Stufe der Betriebshierarchie stehen und dann ohne Privileg der Arbeitsgruppe angehören.

Denn auch eventuelle Beschlüsse einer Arbeitsgruppenbesprechung sind nicht schon gemeinschaftlich für die Arbeitnehmerseite wie die Arbeitgeberseite verbindliche Regelungen einer Angelegenheit (wie Betriebsvereinbarungen auf der Ebene des ganzen Betriebs), sondern stellen lediglich den betonten Abschluß der Willensbildung auf seiten der Arbeitnehmer im Bereich einer Arbeitsgruppe dar. Nur wenn die anwesenden Vorgesetzten für ihre Seite einem solchen Beschluß zustimmen, kommt damit praktisch zugleich die für beide Seiten verbindliche Regelung

7 § 56 a, Abs. 2, Matthöfer-Vorschlag.
8 So die Formulierung in § 56 b, Abs. 1 Matthöfer-Vorschlag.
9 Siehe §§ 49, Abs. 3; 56 b, Abs. 1 Matthöfer-Vorschlag.

zustande. In der praktischen Durchführung kann dies Verfahren zu einem Aushandeln zwischen der Arbeitsgruppenbesprechung und den Vorgesetzten führen, so daß gleichzeitig neben der Willensbildung auf der Arbeitnehmerseite gewissermaßen »Kollektivverhandlungen« mit der Gegenseite, vor der betroffenen »Öffentlichkeit«, nämlich der Arbeitsgruppe, stattfinden. Dennoch sind diese beiden wesensverschiedenen Funktionen – Willensbildung auf der Arbeitnehmerseite über das zu verfolgende Interesse einerseits und andererseits kollektive Vertretung dieses Arbeitnehmerinteresses in Verhandlungen (»Mitwirkung«) mit der Betriebsleitung – klar auseinanderzuhalten[10], weil sonst die Autonomie der Willensbildung auf der Arbeitnehmerseite, innerhalb der Arbeitsgruppe, gefährdet würde und die Arbeitsgruppenbesprechung nur ein Instrument der Partnerschaftsideologie würde.

Die Geschäftsleitung muß die Arbeitsgruppe (Arbeitsgruppenbesprechung) über die betrieblichen Planungen rechtzeitig informieren. Die Abgrenzung der einzelnen Arbeitsgruppen[11] muß im Einvernehmen zwischen Geschäftsleitung, Betriebsrat und der im Betrieb vertretenen Gewerkschaft erfolgen.

Zur besseren Kommunikation und Zusammenarbeit zwischen dem Betriebsrat und den Arbeitsgruppensprechern sollten regelmäßig, etwa vierteljährlich, gemeinsame Zusammenkünfte stattfinden. Ebenso muß der Betriebsrat bei der weiteren Behandlung einer Angelegenheit, die unmittelbar und nur eine Arbeitsgruppe betrifft und die an ihn vom Arbeitsgruppensprecher mangels Einigung mit den unteren Vorgesetzten herangetragen worden ist, den jeweiligen Arbeitsgruppensprecher zu seinen diesbezüglichen Verhandlungen hinzuziehen. Eine solche Änderung des BetrVG würde einen Rahmen von zusätzlichen Handlungsmöglichkeiten für die Interessenvertretung der Arbeitnehmer bieten, der durch die gewerkschaftlich-betriebliche Praxis ausgefüllt werden kann zum Aufbau einer innerbetrieblichen Gegenmacht der Arbeitnehmer.

10 Deutlicher als § 56 b, Abs. 2 und 5 Matthöfer-Vorschlag.
11 Offengelassen in § 56 a Abs. 1 Satz 1 Matthöfer-Vorschlag.

III

Unter diesem Aspekt ist auch zu würdigen, welche Bedeutung die Existenz und Betätigung solcher Arbeitsgruppen und Arbeitsgruppensprecher sowohl für die Position und Tätigkeit des Betriebsrats als auch für die gewerkschaftliche Arbeit, insbesondere des Vertrauenskörpers, hat.

Für den *Betriebsrat*, dessen Vertretungsrechte gegenüber der Geschäftsleitung in keiner Weise beeinträchtigt werden, bedeutet die Gliederung und Organisierung seines »Unterbaus«, daß die letztlich vom Betriebsrat gesteuerte kollektive Interessenvertretung im Betrieb alle Kollegen direkt anspricht und die unmittelbaren, detaillierten Belange der kleinen Gruppen und einzelnen Arbeitnehmer über die kollektive Interessenvertretung berücksichtigt werden. Dabei werden möglicherweise zwar die besonderen Interessen einzelner Arbeitsgruppen miteinander in Konflikt geraten, die dann erst vom Betriebsrat geschlichtet und in Einklang gebracht werden müßten; jedoch handelt es sich insoweit um objektiv bedingte Spannungen aufgrund der unterschiedlichen Stellung innerhalb des Betriebs, die auch sonst vorkommen und nicht erst durch die Organisation der Arbeitsgruppen hervorgerufen werden – durch die Organisation der Arbeitsgruppen werden solche Spannungen lediglich offen aufgedeckt und klar ins Bewußtsein gehoben, woraus sich jetzt erst die Möglichkeit einer rationalen Auflösung der Spannungen ergibt.

Indem derart alle Arbeitnehmer in die Tätigkeit der Interessenvertretungsinstitutionen einbezogen und beteiligt werden, verbessert sich die Kommunikation zwischen dem Betriebsrat und seiner »Basis«, d. h. einerseits erhält der Betriebsrat über die Vermittlung der Arbeitsgruppen und ihrer Sprecher eine umfassendere und genauere Information über das gesamte Geschehen, bis in die kleinste Abteilung hinein, und andererseits kann er durch den viel intensiveren Kontakt mit den einzelnen Arbeitsgruppen leichter und schneller die Arbeitnehmer mobilisieren. Überhaupt kann das Einbeziehen aller Arbeitnehmer in die organisierte, kollektive Interessenvertretung – das zumindest in den alle erfassenden Arbeitsgruppenbesprechungen erfolgt, die den ersten Anfang einer eigenständigen Organisation der Arbeitnehmer im Betrieb, im Gegensatz zur offiziellen hierarchischen Gliederung des Betriebs, darstellen – zu einer allgemeinen

Aktivierung und Mobilisierung der Belegschaft hinführen und damit zur Verstärkung der Kampfkraft und Druckmöglichkeiten beitragen, also die dem Betriebsrat zur Verfügung stehende Gegenmacht im Betrieb ausbauen.

Eine weitere Konsequenz solcher Mobilisierung ist der *betriebliche Arbeitskampf*, der zumindest hinsichtlich der betriebsindividuellen Arbeitsbedingungen durch Aufhebung des Verbots in § 49 Abs. 2 Satz 2 BetrVG zugelassen werden müßte bzw. mangels einer solchen Gesetzesänderung formell allein durch die hierzu legitimierte betriebliche Gewerkschaftsorganisation (Vertrauenskörper) geführt werden müßte.

Die Organisation von Arbeitsgruppen mit ihren Sprechern kann zudem die Möglichkeiten der *Gewerkschaftsarbeit* im Betrieb verbessern. Zwar können im fortbestehenden allgemeinen Rahmen des BetrVG die Arbeitsgruppen (ebensowenig wie es danach der Betriebsrat ist) nicht unmittelbar, also nicht von Gesetzes wegen, als rein gewerkschaftliche Organisation im Betrieb aufgebaut werden. Dennoch kann in der betrieblichen Praxis die Einrichtung von Arbeitsgruppen die Arbeit der gewerkschaftlichen Vertrauensleute absichern und erleichtern, indem die gewerkschaftlichen Vertrauensleute – ebenso wie sie gelegentlich durch ihre Ernennung zu Sicherheitsbeauftragten größere Bewegungsfreiheit erlangen – jeweils zu Arbeitsgruppensprechern gewählt werden und dann als solche eine viel stärkere und gesicherte Position gegenüber den Vorgesetzten haben, so daß sie ihre gewerkschaftliche Arbeit und Funktion mit einer anerkannten Rolle innerhalb der betrieblichen Interessenvertretung verbinden können. Dabei gilt selbstverständlich für die als Arbeitsgruppensprecher fungierenden Vertrauensleute, daß ihre »betriebliche« Funktion – ebensowenig wie für die einzelnen Betriebsratsmitglieder – der Wahrnehmung ihrer gewerkschaftlichen Aufgaben und Tätigkeit nicht entgegensteht (wie es § 49 Abs. 2 in der Fassung der Änderungsvorschläge des DGB ausdrücklich klarstellt).

IV

Die Organisation von Arbeitsgruppen beteiligt den *einzelnen Arbeitnehmer* an kollektiver Interessenvertretung, stellt aber keine individualistische »persönliche« Mitbestimmung des einzelnen Arbeitnehmers direkt gegenüber dem Arbeitgeber dar. (Eine andere Frage ist, ob nicht dem einzelnen Arbeitnehmer selbst das Recht gegeben werden sollte, daß Akkordsätze nur mit seiner eigenen Zustimmung festgesetzt werden dürfen, zusätzlich neben – und nicht etwa an Stelle – der nach § 56 Abs. 1 Buchst. g des DGB-Vorschlags erforderlichen Zustimmung des Betriebsrats zur einzelnen Akkordfestsetzung.) Der einzelne Arbeitnehmer wird verstärkt in den Prozeß der Willensbildung auf seiten der Arbeitnehmer, als der Voraussetzung kollektiver Interessenvertretung, eingeschaltet, und in diesem Willensbildungsprozeß wird die Position des einzelnen Arbeitnehmers gestärkt, indem er über die Arbeitsgruppenbesprechungen daran direkt beteiligt wird und vor allem Anträge in seinen eigenen Belangen an die Arbeitsgruppenbesprechung und den Arbeitsgruppensprecher richten kann.

Dringt er mit seinem Anliegen in der Arbeitsgruppe nicht durch, so bleibt ihm immer noch die Möglichkeit, den Betriebsrat damit zu befassen über den »Beschwerdeweg« nach § 54 Abs. 1 Buchst. c BetrVG. Für die Schlichtung solcher Differenzen zwischen dem einzelnen Arbeitnehmer und seiner Arbeitsgruppe kann noch die nicht (nur) betriebliche Gewerkschaftsorganisation eingeschaltet werden, jedoch sollte dafür nicht eine besondere »Einigungsstelle«, wie sie *Vilmar* vorschlägt[12], eingerichtet werden, weil eine solche »Einigungsstelle« nach dem Vorbild der Einigungsstelle des § 50 BetrVG eben nicht ein Organ ausschließlich der Arbeitnehmerseite wäre, sondern auch von der Arbeitgeberseite beschickt würde und dadurch die entscheidende Beschränkung der Arbeitsgruppenorganisation auf die Willensbildung allein der Arbeitnehmerseite wieder aufgehoben würde.

Demnach räumt die Einrichtung von Arbeitsgruppen dem einzelnen Arbeitnehmer nicht etwa neue, bloß formale Rechtspositionen ohne eigentliche Macht zwischen den beiden Fronten ein, sondern stärkt die kollektive Interessenvertretung der Arbeitnehmerseite gegenüber der Geschäftsleitung und Betriebshierarchie, indem die Interessenvertretung der Arbeitnehmer sowohl zusätzliche Befugnisse erhält, die die einseitige Herrschaftsgewalt der Geschäftsleitung einschränken, als auch durch eine selbständige interne Gliederung über die unmittelbare Beteiligung aller Arbeitnehmer größere Schlagkraft und Gegenmacht erreicht.

12 GM, H. 8/1968, S. 476, Absatz (7).

V

Letztlich bleibt noch der Standpunkt der *Unternehmerseite* zu der hier und anderswo vertretenen Konzeption des Ausbaus der innerbetrieblichen Mitbestimmung über die Arbeitsgruppen zu prüfen. Es klingt verdächtig, wenn der *Industriekurier* (Nr. 126 vom 15. 8. 1968) die dahinzielenden Vorschläge von Matthöfer (siehe *Vorwärts* vom 15. 8. 1968) vorsichtig begrüßt und Unterstützung andeutet. Daß die Unternehmerseite eine mögliche Produktivitätssteigerung nicht ablehnt, kann nicht überraschen. Aber indem eine eventuelle Produktivitätssteigerung in den Vordergrund geschoben wird, werden die ganze Perspektive und die Problemstellung verzerrt. Zwar kann eine Produktivitätssteigerung eintreten, wenn endlich die Organisation der Produktionsverhältnisse ein wenig der modernen Entwicklung der Produktivkräfte angepaßt wird durch die Einrichtung der Arbeitsgruppen. Aber ein solches Ergebnis ist lediglich eine sekundäre Nebenfolge, die ein zusätzliches Argument liefert, ohne jedoch den zentralen Wesenszug der Neuorganisation, der Einrichtung von Arbeitsgruppen auszudrücken, nämlich den Abbau der einseitigen Herrschaftsgewalt der Unternehmerseite zugunsten einer Mitbestimmung der Arbeitnehmer in den Arbeitsgruppen.
Davon will der *Industriekurier* nichts wissen, er versucht es ins Lächerliche zu ziehen mit der Formulierung, daß doch nicht »vor jeder scheinbar wichtigen Entscheidung im Einzelfall demokratisch in Versammlungen diskutiert und abgestimmt werden sollte«. Gerade darum aber geht es, nämlich alle einzelnen Arbeitnehmer in die Willensbildung auf der Arbeitnehmerseite einzubeziehen, um mittels einer alle Arbeitnehmer mobilisierenden Gegenmacht größere Mitbestimmung unter Einschränkung der einseitigen Herrschaftsgewalt der Geschäftsleitung auszuüben. Insoweit also geht die (vorsichtige) Zustimmung des *Industriekuriers* von falschen Voraussetzungen aus und betrifft gar nicht die entscheidenden Punkte der hier vorgetragenen Regelung.
Aus den gleichen Gründen ist auch der bei Vilmar[13] gezogene Vergleich mit der Denkschrift »Neue Schwerpunkte betrieblicher Sozialpolitik« der Bundesvereinigung der Deutschen Arbeitgeberverbände von 1963 unzutreffend. Denn diese Arbeitgeber-Denkschrift wendet sich zwar gegen nun wirklich überholte auto-

13 GM, H. 8/1968, S. 475.

ritäre Führungsmethoden, will aber andererseits die Arbeitnehmer lediglich in die von oben kommenden Überlegungen und Planungen einschalten und darüber aufklären, ohne jedoch die überkommene, angeblich »notwendige Betriebshierarchie« aufzuheben. Das heißt, nach dieser Arbeitgeber-Denkschrift soll sich das Unternehmen die Erfahrungen der Arbeitnehmer kostenlos zunutze machen, ohne gleichzeitig auch die Herrschaftsgewalt der Geschäftsleitung abzubauen und neue Befugnisse in Form erweiterter Mitbestimmung auf die Arbeitnehmer zu übertragen. Demnach führt auch diese Arbeitgeber-Denkschrift von 1963 nicht zu dem Ausbau der kollektiven Interessenvertretung und damit erweiterter Mitbestimmung der Arbeitnehmer, wie es aber die Einrichtung von Arbeitsgruppenbesprechungen und Arbeitsgruppensprechern bedeuten würde, die daher nur gegen den Widerstand der Unternehmerseite wird durchgesetzt werden können.

Diese Haltung der Unternehmer ist auch nicht durch den jüngsten Beitrag der Bundesvereinigung der Deutschen Arbeitgeberverbände mit Vorschlägen zum Ausbau der Gesellschaftsordnung – »Freiheitliche soziale Ordnung – heute und morgen« vom 8. 10. 1968[14] – geändert worden. Danach sollen zwar in großen Betrieben von den Arbeitnehmern »betriebliche Verbindungsleute« gewählt werden, um die Information und Kontakte zwischen dem Betriebsrat und der Belegschaft zu verbessern. Dieser Vorschlag verläßt jedoch nicht den Boden der auch das Betriebsverfassungsgesetz beherrschenden Unternehmerideologie von einer *»partnerschaftlichen Zusammenarbeit«* im Betrieb und beschränkt die Aufgabe solcher Verbindungsleute auf »Information«, die vorwiegend einseitig von oben (und nicht nur vom Betriebsrat, sondern von der Geschäftsleitung aus) nach unten verstanden wird, ohne eine echte zweiseitige Kommunikationsstruktur zu wollen, in der der Information von oben eine Meinungs- und Willensbildung von unten im Rahmen der Interessenvertretung der Belegschaft, durch die Arbeitnehmer in ihren Abteilungen und Gruppen, entsprechen muß. Die Arbeitsgruppenbesprechung, die den Sprecher beauftragen und orientieren soll und überhaupt erst die Basis für eine stärkere Aktivierung der Arbeitnehmer im Hinblick auf die Interessenvertretung bildet, wird dagegen in der Arbeitgeber-Stellungnahme völlig weg-

14 Siehe »der arbeitgeber« vom 20. 10. 1968, S. 558 f.

gelassen. (Immerhin könnte eventuell auch schon allein die Wahl solcher »betrieblichen Verbindungsleute« in der praktischen Anwendung zu einer Verbesserung der Arbeitnehmer-Interessenvertretung im Betrieb ausgenutzt werden, wenn diese Funktion von gewerkschaftlichen Vertrauensleuten wahrgenommen würde und jene rein praktisch und informell ihre Tätigkeit auf der Willensbildung der Arbeitsgruppe aufbauen würden – in Parallele zu der bislang für das BetrVG geltenden Forderung nach einer realistischen und kämpferischen Praxis des Betriebsrats, die zwar den Verstoß gegen das BetrVG vermeidet, aber entscheidend über dieses hinauszugehen vermag bei der Interessenvertretung gemeinsam mit der Belegschaft.)

Reinhard Crusius/Manfred Wilke

Rationalisierung der Ausbeutung
Unternehmerstrategien gegen innerbetriebliche Mitbestimmung

I. EINLEITENDE THESEN ZUM GESELLSCHAFTLICHEN ZUSAMMENHANG DES THEMAS

1. Unternehmerstrategien im Kampf gegen die »Mitbestimmung am Arbeitsplatz«[1] kann man streng genommen nicht darstellen, da es in der BRD keinen gesellschaftspolitischen Kampf um die Mitbestimmung am Arbeitsplatz gibt. Mitbestimmung am Arbeitsplatz ist bislang nur ein formalpolitisches Konzept zur Verankerung von Basisaktivität in die Betriebsverfassung, das aus sich heraus noch keine für die gewerkschaftliche Betriebspolitik entscheidenden positiven Antworten liefert auf die Fragen, wie technische Entwicklung und Arbeitsorganisation nach den Interessen der Lohnabhängigen gesteuert werden könnten, d. h. welche Rationalität Arbeitsorganisation und Produktion diktieren: die des Kapitals oder die des Proletariats.
2. Die Rationalisierung der Arbeitsorganisation, mit der wir konfrontiert sind, findet statt im Spätkapitalismus und wird diktiert von der 3. industriellen Revolution.[2] In den Zentren des Kapitalismus in den USA und in Westeuropa brachte der Spätkapitalismus eine merkliche Steigerung des materiellen Wohlstandes; dies führte zu einer vordergründigen »Integration« der Lohnabhängigen. Ihr Denken konzentrierte sich auf die Formel »Sicherung des Erreichten und sein weiterer Ausbau«, wobei ihnen auch ihre eigenen Organisationen (Gewerkschaften und Parteien) oft genug erzählten, daß es nur so eine Aufwärtsentwicklung geben könne. All dies führte vor allem in der BRD dazu, daß eine eigene inhaltliche Klassenpolitik, die

---

1 Fritz Vilmar, Mitbestimmung am Arbeitsplatz, Berlin und Neuwied 1971, S. 6.

2 Vgl. E. Mandel, Systemkonforme Gewerkschaften? in: Sonderdruck der Gewerkschaftlichen Monatshefte 1970, S. 65 ff.

versucht, gesellschaftspolitische Alternativen zur Politik des Kapitals mittels gesellschaftspolitischer Kämpfe durchzusetzen, real und folglich auch im Bewußtsein (oder umgekehrt) der Lohnabhängigen nicht existiert.

3. Der Zwang, die Produktivität menschlicher Arbeit zu erhöhen, wird auch durch den internationalen Markt und die Konkurrenz mit den Übergangsgesellschaften des Ostens erzeugt. Dieser Zwang realisiert sich in:

»a) zunehmender Technisierung, d. h. die Entwicklung technologisch autonomer Abläufe, die unabhängig von menschlichen Eingriffen das Produktionsziel verwirklichen und

b) zunehmender Organisierung, d. h. die Durchsetzung standardisierter und damit transparenter, berechen- und prognostizierbarer Abläufe.«[3]

Erst auf dem Hintergrund dieser praktischen Betriebspolitik werden die juristischen und ideologischen Argumentationen der Unternehmer (und ihrer Propagandisten) von »Partnerschaft usw.« erklärbar.

4. Diese betriebliche Rationalisierungspolitik der Unternehmer orientiert sich an Profitmaximierung und Herrschaftssicherung, bestimmt wird diese Politik aber durch den Systemzwang kapitalistischer Produktion und ihrer Entwicklung. Die für die betriebliche Rationalisierungspolitik wichtigste Entwicklung wurde ein Prozeß, der mit dem Begriff »Belegschaftskooperation« charakterisiert wurde:

»Um die entstehenden komplizierten Produktionsprozesse meistern zu können, müssen die Arbeiter und Angestellten nicht nur Fähigkeiten entwickeln, eng begrenzte, hochspezialisierte Teilarbeiten zu verrichten, sie müssen auch noch mit der anderen Fähigkeit gepaart sein, diese Teilarbeiten in ständiger, wechselseitiger Kooperation mit ihren Kollegen zu leisten. Das sind Produktionsbedingungen, unter denen es der Betriebshierarchie immer weniger möglich ist, die Arbeit des Einzelnen durch Befehle, Anweisungen, Vorschriften oder Normen zu bestimmen. Der Einzelne muß in immer stärkerem Maße selbständig handeln und persönliche Initiative bei seiner Arbeit entwickeln ... In dem Maße aber, in dem die Hierarchie die Kontrolle über die Tätigkeit der einzelnen Arbeiter und Angestellten verliert, verliert sie die Fähigkeit,

---

3 Altmann/Bechtle, Betriebliche Herrschaftsstruktur und industrielle Gesellschaft, München 1971, S. 36.

ihre produktive Funktion auszuüben: Organisator der Kooperation zu sein.«[4]

Der sich hier andeutenden potentiellen politischen Gefahr für das Kapital steht der Zwang gegenüber, im Interesse der Arbeitsproduktivität Belegschaftskooperation zu dulden und sogar zu fördern. Die größte Bedeutung hat die Belegschaftskooperation für das Funktionieren der rationalisiertesten Industriezweige, die zu den Schlüsselsektoren der BRD-Wirtschaft gehören: Maschinenbau, Elektro-, Chemie- und Kraftfahrzeug-Industrie.

Der überzeugendste Beweis für die Bedeutung der Belegschaftskooperation ist der Erfolg sogenannter »Dienst-nach-Vorschrift«-Aktionen. Offensichtlich gibt es nach der Arbeitsverweigerung kein wirksameres Mittel, die Produktion lahmzulegen, als sich an die Anweisungen der allwissenden, allmächtigen, allgegenwärtigen Betriebshierarchie buchstabengetreu zu halten. Jener Hierarchie, die – so auch nach den Lehrbüchern der Betriebswissenschaft – als einzige in der Lage und berechtigt ist, den Produktionsprozeß zu organisieren.

5. Das bedeutet: Unternehmer denken sich nichts aus, wie es der Begriff Gegenstrategie vermuten läßt. Sie handeln nach ihren Verwertungs- und Herrschaftsinteressen und treten anderen Interessen nur entgegen, wenn sie durch diese gestört werden. Da sie außerdem als Repräsentanten der Systembedingungen funktionieren, ist ihr Handeln äußerst pragmatisch. Bestimmt wird ihr Handeln durch den jeweiligen Entwicklungsstand der Produktivkräfte und die Möglichkeiten und Notwendigkeiten, die sich daraus ergeben, ob sie nun ›aktiv‹ handeln (Rationalisierung z. B.) oder ›reaktiv‹ (z. B. Entwicklung und Durchsetzung von Integrations- und Disziplinierungsinstrumenten). Die Duldung und bewußte Planung der Belegschaftskooperation ist zunehmend der zentrale Punkt ihrer Arbeitsplatzstrategien.

6. Um die Bedeutung der Unternehmerstrategien, die am Arbeitsplatz ansetzen, für eine gewerkschaftliche Betriebspolitik voll zu erfassen, muß man die Bedeutung des Arbeitsplatzes für den Lohnabhängigen bestimmen: Der Arbeitsplatz ist für ihn

---

4 K. Frielinghaus, G. Hillmann u. a., Selbstbestimmte Belegschaftskooperation gegen kapitalistische Hierarchie und Bürokratie, Heft 14–16 der Heidelberger Blätter, 11/69–4/70, S. 121 f., s. a. G. Hillmann, Die Befreiung der Arbeit, Hamburg 1971.

Basis seiner sozialen und ökonomischen Existenz im Kapitalismus, ein sicherer Arbeitsplatz ist deshalb ein grundlegendes Interesse für den Lohnabhängigen.[5] Trotz aller Entfremdung des Lohnabhängigen im kapitalistischen Arbeitsprozeß versucht er in der Regel, soviel Befriedigung als möglich aus seiner Arbeit herauszuholen, verbringt er doch den größten Teil seiner wachen Zeit am Arbeitsplatz.

7. Unser Beitrag beschäftigt sich also mit der »neuen« Unternehmerpolitik in Bezug auf die Arbeitsorganisation und die Betriebsführung und versucht, wenigstens skizzenhaft auf die Prozesse einzugehen, die das »neue« unternehmerische Handeln bestimmen. Dabei sind wir uns bewußt, daß unsere Erklärungsansätze noch keine abgesicherte Analyse bzw. Theorie, sondern erst eine Systematisierung und Strukturierung des Problems darstellen, und daß betriebspolitische Erfahrungen der Abwehr von Rationalisierungen der Ausbeutung und Erprobung von selbstbestimmter Belegschaftskooperation, ergänzt durch empirische Forschung der Industriesoziologie, die Aussagen bestätigen oder widerlegen müssen.

II. ZWÄNGE UNTERNEHMERISCHER ARBEITSPLATZSTRATEGIEN

1. Anmerkungen zur Methode

Darzustellen ist ein komplizierter Prozeß von materieller und Bewußtseins-Entwicklung, von inner- und außerbetrieblichen Faktoren, kurz, von Entwicklung der Produktivkräfte, der Widerspiegelung dieser Entwicklung im Bewußtsein der Betroffenen und der Wirkung daraus resultierender Handlungen auf beide Prozesse. Real wissen wir noch sehr wenig, zumindest sehr wenig Zusammenfassendes und Systematisches. Es muß hier deshalb mit Einzelinformationen aus der Literatur gearbeitet werden, aus der wissenschaftlich-empirischen, vor allem aber aus der Eigenliteratur der Arbeitgeber, der öffentlichen und der internen. Dabei stehen Zitate immer für eine Fülle gleichlautender Aussagen aus unterschiedlichstem Munde; sie sind repräsentativ.

---

5 Vgl. S. Braun, Mitbestimmung als gesellschaftlicher Aufklärungsprozeß, S. 116 ff. dieses Bandes.

Die Offenheit der Unternehmer in Bezug auf ihre Strategie und ihre Interessen sagt zwar noch nicht viel aus über den realen Zustand angestrebter Änderungen in den Betrieben, aber doch über die Richtung, die in den zentralen Sektoren der Wirtschaft eingeschlagen wird und die auch auf andere Bereiche einen Imitationszwang ausübt. Da bei den Kapitalisten, im Gegensatz zu den Gewerkschaften, formulierte Erkenntnisse auch immer praktische Folgen haben, ist das allerdings schon viel. Deshalb kommen sie in diesem und dem nächsten Kapitel weitgehend selbst zu Wort; die Aufgabe dieser Arbeit ist es, das alles in einen systematischen Begründungs- und Wirkungszusammenhang zu bringen, um ein vorhandenes oder sich entwickelndes Handlungsschema des Kapitals zu skizzieren – auch in seiner Differenziertheit. Dabei werden großenteils bekannte Entwicklungen, Diskussions- und Untersuchungsergebnisse hier nur schlagwortartig referiert (z. B. »Meisterkrise«).[6]

2. *Anspruchdifferenzierung und -erhöhung der Lohnabhängigen*

a) *These.* Der Zwang zur Steigerung des relativen Mehrwerts führt das Kapital in zwei widersprüchliche Entwicklungen: Zum einen Rationalisierung, Folge: Konzentration, Monopolisierung sowie Planungszwang, zum anderen dadurch Erschwerung von Planung durch Unübersichtlichkeit und Notwendigkeit tendenzieller Autonomie unterer Bereiche der Produktionshierarchie.

»Eine Lösung dieses Widerspruchs erfordert u. a. die relative Selbständigkeit der Subsysteme innerhalb des großen Systems sowie die Erhöhung der Beherrschbarkeit dieser Systemklasse durch Anwendung moderner Systemwissenschaften, vor allem der Operationsforschung. Da Zielfunktion und Beschränkung entscheidenden Charakter für Optimalität und Beherrschbarkeit haben, ist der Festlegung der Zielfunktion (und Beschränkung) größte Bedeutung beizumessen.«[7]

b) *These.* Aus dem Zwang zur »Verwissenschaftlichung« der

---

6 Wir verweisen vor allem auf einige wichtige Autoren, die empirisches Material verarbeitet haben zu unserer Fragestellung, so – sehr unkritisch – Blaune, Drucker (USA), Blumberg, Zweig (England), kritischer, differenzierter Touraine, Mallet (Frankreich), Goldthorpe, Lockwood (England), Braun, Popitz, Bahrdt, Schumann, Kern, Thomas, Pirker, Lutz (BRD).

7 Operationsforschung, Technik – Praxis – Philosophie, Berlin (Ost) 1968, S. 144 f.

Produktion ergibt sich eine veränderte Zusammensetzung des Qualifikationsniveaus der Belegschaften: mehr, vor allem technische (wissenschaftlich ausgebildete) Angestellte, breitere und höhere Fachqualifikation bei Teilen des Facharbeiterstamms, Abnahme der Hilfsarbeitertätigkeiten zugunsten von Angelerntenpositionen. Die Personalpolitik muß parallel zur technischen Seite verplant werden. Die unterschiedlichen Qualifikationen ergeben unterschiedliche, teilweise völlig neue Ansprüche an die Arbeitssituation.

Material. Hier sei nur an die Erfahrungen mit der sogenannten technischen Intelligenz in den Streikkämpfen seit 1968 in Italien, Frankreich, ansatzweise auch in der BRD im September 69 und später erinnert und an die Diskussion um die Neue Arbeiterklasse, bei der vor allem die Bewußtseinsprozesse analysiert wurden, die sich aus der Diskrepanz zwischen steigender (wissenschaftlicher) Qualifikation und Erwartung und der Vereinnahmung dieser Arbeitskraft in die geplante, normierte kapitalistische Produktion ergeben.[8]

Einige Gründe für das Aufbegehren von Teilen der technischen Intelligenz nennt Deppe:

»Die Zentren der Macht innerhalb der Hierarchie sind ihnen nicht mehr zugänglich; die Aufstiegsmöglichkeiten werden zunehmend eingeschränkt ... Das Verhältnis zwischen Betriebs- bzw. Unternehmensleitung und den Technikern und Ingenieuren wird in dem Maße bürokratisch, wie diese Gruppe wächst ... Überdies werden viele Mitglieder dieser Gruppe nicht so gut bezahlt, wie sie es bei ihrer Qualifikation erwarten ... Darüber hinaus wird politisches Bewußtsein und Verhalten nicht allein von der Arbeitserfahrung, sondern auch von der Erfahrung überbetrieblicher wirtschaftlicher und politischer Zusammenhänge ... geprägt. Eine wesentliche Rolle spielten auch die politischen und gewerkschaftlichen Organisationen und im Zusammenhang damit: das allgemeine gesellschaftliche Politisierungsniveau, d. h. das

8 So vor allem die Untersuchungen von Touraine und Mallet, aber auch, bei hochqualifizierten Facharbeitern, von Goldthorpe/Lockwood und Schumann/Kern. Eine übersichtliche Zusammenstellung und Kommentierung der ganzen aktuellen Literatur bei Deppe u. a., Die neue Arbeiterklasse, Frankfurt 1971, und K. H. Hörning (Hg.), Der »neue« Arbeiter? Zum Wandel sozialer Schichtstrukturen, Frankfurt 1971, aber auch die von der ESG sehr ausführlich dokumentierte Diskussion über das Berufsbild des Ingenieurs im Verlauf der Hochschulkämpfe der letzten Jahre in der BRD, s. a. G. Hortleder, Das Gesellschaftsbild des Ingenieurs, Frankfurt 1970.

Kräfteverhältnis der Klassen und die Schärfe der Klassenauseinandersetzungen.«[9]

Steigende Organisierung in den DGB-Gewerkschaften, aber auch Organisationsversuche eigener Art sind Ausdruck dieser Entwicklung. Im Sommer 1971 gründete sich ein »Arbeitskreis Ingenieure und Naturwissenschaftler in der Industrie«, namentlich bei den Elektrokonzernen. Die Zeitschrift »Capital« begleitet das mit der Schlagzeile »Aufstand der Ingenieure«. Parallel dazu gründeten die Ingenieure des Öffentlichen Dienstes nach einer Protestdemonstration im Oktober 1970 in Bonn im Sommer 1971 einen »Zentralverband der Ingenieure im Öffentlichen Dienst« (ZVI) mit eindeutig gewerkschaftlicher Zielsetzung.[10]
c) *These.* Die Ansprüche und Erwartungen der Lohnabhängigen haben sich als prinzipieller erwiesen, als frühere Phasen der Betriebspolitik das vermuteten. Die Kompensation von Arbeitsleid durch Geld klappt nicht unbegrenzt, sie klappt immer weniger. Die »human-relations«-Bewegung der 50er Jahre hat Schiffbruch erlitten, weil sie *ausschließlich* mit Geselligkeitspflege, Organisierung »informeller« Gruppenkontakte u. ä. (»Mätzchen«) an die Arbeiter *herantrat.* Deren Bedürfnisse waren aber auf Anerkennung, »vernünftige« Bezahlung, Selbstbestätigung durch Selbstbetätigung, Gerechtigkeit usw. ausgerichtet. Die begriffliche Konturenlosigkeit dieser Beschreibung spiegelt dabei nur die Konturenlosigkeit dieser Bedürfnisse im *Bewußtsein* der Lohnabhängigen wider. Dieses unklare *Bewußtsein* manifester Bedürfnisse machte es und macht es den Unternehmern auch relativ leicht, sie in einer »aufgeklärten« Betriebsstrategie für ihre Zwecke nutzbar zu machen, obwohl alle diese Bedürfnisse im Kern der kapitalistischen Produktionsrationalität strikt widersprechen. Daß sie nicht in einer Klassenbewegung organisiert sind, also sich in »Bitten an die Obrigkeit« artikulieren, sagt gar nichts aus gegen ihre potentielle

---

9 Deppe u. a., a. a. O., S. 86 f.

10 Auf die anderen Gruppen der Lohnabhängigen gehen wir bei den weiteren Thesen näher ein. Eine wichtige Untersuchung zur Differenzierung und Entwicklung von Qualifikation, Nachfrage und Bewußtsein der Industriearbeiterschaft legte die Arbeitsgruppe Braun/Schumann/Kern vor: Schumann/Kern, Automation und Arbeiterbewußtsein, 2 Bde., Göttingen 1970, Kurzfassung, Schumann/Kern, Zwischen Drehbank und Computer, Hamburg 1970. Eine komplexe Untersuchung über Arbeitssituation und Bewußtsein von Lehrlingen wird gerade unter Mitarbeit der Verfasser in der Hamburger Hochschule für Wirtschaft und Politik fertiggestellt.

politische Sprengkraft, wenn sie in ein produktives »Tagesprogramm« für den innerbetrieblichen Kampf umgeformt werden.

Material. Eine Reihe von Untersuchungen in verschiedenen industrialisierten Ländern ergeben bei aller Differenziertheit der Ergebnisse doch einen generellen Trend: Die zitierten Bedürfnisse nehmen einen hohen, oft zentralen Rang in der Wertskala der Arbeitsbedürfnisse der Lohnabhängigen ein. Trotz Gefährlichkeit der angeführten *Begriffe* für unsere Diskussion bleibt es ein positives Faktum in Bezug auf die ganz vorne aufgeworfene Frage nach dem Zustand der Belegschaften. Der »Chef«-Psychologe der »Deutschen Gesellschaft für das Personalwesen«, P. Wolff, faßt diese Bedürfnisse so zusammen:

»Das Bedürfnis nach Kontakt bei der Arbeit, nach Anerkennung der eigenen Leistung, nach gerechter Beurteilung der eigenen Fähigkeiten und das Streben nach Verantwortung, der Wunsch, als Mitarbeiter ernstgenommen zu werden.«[11]

Ähnlich sind die Ergebnisse jüngster Untersuchungen in den USA:

»Am wichtigsten erschien den Befragten eine interessante Arbeit – die Bezahlung kam erst an zweiter Stelle.«[12]

Über die mögliche Fragwürdigkeit der Reihenfolge braucht hier nicht diskutiert zu werden, wichtig ist hier der auf alle Fälle hohe Stellenwert interessanter Beschäftigung für die Lohnabhängigen.

3. *Spezielle und allgemeine Legitimitätskrise*

a) *These.* Erfahrungen des Arbeitsprozesses führen, wie in der These über Belegschaftskooperation schon angedeutet, nicht nur zu einer materiellen, sondern auch zu einer Legitimitätskrise der herkömmlichen Betriebshierarchie und Arbeitsorganisation. Die kapitalistische Herrschaft steht zwar noch nicht zur Diskussion, aber ihre Form, zumindest soweit sie sich in direktem Kontakt

---

11 P. Wolff, Aspekte moderner Personalführung, in: BTB-Informationen, Jg. 8, Heft 2/70, S. 29.

12 Amerika hat zuviele Jobs für Dumme. Bericht in der Hamburger Morgenpost vom 5. 4. 72.

mit dem einzelnen Arbeiter abspielt bzw. ihn in ihren Auswirkungen direkt berührt, z. B. bei der zentralen Festlegung der Urlaubstermin-Verteilung. Da anerkannte Legitimität für die kapitalistische Herrschaft eine zentrale Bedeutung hat, wenn es zentrales Anliegen dieser Herrschaft ist, eine reibungslose produktive Arbeit zu garantieren, hat diese Krise eine wichtige Funktion für den Wandel betrieblicher Herrschaft:

»Die Annahme, daß technische Rationalität sozialer Systeme alleiniger Maßstab des Wandels ihrer Strukturen sei, verkennt die historisch-gesellschaftliche Bedingtheit dieses Phänomens und kaschiert zugleich, daß technische Rationalität und Effizienz der Legitimation von Herrschaftsstrukturen dienen, daß sie also *keine absoluten*, sondern strategische Größen sind.«[13]

Material. Den zuletzt angeführten Hinweis auf die Notwendigkeit für das Kapital, effizient zu organisieren, um seine Herrschaft vor den Lohnabhängigen zu legitimieren, bringt auch Mallet. Ist bei den Erfahrungen der Belegschaftskooperation die immanente Kritik an der Organisationsunfähigkeit der Hierarchie eher begründet mit dem vermehrten Arbeitsleid und dem möglichen Lohnausfall (bei Stücklohn), das diese Unfähigkeit für die Arbeiter mit sich bringt – es sei denn, man macht das selbst –, so wird vor allem bei der technischen Intelligenz ein mehr übergeordnetes, »technokratisches« Bewußtsein kritisch mobilisiert:

»Wir wohnen der Bildung einer dritten Front bei, die sich neben der von den Parteien bestimmten traditionellen politischen und der von den Gewerkschaften bestimmten sozialen Front bildet: Es handelt sich um die ökonomische Front, an der die Arbeiterbewegung das kapitalistische System bekämpft, und zwar nicht, indem sie von ideologischen oder sozialen Forderungen ausgeht, sondern auf der Grundlage der Feststellung, daß das System unfähig ist, das kontinuierliche und harmonische Wachstum der Produktion zu garantieren.«[14]

Gelingt es, diese »technokratische« Fragestellung »Wer organisiert den Laden hier besser?« zu verbinden mit der Frage »In wessen Interesse und unter wessen Verfügung?«, dann kann das für kapitalistische Herrschaft gefährlich sein, wie die Streik-

13 Altmann/Bechtle, a. a. O., S. 23.
14 S. Mallet, La Nouvelle Classe Ouvrière, Paris 1963, S. 73 (dt. Die neue Arbeiterklasse, Neuwied 1972).

erfahrungen in Frankreich und Italien ansatzweise zeigen. Der Verhinderung einer – auch organisatorischen – Verbindung von sozialer Kritik der Arbeiterschaft und »technokratischer Kritik« der technischen Intelligenz gelten dann auch besondere Bemühungen der Kapitalisten. Außerdem verweisen diese Aspekte auf die noch völlig undiskutierte Frage der Standards an Produktivität, den auch eine sozialistische Produktion erfüllen sollte. Die Diskussion dieser Frage ist nicht nur für den Zukunftsentwurf wichtig, sondern für die aktuelle Strategie des Betriebskampfes: Keine Form von organisierter und/oder institutionalisierter Gegenmacht in den Betrieben kann ihr ausweichen, denn wenn Produktivität eine Legitimation ist, dann ist sie wohl eine (berechtigte) Forderung der Lohnabhängigen, was die Fragen »Zu wessen Lasten? Zu wessen Nutzen? Mit welchem Inhalt? Unter welcher Verfügung? Mit welchem Ergebnis (z. B. mehr Freizeit oder mehr Produkte bei steigender Produktivität)?« überhaupt noch nicht beantwortet. Wobei aber umgekehrt diese Fragen bei der Legitimierung von Herrschaft durch (angebliche) Sicherung der Produktivität seitens des Kapitals von den Lohnabhängigen gestellt werden müssen.
b) *These.* Die zuletzt diskutierten Fragen verweisen bereits in die überbetriebliche gesellschaftliche Sphäre. Eine Reihe von über- bzw. außerbetrieblichen Faktoren führt neben der Krise innerbetrieblicher Herrschaft zu einer allgemeinen Krise der Legitimität kapitalistischer Herrschaft, Produktion und Rationalität, die natürlich auch auf die innerbetriebliche Situation durchschlägt, wie sie umgekehrt von dieser gespeist wird. Die Faktoren sind im wesentlichen: Wirtschaftskrisen, Vergeudungs- und Verschleißproduktion, Geldwertverfall, Vermögensverteilung, Umweltprobleme, Wohn- und Mietfragen sowie, im Wechselprozeß von Erfahrung, Aktion und Bewußtsein, die Politisierung der Öffentlichkeit in den letzten Jahren (seit der APO), die sich vor allem in einer Sensibilisierung gegenüber Herrschaftsansprüchen äußert. Wichtig ist schließlich auch die Erfahrung von Widerstand und Selbstorganisation oder/und neuen Lebensformen bei Teilen der Jugend vor dem Produktionsprozeß (Familie, Schule, Universität) sowie die Wiederbelebung sozialistischer Theorie und Diskussion durch die APO.
Material. Die intensiven Bemühungen des Kapitals um einen auch inhaltlichen Einfluß auf die Bildungsreform zeigen eigentlich deutlich genug, welchen Stellenwert die Unternehmer der

vorberuflichen Sozialisation beimessen. Nicht nur das Niveau und die quantitative Verteilung der vorberuflichen Qualifizierung sind von erheblichem Einfluß auf die Verwertbarkeit der Ware Arbeitskraft, sondern auch Denkinhalte und Verhaltensmuster. Deutlich wird das an den nicht zu unterschätzenden Fernwirkungen der APO-Revolte, die fast alle Wissenschaften – und damit auch viele Wissenschaftler – »antikapitalistisch« verunsichert hat. Aktuellstes Beispiel ist der Verlauf der letzten Jahrestagung der Arbeitswissenschaftler im Februar 1972 in Hannover, wo man sich erstmals zumindest ansatzweise von der bis dahin ungefragten Unterwerfung unter die Rationalität kapitalistisch definierter Produktivität zu emanzipieren versuchte.

Die bereits zitierte USA-Untersuchung belegt gleichfalls unsere Vermutungen:

»Was die Älteren oft widerspruchslos hinnehmen, wird bei der jüngeren Generation zum Problem. Die Frage ist: Kann man jemandem, der von Jahr zu Jahr mehr Bildung vermittelt bekommt, eine Beschäftigung geben, bei der es genügt, die Schicht über wach zu bleiben?«[15]

Nicht nur Demokratisierungsansprüche in allen Bereichen der Gesellschaft – und seien es nur erst einmal Forderungen nach Versachlichung und Transparenz der Herrschaft –[16], auch ein gesteigertes Problembewußtsein in Bezug auf die Reproduktionsbedingungen und die Rolle als Verbraucher (in der sich ja der Arbeitslohn realisiert!) zeichnen sich ab und werden als Forderungen »an die Wirtschaft« herangetragen.

Einen deutlichen Hinweis auf die Wichtigkeit, auf solche Dinge einzugehen, gibt der frühere Staatssekretär im Bundesverteidigungs-Ministerium und ehemalige Thyssen-Generaldirektor Mommsen seinen Kollegen unter der Überschrift: »Selbstmord der Unternehmer, ... wenn nicht das Management umdenken lernt«.[17] Drei Tendenzen nennt er, deren Nichtbeachtung politische Folgen für die Kapitalisten haben könnte: Die Demokratisierungsansprüche der Lohnabhängigen und der »Öffentlich-

---

15 Morgenpost, a. a. O.

16 »Die gesellschaftliche Entwicklung hat gezeigt, daß der Einzelne heute besser wissen will, was um ihn herum passiert, warum er dies und das machen soll und wie schließlich die Zielsetzung ist.« Die Kommunikation von oben nach unten, Handelsblatt Nr. 205, 25. 10. 71.

17 Handelsblatt Nr. 204, 23./24. 10. 70, S. 29.

keit«, steigendes Konsumbewußtsein (z. B. die Nader-Kampagnen in den USA) und die wachsenden Umweltprobleme:

»Wer die Entwicklung der öffentlichen Einstellung zur Industrie in den USA und Japan verfolgt hat, ist gespannt darauf, wann auch hierzulande der Protest nicht mehr von Studenten, sondern von breiten Schichten der Gesellschaft gegen Fehleinschätzungen des Zumutbaren artikuliert wird.«

In aller Deutlichkeit formulierte das für die Konsequenzen betriebsinterner Politik Kurt Biedenkopf, führender Theoretiker des »aufgeklärten« Kapitals:

»Andererseits hielt er (Biedenkopf, d. V.) fest, daß sich der qualitative Unterschied immer mehr verwische, je mehr Organisation und Zielsetzung der Unternehmensführung auch gesellschaftliche ›Erheblichkeiten‹ in ihr unternehmerisches Handeln einbeziehen muß ... Deshalb, forderte Biedenkopf, müsse die Organisation der Unternehmensführung so beschaffen sein, daß sie einer ›Vergesellschaftung‹ der Unternehmensleitung entgegenwirke. Um das zu erreichen, bedarf es jedoch neuer Führungsformen. Biedenkopfs Vortrag stellte eindeutig klar, daß die Entwicklung und Realisierung dieser Formen damit Voraussetzung zur Fortdauer einer privaten Wirtschaft überhaupt bedeuten.«[18]

Mommsen faßt in derselben Stoßrichtung die zukünftigen Aufgaben moderner Unternehmensführung so zusammen:

»Der Zwang zur schöpferischen Unternehmensplanung, die Notwendigkeit eines fortschrittlichen Stils der Unternehmensführung als Menschenführung, die gesellschaftliche Verantwortlichkeit in der Unternehmenspolitik.«[19]

Hier wird auch der Zwang für die Kapitalisten deutlich, ihre verschiedenen Maßnahmen und Ansätze zu systematisieren, aufeinander abzustimmen und eine zusammenhängende »Konfliktvermeidungsstrategie« zu entwickeln – und das werden sie wohl tun.

---

18 Das Management braucht neue Führungsformen, in: Handelsblatt Nr. 104, 2. 6. 1971, S. 3.

19 Mommsen, a. a. O.

4. *Erfahrungen und Forderungen am Arbeitsplatz*

a) *These.* Am konkretesten treffen diese unterschiedlichen Tendenzen in der Arbeitsplatzsituation des Lohnabhängigen zusammen. Der Lohnabhängige ist ja kein begriffliches Abstraktum, sondern realisiert seine Existenz als Lohnabhängiger mit allen Merkmalen zuerst als Inhaber eines Arbeitsplatzes, der ihn unter die unterschiedlichsten Formen kapitalistischer Arbeitsorganisation zwingt. Die Bedingungen seines Arbeitsplatzes sind zuerst – und unter den Bedingungen der klassenpolitischen Entwicklung in der BRD fast allein – Gegenstand von Kritik und Ansprüchen, sei es als Forderung konkretisiert, in Form »unbe wußter« negativer Reaktionen (Arbeitsverweigerung in verschiedenster Form z. B.) oder in individualisierten oder kollektiven Abwehrhandlungen (Normleistungen, Vorschußproduktion usw.). Das rein instrumentelle Arbeitsbewußtsein (Zeit abreißen, Geld kassieren, ab nach Hause!) hat sich nicht ganz durchgesetzt, und selbst da, wo es überwiegt, werden zunehmend »Komfort-Forderungen« an den Arbeitsplatz gestellt. Wichtig ist allerdings, daß sich nach den drei Bereichen möglicher Forderungen (Autoritätsfragen einschl. Umgangston – Organisatorische Fragen: Lohnsystem, Urlaubsregelung usw. – Technische Fragen: Arbeitsplatzgestaltung, Arbeitsablauf usw.) diese Ansprüche mit unterschiedlicher Deutlichkeit bemerkbar machen. Das hat zuerst etwas zu tun mit der Frage der Kompetenz. Autoritätsprobleme sind sinnlich erfahrbar. Aber Fragen der Arbeitsorganisation, des Arbeitsinhalts (beruflicher Gehalt der Arbeit) verlangen Fachwissen, Information, vor allem aber ein Anspruchsniveau, das zwar objektiv begründet ist (fachliches Vermögen der meisten Facharbeiter), aber durch das »technokratische Vorurteil« (S. Braun) der Arbeiter verschüttet ist, indem sie Technik und Technologie als etwas ihnen nicht Zugängliches, ihnen »objektiv«, quasi naturgegeben, unbeeinflußbar Gegenüberstehendes betrachten. Es wird, das schon hier, eine der wichtigsten Funktionen produktiver, nicht nur reaktiver Basisdemokratisierung sein müssen, dieses »technokratische Vorurteil« abzubauen.

Material. Es ist vor allem das Verdienst von S. Braun, theoretisch seine und andere empirische Befunde über die Bedeutung des Arbeitsplatzes für Existenz und Bewußtsein der Lohnabhängigen für eine Strategie gewerkschaftlicher Politik fruchtbar gemacht zu haben.[20] Diese Bedeutung, die von einer systemblinden Soziologie lange verleugnet wurde, indem man auf den Freizeitsektor verwies (wo man sich ja auch den Realitäten des »gewöhnlichen Kapitalismus« auf nette Art entziehen konnte – z. B. Schelsky), wurde inzwischen von fast allen industriesoziologischen Untersuchungen bestätigt, was auch die soziologische Fragestellung beeinflußt hat:

»Die Untersuchung des Arbeiterbewußtseins muß das Bewußtsein als System von Bedürfnissen, das auf die Arbeitssituation bezogen ist, definieren.«[21]

b) *These.* Eine für das Kapital sehr greifbare Erfahrung ist schließlich die, daß rechnerisch erhoffte Produktivitätssteigerung durch immer stärkere Arbeitsteilung, durch militärische Organisation der Produktion usw. nicht nur ausbleibt, sondern in einigen Bereichen sich sogar negativ auswirkt. Die stillschweigende Voraussetzung aller kapitalistischer Produktionsplanung und des Produktionsvollzugs, daß nämlich der Mensch gegenüber körperlichen, nervlichen, psychischen Belastungen fast unbegrenzt anpassungsfähig sei, erweist sich zunehmend als Fehlkalkulation. Krank»feiern«, Ausschußproduktion und verschiedene andere Formen des »Streiks«, auch hohe Fluktuation der Belegschaft, schlagen auf die Kosten, das mußte man nur entdecken. Dagegen haben sich Experimente mit bewußter Berücksichtigung »menschlicher Bedürfnisse« als äußerst produktiv erwiesen.

Material. Es war, wie gesagt, im Grunde nur eine Frage der rechnerischen Entdeckung, um hier unternehmerisches Problembewußtsein zu erzeugen. Die erwiesenen Zusammenhänge von Betriebsklima und Fluktuation bzw. Krankenstand, von Fehlerproduktion und Pausenregelung usw. sind Grund genug. Neuerlich kommen dazu aktive Formen von Rebellion durch *bewußte* Fehlerproduktion, vor allem wie schon zitiert, von jüngeren Arbeitern, so im General-Motors-Werk in Lordtown,

---

20 Z. B. S. Braun, Die Gewerkschaft als »Verband von Arbeitsplatzbesitzern«, in: Zwischen Stillstand und Bewegung, Hg. A. Horné, Frankfurt 1965, S. 23 ff.

21 A. Touraine, La concience ouvrière, Paris 1966, S. 34. Siehe zur Funktion und Bedeutung des Arbeitsplatzes Crusius/Wilke, Elemente einer Theorie der Gewerkschaften im Spätkapitalismus, Vorwort E. Mandel, Berlin 1971, S. 25 f.

dem modernsten des US-Autogiganten.[22] Dagegen zeigen sich überraschend positive Effekte bei Experimenten, die die krassen Formen der Arbeitsteilung mildern oder rapide aufheben, z. B. Gruppenarbeit einführen statt Fließband oder Ganzfertigung bestimmter Produktteile durch einzelne Arbeiter (job enlargement – Arbeitsausweitung). Solche Experimente laufen bei Saab/Scania (Automobile, Schweden), Volvo (Automobile, Schweden), Philips (Elektro, Holland)[23] und beim US-Elektro-Konzern Motorola.[24] Die Steigerung der Produktivität beruht dabei auf direkten Steigerungen der Arbeitsleistung, mehr Arbeitszufriedenheit, weniger Arbeitsausfall, weniger Pfusch, weniger Kontrollen usw.

5. *Reaktionen des Kapitals*

These. Der Zwang, die Qualifikations- und/oder Leistungsanforderungen an die Belegschaften ständig zu erhöhen, die Produktion immer stärker zu planen und die teilweise arbeitsorganisatorisch, teilweise sozialpsychologisch, teilweise gesellschaftspolitisch begründete Notwendigkeit, mehr »Autonomie« am Arbeitsplatz zuzugestehen sowie die betriebsinterne und gesellschaftsöffentliche Legitimitätskrise zwingen das Kapital, nach Lösungen zu suchen, die nicht nur negative Auswirkungen auf das Verwertungs- und Herrschaftsinteresse ausschalten, sondern kapitalistische Produktivität und Legitimität auf einer neuen Stufe der Stabilität sichern. Es gilt also für die Kapitalisten, die erforderlichen »Anpassungskonzessionen« positiv zu vereinnahmen – eine »Kunst«, der das Kapital seine (noch immer gesicherte) Existenz verdankt, sooft diese Existenz in Frage gestellt oder angegriffen wurde. Das soll nicht vergessen machen, daß auch offene Formen des Terrors diese Existenz sicherten, wenn es anders nicht mehr ging.

---

22 Dazu: ZEIT-Magazin 11/72, S. 3 ff, H. Michaels, Zweitausendmal am Tag der gleiche Handgriff/M. Bosquet, Die Revolte der Angelernten, in: express international Nr. 123, Jg. 8, 11. 6. 71/H. Brandt, Rebellion der Unterarbeiter, in: express international Nr. 126, Jg. 8, 23. 7. 71.

23 ZEIT-Magazin, a. a. O.

24 Dazu: SPIEGEL Nr. 41/71, S. 134 ff, Gegen Pfusch. Hier wird ein Produkt aus 80 Einzelteilen, das früher am Fließband zusammengesetzt wurde, jetzt vollständig von jeweils einer Arbeiterin zusammengesetzt. Zwar stieg die notwendige Arbeitszeit um 25%, aber das wurde bei

Material. Die Parole »Mehr Reformbereitschaft zeigen«[25] zeigt den generellen Trend. Sie setzt sich durchaus konkret um. Die fortgeschrittenen Teile des Kapitals sehen mögliche Gefahren sehr klar (»Selbstmord der Unternehmer«, Mommsen). Die Entwicklung wird gesehen und gleich positiv gewendet:

»Es liegt im Zuge der Entwicklung unserer Gesellschaft, den Arbeitnehmer stärker mit in die Verantwortung und die Gestaltung der Wirtschaft einzubeziehen. Wir wollen die Grundsätze dieses Geschehens nicht nur nachdrücklich respektieren, sondern positiv nutzen und gestalten.«[26]

Das bezieht sich nicht nur auf den Betrieb, das Unternehmen, sondern wird stärker denn je auch gesamtgesellschaftlich formuliert, so vom BDA-Präsidenten Friedrich:

»Wir brauchen das politisch offensive Gegenprogramm der vernünftigen Gesellschaft und soliden Reform.«[27]

Wie diese »vernünftige Gesellschaft« im Bereich Produktion einmal aussehen soll und welche »soliden Reformen« dahin führen sollen, beschreibt das nächste Kapitel. Dabei ist eine erstaunliche Fülle von Konzepten in der Diskussion. Unabhängig von der bereits gegebenen materiellen Begründung dieser Vielfalt bleibt festzustellen, daß das Kapital kein Zentralkomitee hat, sondern auch jetzt wieder seine pragmatische »Unbefangenheit« im Ausprobieren der für die Kapitalisten besten Lösungen zeigt. Entscheidend ist, mit welcher Konsequenz und welcher teilweise brutalen Offenheit in der internen Kritik dieser Prozeß vorangetrieben wird.

---

weitem kompensiert durch Fortfall fast aller Kontrollen und der früher erheblichen Ausschußproduktion bzw. des Arbeitsaufwandes und Imageschadens durch unzählige Reklamationen.

25 Handelsblatt vom 17./18. 3. 1970.

26 A. Jungbluth, Auf die Zukunft gerichtet: Das neue Betriebsverfassungsgesetz aus arbeitswissenschaftlicher Sicht, in: Rationalisierung, Jg. 23, Heft 2/72, S. 49.

27 Welt vom 11. 11. 1971.

III. METHODEN UNTERNEHMERISCHER ARBEITSPLATZ-STRATEGIEN

1. Zuordnung, Differenzierung und Interdependenz der Methoden

Die verschiedenen Modelle und Methoden moderner »Unternehmensführung als Menschenführung« lassen sich verschiedenen Phasen bzw. verschiedenen Zielschwerpunkten der Entwicklung von Rationalisierung der Produktion zuordnen, die sich nach Touraine so beschreiben lassen:

a) Die Phase der technischen Rationalisierung. Hier ist das Objekt die Arbeitsverrichtung.

b) Die Phase der gesellschaftlich organisatorischen Rationalisierung. Neben dem Streben nach größerer Effizienz des Produktionsapparates tritt hier das Streben nach Erhöhung des Wirkungsgrades im Funktionieren der industriellen Organisation. Diese Entwicklung verändert nicht so sehr die Ausführung der Arbeit als vielmehr die Erarbeitung und Übermittlung von Informationen und Anweisungen.

c) Die Phase der politischen Rationalisierung, die das Entscheidungs- und Herrschaftssystem selbst umwandelt. In diesem Prozeß der Vermachtung der Organisation dominiert die Integration der Produktionsmittel und damit die Autonomie des technischen Systems gegenüber der unmittelbaren produktiven Intervention des Menschen.[28]

Diese Phasen stellen in sich einen historischen Prozeß dar, sie stehen aber aufgrund der »Anarchie der kapitalistischen Warenproduktion« (Marx) alle vor uns, verteilt über die Wirtschaftsbranchen, innerhalb von Unternehmen und Betrieben. Das Zuordnen verschiedener Unternehmerstrategien zu diesen Phasen heißt also nur, daß sich Maßnahmen, die in verschiedenen Phasen ergriffen werden und wurden, in der Regel ergänzen, nicht ablösen. Eine in die erste Phase einzuordnende Maßnahme technischer Rationalisierung kann durch eine Maßnahme der Phase b) ergänzt, ohne selbst geändert zu werden. Häufig allerdings bringen solche Erweiterungen auch inhaltliche Änderungen be-

---

28 S. a. a. Touraine, Chancen des technischen Fortschritts, in: Automation – Risiko und Chance, Hg. G. Friedrichs, Bd. II, Frankfurt 1965, S. 1056 ff.

reits bewährter Konzepte mit sich, und zwar materiell wie auch ideologisch: So kann die Einführung von Mitarbeiterbesprechungen sowohl die technische Organisation des Arbeitsplatzes ändern als auch das Verhältnis der Betroffenen zu demselben.
Der Wandel unternehmerischer Betriebspolitik durch die Phasen, bedingt durch den jeweiligen Entwicklungsstand der Produktivkräfte, geschieht dabei unter der ständigen Aufgabe,

»sowohl der zentralen Verantwortung als auch gleichzeitig den geänderten Führungsvoraussetzungen Rechnung zu tragen. In dem Maße, wie die Bewältigung dieser Problematik gelingt, zeigt sich der Wandel der ›Herr-im-Hause‹-Einstellung zum modernen Führungsstil.«[29]

Das ist der zentrale Problemhintergrund, auf dem sich der Wandel innerbetrieblicher Führung in einer Reihe unterschiedlichster Mittel niederschlägt, Mittel, die neben der grundsätzlichen Ableitung aus den materiellen Gegebenheiten der kapitalistischen Warenproduktion noch in einer starken internen Verschränkung und Bedingtheit bestehen – der Unternehmer kann nicht wahllos dies und das ausprobieren, wenn er den Wandel *kontrollieren* will.
Die Nutzbarmachung der Erfahrung und fachlichen Qualifikation des Facharbeiters z. B. bedingt, ihn zu fragen, einzubeziehen (Führungsstil), ihn zu informieren, ihm eine bestimmte Autonomie in Arbeitseinteilung und Arbeitsgestaltung zu lassen (Kontrolle), bedeutet auch, den richtigen Mann an den richtigen Platz zu stellen (Arbeitsplatzbeschreibung, Personalplanung), bedeutet, ihn ständig weiterzubilden oder anders zu qualifizieren (betriebliche Erwachsenenbildung, Berufsausbildung), bedeutet, ihn durch »gerechte Bezahlung« zu motivieren (hier treffen sich z. B. Lohnfindung und Arbeitsplatzbeschreibung), bedeutet, ihn mit vielfältigsten Mitteln an den Betrieb zu binden, um durch die Bündelung spezifischer Erfahrungen, die eine Stammbelegschaft darstellt, die unbezahlten Produktivitätsgewinne in der Vergesellschaftung der Arbeit zu erhöhen, bedeutet, das Management zu ändern, um diesen Aufgaben gerecht zu werden, bedeutet auch gründliche Planung, Erfassung, Kontrolle bzw. Analyse des Betriebsgeschehens usw. usw.

---

29 Wirtschafts- und sozialwissenschaftliche Grundinformationen des Deutschen Industrie-Instituts, Köln, Sachgruppe IV, Kapitel 20, Aktuelle Probleme betrieblicher Bildungsarbeit, Köln, o. J., S. 20. Im folgenden zitiert als DII-Informationen.

Auf dem Hintergrund dieser drei grundsätzlichen Feststellungen –

die Entwicklung der Produktivkräfte (Phasen) fordert ständige Erweiterung und Veränderung der Mittel, mit denen die Produktion organisiert wird;
Aufgabe ist es dabei, die Autonomie der Produzenten im Interesse der Verwertung zu verkoppeln mit dem zentralen Führungsanspruch im Interesse der Herrschaft;
dabei stehen die Mittel nicht zur »Auswahl«, sondern sind neben ihrer von außen gesetzten Bedingtheit von großer Interdependenz (»Komplettierungszwang«) –

lassen sich nun grob drei Bereiche unterscheiden, in die sich die Mittel bei allem funktionalen Zusammenhang organisatorisch differenzieren lassen:

a) Methoden neuer Führungstechniken (Management und Planung)
b) Methoden neuer Arbeitsorganisation und Arbeitsgestaltung
c) Methoden betrieblicher Sozialpolitik.

2. Neue Management-Modelle

Unter Schlagzeilen wie »Hohe Schule des Managements«[30] oder »Größere Basis der Verantwortung«[31] wurden in den letzten Jahren verschiedene Modelle des Managements diskutiert, erprobt und von den immer zahlreicher werdenden Management-Schulen (z. B. »Akademie für Führungskräfte der Wirtschaft« in Harzburg) gelehrt. Wir unterscheiden:

management by delegation (Delegation von Verantwortung, das sog. »Harzburger Modell«): Festumrissene Verantwortungsbereiche werden an Inhaber festumrissener Arbeitsplätze delegiert.[32]

management by exception: Eingriff der Hierarchie nur, wenn die geplanten Leitlinien, innerhalb derer selbstverantwortlich produziert wird, deutlich überschritten werden.

30 VDI-Nachrichten Nr. 3 vom 20. 1. 1971, S. 10.
31 VDI-Nachrichten Nr. 52 vom 30. 12. 1970, S. 10.
32 S. a. R. Höhn, Von der Notwendigkeit neuer Führungsleitbilder in unserer Wirtschaftsgesellschaft, in: Hamburger Jahrbuch für Wirtschafts- und Gesellschaftspolitik, 14. Jahr, Tübingen 1969, S. 32 ff. Dieses Modell wird vor allem in großem Umfang in der Harzburger »Akademie für Führungskräfte der Wirtschaft« geschult.

management by objectives: Führung durch Vorgabe von Zielen, die in selbstverantwortlicher Arbeitsgestaltung erreicht werden sollen.[33]

management by results: Führung durch Kontrolle der Ergebnisse.[34]

Es wird schon auf den ersten Blick klar, daß diese Begriffe wenig hergeben, es gibt keine gravierenden Unterschiede. Man vergleiche z. B. *management by results* und *management by exception.* Delegation von Verantwortung z. B. setzt klare Zielvorgabe voraus, genaue Kontrolle und Eingriff bei Fehlern. Das Wesentliche dieser Konzeptionen wird zusammengefaßt in dem Begriff »kooperativer Führungsstil«.[35] Dabei spielen noch spezielle Entwicklungen eine Rolle, die sich dem Management in den letzten Jahren aufzwangen: Organisations-Spezialisten für Planungsaufgaben werden zunehmend in speziellen Firmen zusammengefaßt und an das Einzel-Management ausgeliehen für Sonderaufgaben, z. B. die Einrichtung eines Kantinen-Systems,[36] für Groß- und/oder Spezialaufgaben werden Teams gebildet, die ein sog. Projekt-Manager organisiert[37], die Frage der Information von Managern durch die Untergebenen ist ein Problem, das zunehmend organisiert wird.[38] Das alles sind aber Techniken, die sich nur indirekt außerhalb des Management auswirken, die jedoch für die Aufgaben »neuer« Führung unerläßlich sind.

---

33 Das extremste Beispiel sind die Landmaschinen-Werke »Standart« in Coventry (England), wo z. B. als Zielvorgabe gesetzt wird: 1000 Traktoren in 6 Monaten. *Alles* andere macht die Belegschaft. Ergebnis: sehr hohe Produktivität. S. a. R. Wright, Das Abteilungs-System (gang-system) in Coventry, in: Arbeitshefte der Sozialwissenschaftlichen Vereinigung, Jg. 3, Heft 6–8/65, S. 27 ff.

34 S. a. als Gesamtübersicht: Die neuen Management-Techniken, 2. Aufl. München 1968, und D. McGregor, Der Mensch im Unternehmen, Düsseldorf 1970.

35 Gute Darstellung aus Anlaß der »Einführung« des kooperativen Führungsstils bei der Hoesch AG in der Werkszeitschrift »Werk und Wir«, Heft 3/1970, Begründung: »Der Vorstand der Hoesch AG ist überzeugt, daß in der heutigen Zeit eine erfolgreiche Unternehmensführung eine kooperative Führung zwingend notwendig macht.« S. a. Kooperativer Führungsstil, in: Analysen, Jg. 2, Heft 3/71, oder: E. Gaugler (Hg.), Betriebsführung, Stuttgart 1969, oder: Linnert, Clausewitz für Manager, München 1971.

36 S. Handelsblatt Nr. 224 vom 23. 11. 71: »Hoch lebe der Organisator.«

37 Projekt-Manager da, wo es brennt, in: Handelsblatt Nr. 62 vom 28. 3. 72, S. 6.

38 Rechtzeitig und richtig informiert, in: Handelsblatt vom 25. 11. 71.

3. Funktionen, Prinzipien und Mittel »neuer« Unternehmensführung

Für unser Thema ergiebiger ist es, wenn wir von den Etiketten weggehen und uns die Funktions-, Prinzipien- und Mittelspezifizierung ansehen, die diesen »neuen« Führungsmethoden eigen sind.
Die modernen Management-Techniken »lassen sich in die Bereiche der Systematisierung und Vereinfachung, der systematischen Gewinnerzielung, der Kostensenkung, der Ideenfindung, der Wirtschaftlichkeitsrechnung, der Planung und Kontrolle, der Planung von Arbeitsmethoden und der Entscheidungsbildung gliedern.«[39] Das wäre ihre Funktions-Spezifizierung.
Die Erfüllung dieser Funktionen geschieht nach den folgenden Prinzipien:

»Ganzheitsprinzip (Gesamtziel des Unternehmens immer im Auge haben, d. V.), Delegationsprinzip, Beispielprinzip, Gerechtigkeitsprinzip, Leistungsprinzip, Informationsprinzip, Förderungsprinzip, Kontrollprinzip, Stellvertreter- und Nachfolgerprinzip (klare Abgrenzung und rechtzeitiger Aufbau, d. V.).«[40]

Aus Funktionen und Prinzipien ergeben sich die Mittel, der uns hier *direkt* interessierende Aspekt »neuer« Betriebspolitik der Unternehmer. Mittel sind: Richtlinien (Verhaltens- und Entscheidungsregeln), Jahres- und Mehrjahrespläne, Information, Geschäfts- und Mitarbeiterbesprechungen, Rundgespräche, Anweisungen und Beispiele, Kontrolle, Anerkennung und Kritik.[41] Nimmt man als weiteres Mittel das ganze Gebiet betrieblicher Sozialpolitik hinzu, ist das Arsenal komplett. Da betriebliche Sozialpolitik aber nicht in direktem Zusammenhang mit dem Vollzug des Produktionsauftrags steht, behandeln wir sie extra und untersuchen jetzt erst einmal im einzelnen die Mittel, die direkt auf den Vollzug der Produktion gerichtet sind. Gliedern wir die letzte, etwas unsystematische Aufführung der Mittel, erhalten wir drei Schwerpunkte: Arbeitsplatzbezogene Mittel, Informations- und Mitspracheverfahren, Planungsmethoden.

---

39 C.-D. Voigt, in: Industrial Engineering (REFA), Jg. 6, Heft 6/71, S. 254 f.

40 Nach Grellert, Führungskräfte und Personalpolitik, Frankfurt und Aschaffenburg 1970, S. 8 f.

41 Nach: DII-Informationen, Moderne Personalführung in Betrieb und Behörde, Reihe IV, Kapitel 45, Köln o. J., S. 20.

Nehmen wir die Funktionen und Prinzipien dazu, dann erkennen wir jetzt auch *ganz praktisch*, daß der Ausgangspunkt der ganzen Modernisierung die Steigerung der Produktivität ist, die unter den genannten Bedingungen erkauft wird und werden muß mit dem tendenziellen Verlust der direkten Beherrschbarkeit der Lohnabhängigen an ihrem Arbeitsplatz durch die Betriebshierarchie. Das bedeutet:
Die Entwicklung einer schöpferischen Unternehmenspolitik zum Markt hin als ein Grund neuer Managementmethoden wird ergänzt und muß ergänzt werden durch ein Zweites (wobei die Mittel sich im Prinzip decken):

»Die zweite Notwendigkeit ... gilt dem fortschrittlichen Führungsstil unseres zukünftigen Management. Es hat dafür zu sorgen, daß zwei Leistungsfaktoren zum Tragen kommen: Motivation und Kreativität des Menschen im Unternehmen.«[42]

Wohl gemerkt: nicht Kreativität und Motivation schlechthin, sondern im Unternehmen! Damit haben wir in prägnantester Kürze gefaßt, in was sich Funktion, Prinzipien und Mittel moderner Arbeitsplatz-Strategien kristallisieren: *Kreativität und Motivation im Unternehmen.* Mit dieser Formel ist die Lösungsstrategie umrissen für den Widerspruch, in den Verwertungs- und Herrschaftsinteressen des Kapitals potentiell geraten können:

»Der Unterschied zwischen geistig-schöpferischer und körperlich-mechanischer Arbeit verwandelt sich dadurch, daß die erstere zum Monopol der Betriebshierarchie und die letztere zur Last der Produzenten wurde, in einen Gegensatz, der sich in dem Maße zu einem Widerspruch zuspitzt, wie die Produzenten von dem Produktionsprozeß zur schöpferischen Arbeit herausgefordert und durch ihre Industrieerfahrung zu einer solchen Leistung befähigt werden.«[43]

4. Maßnahmen am Arbeitsplatz

Ausgangspunkt ist also der Zwang zur Planung von Belegschaftskooperation auf der untersten Ebene der Produktion. Auf den Arbeitsplatz, die Arbeitsorganisation zielen verschiedene Verfahren ab, die Monotonie der Arbeit zu lockern, vor allem

42 Mommsen, a. a. O.
43 Frielinghaus u. a., a. a. O., S. 185 f.

verschiedene Modelle des »job enlargement« (Arbeitserweiterung).[44] Gleichzeitig zählt hierzu das Einbeziehen von Erkenntnissen der Arbeitswissenschaft, der Arbeitsmedizin und -psychologie in Bezug auf eine menschen- und (!) leistungsgerechtere Gestaltung von Maschinen, Arbeitsabläufen, Arbeitsplätzen und der Arbeitszeit.[45] Des weiteren gehören dazu die bessere Koordinierung von Arbeitsplatz und Arbeitskraft. Arbeitsplatzbeschreibung[46], Personalplanung, betriebliche Weiterbildung, vor allem aber auch die betriebliche Berufsausbildung sind hier die Instrumente, ebenso die verstärkte Schaffung »innerbetrieblicher Arbeitsmärkte».

5. *Informationspolitik und Motivation*

Da all das nur funktioniert, wenn die Betroffenen in die Maßnahmen aktiv mit einbezogen werden, gilt es, sie rechtzeitig (genug) und gründlich (genug) zu informieren und zu fragen. Systeme der Information und der Mitsprache sind deshalb eine unerläßliche Grundlage der aufgezeigten Strategien. Information ist zum einen ein entscheidendes Mittel zur besagten Arbeitsmotivation (neben der »Humanisierung« der Arbeitsbedingungen):

»Führen durch Motivieren« heißt, »den Mitarbeitern das Ziel sichtbar machen«[47]. »Der Mitarbeiter kann bei seiner Arbeit nur dann Selb-

---

44 Bei Volvo in Schweden werden in der LKW-Produktion monatliche Arbeitsbesprechungen abgehalten, wo die ehemaligen Fließbandarbeiter ihre Arbeit selbst organisieren. Folge in den drei Jahren der Erprobung: Rückgang der Kündigungen um 30%, Steigerung des Qualitätsindex um über 100%, nach: ARD Fernsehsendung am 27. 2. 1972, zitiert in: Presse- und Funk-Nachrichten der IG-Metall, April 1972.

45 Gute Übersichten dazu: M. Schweres, Zukünftige Aufgaben der Arbeitswissenschaft, in: Industrial Engineering, a. a. O., S. 243 ff; A. Jungbluth, Auf die Zukunft gerichtet. Das neue Betriebsverfassungsgesetz in arbeitswissenschaftlicher Sicht, a. a. O.; ders., Anwendung der Ergonomie in der Industrie, in: Arbeit und Leistung, Jg. 22, Heft 6/68, S. 97 ff; eine gute schematische Übersicht über den Einsatz der Arbeitswissenschaft in Verbindung mit Information und Mitsprachesystemen: ders., Arbeitswissenschaftliche Gesichtspunkte für die Gestaltung industrieller Anlagen und für den Personaleinsatz, Mainz 1964.

46 Dazu: K. H. Troll, Arbeitsplatzbeschreibungen, ein Führungsmittel im Rahmen der Führungsorganisation, in: Organisations-Praxis, Heft 9/1968, S. 219 ff.

47 VDI-Nachrichten Nr. 47 vom 25. 11. 1970, S. 10.

ständigkeit zeigen, wenn er nicht nur das Woher und Wofür seiner Arbeit kennt, die Zusammenhänge überblickt, über jede Äußerung seiner Arbeitsbedingungen rechtzeitig und umfassend Bescheid erhält und nicht auf knappe Anordnungen oder Gerüchte angewiesen ist, sondern wenn er auch über personelle und soziale Veränderungen rechtzeitig und vollständig informiert wird.«[48]

Zum anderen ist Information also funktionale Voraussetzung der »Planung von Autonomie«. Information geschieht also »nicht aus Menschenfreundlichkeit, (sondern) weil nur so noch komplizierte Gemeinschaftsleistungen zu erbringen sind.«[49] Dabei ist Information ein wichtiges Mittel innerbetrieblicher Machtausübung und -verteilung:

»Macht liegt nicht nur in Befugnissen. Auch Informiertheit bedeutet Macht.... Es hat seinen Niederschlag gefunden ... etwa in Methoden der internen Berichterstattung ...«[50]

6. *Information, Mitsprache und Gruppenstrategie*

Da Informationspolitik Machtpolitik ist, gilt es, Information zu planen. Außer den üblichen Mitteln der Information, wie Anschlagbretter, Betriebszeitungen, Betriebsversammlungen, Mitarbeiterbesprechungen usw., gibt es sehr gut durchorganisierte und stärker themenfixierte Methoden der Informationsvergabe und Mitsprache oder Mitentscheidung – dies natürlich nur da, wo der spezifische Sachverstand der Betroffenen ausgeschöpft werden soll. Die ausgefeilteste Methode ist die »Wertkontrolle«. Hier werden in regelmäßigen Gruppensitzungen Methoden der Produkt- und Arbeitsplanung besprochen (unter dem Gesichtspunkt der Kostensenkung) mit eingehender Information über Produktionsziel und -ablauf, über benachbarte Bereiche usw.[51] Das ist im Grunde eine systematische

---

48 Führen durch Information und Kontrolle, Handelsblatt Nr. 205 vom 25. 10. 1971. Dieser Aufsatz ist eine sehr geraffte Übersicht über Methoden und Ziel betrieblicher Informationspolitik. Das gleiche: E. Zander, Die Kommunikation von oben nach unten, a. a. O.

49 C. Schuberth, Wir fordern Demokratisierung, in: Junge Wirtschaft (Organ der »Jungen Unternehmer«), Jg. 17, Heft 1/1969, S. 9.

50 E. Zahn, Soziologie der Prosperität, München 1964, S. 184. Vgl. hierzu eine unveröffentlichte Studie von M. Irle: Information als Grundlage betrieblicher Entscheidungen (RKW-Projekt A 24/62, o. J.)

51 Dazu: Bericht eines Ingenieurs aus einer Stabsstelle, Wertanalyse einer

Weiterentwicklung des betrieblichen Vorschlagswesens, nur daß hier das Gebiet genau bestimmt ist, nicht nur Lösungen, sondern schon Fehlersuche »honoriert« werden, das ganze systematisch betrieben und der Gruppeneffekt positiv genutzt wird (mehr Information und Wissen, mehr Integration).
Aber auch das betriebliche Vorschlagswesen wird wieder stärker angeregt[52]; dabei gibt es auch Versuche, die oft negative Haltung der Lohnabhängigen (Gefühl, sich selbst zu schaden, nicht als Radfahrer dastehen wollen usw.) durch Organisierung und Prämierung von Gruppenleistungen – so als wesentlicher Teil des »Scanlon-Planes« oder in der BRD im Vorschlag der »Gemeinschaftsprämie« durch den Unternehmensberater F. Kampschulte.[53] In beiden Fällen wird auch deutlich, daß zunehmend die Arbeitsgruppe, das Team, Ziel der Bemühungen wird, »Kreativität und Motivation« zu wecken. Das wird deutlich auch durch aktuelle Vorschläge der Unternehmer, auch für die allgemeinen und tagtäglichen Belange der Arbeitenden Information und Mitsprache zu organisieren, indem Arbeitsgruppensprecher gewählt werden sollen – die dann allerdings realiter etwa die Funktion eines Klassensprechers hätten. Diese Vorschläge, im Gefolge der Diskussion um eine Novellierung des Betriebsverfassungsgesetzes gemacht, haben aber keinen Niederschlag im neuen Betriebsverfassungsgesetz gefunden, was ja für die Unternehmer nicht der geringste Hinderungsgrund ist, das doch zu praktizieren.[54] Die Gruppe wird vor allem als »Team« von den Unternehmern entdeckt, das Team hat gegen-

---

Fahrzeugfabrik, in: ESG BRD, Bildungspolitisches Referat, Materialdienst 3/1970, S. 29 ff; C. D. Voigt, Wertanalyse – Moment moderner Unternehmensführung, a. a. O., S. 253 ff.

52 Dazu: Mitdenken im Betrieb lohnt sich immer, in: Handelsblatt vom 14./15. 5. 71. Das »Deutsche Institut für Betriebswirtschaft« stellte einen steilen Anstieg der entsprechenden Bemühungen in den letzten Jahren fest und rechnete für 1971 mit mindestens 150 Mill. DM Ersparnissen durch Verbesserungsvorschläge (BRD), in: dpa, Sozialpolitische Nachrichten vom 6. 3. 72.

53 Dazu: Mitdenken im Betrieb lohnt sich immer, a. a. O.

54 Arbeitsgruppensprecher wurden zuerst von den »Jungen Unternehmern« und der »Arbeitsgemeinschaft Selbständiger Unternehmer« (ASU) propagiert, siehe Handelsblatt vom 24. 10. 1969; später übernahm der BDA diese Forderung vor allem mit der Parole: Individualrechte, nicht Funktionärsmitbestimmung. Dazu: BDA-Präsident Friedrichs in der Frankfurter Neuen Presse vom 31. 12. 1969; BDA, Integration der Arbeitnehmer – Vorschläge zur Betriebsverfassung, Köln 1970, S. 3, 7 ff; s. a. Handelsblatt vom 19./20. 2. 1971, Mitbestimmung am Arbeitsplatz, Arbeitgeber-Gesetzentwurf zur Betriebsverfassung.

über der Gruppe eine stärker funktionale und weniger soziale Bedeutung. Der Übergang vieler Funktionen vom einzelnen auf Kooperative, Gruppen, Teams usw. muß sich zwangsläufig auch ideologisch widerspiegeln in einem »neuen, zeitgemäßen Begriff der Geschäftshierarchie, die in unserer Zeit nur noch als informatives Gliederungsschema heterogener Funktionen, nicht aber als eine Respektspyramide personengebundener Autoritäten verstanden werden kann«.[55]

7. *Funktionen und Methoden der Planung*

Rationalisierung der Ausbeutung zwingt das Kapital einmal dazu, bisher noch wenig durchgeplante, rationalisierte und kontrollierte Bereiche, vor allem also den Angestelltenbereich, ähnlich der Produktion vor- und durchzuplanen und zu kontrollieren (EDV, Großraumbüro, Arbeitsplanung und -bemessung bei Reparaturarbeiten usw.).[56] Zum anderen werden auch hergebrachte Gebiete genauer Arbeitsplanung systematisch weiterentwickelt (REFA z. B.).[57] In beiden Fällen geht es um die Technisierung und die organisatorische *Determinierung* von Arbeitsprozessen.[58] Neben den *direkt* rationalisierenden Effekten von Arbeitsplanung ist Planung aber auch eine Voraussetzung der skizzierten Modelle moderner Unternehmenspolitik, soll Autonomie und kapitalistische Rationalität im Sinne der letzteren gekoppelt werden. *Organisatorisch* ist das tendenziell lösbar durch die zunehmende Auslagerung von Planung und Kontrolle aus dem direkten Produktionsprozeß. Außenplanung durch Spezialfirmen[59], Arbeitsvorbereitung[60], Arbeitsprozeßplanung

---

55 E. Zahn, a. a. O., S. 181.

56 Dazu: Handelsblatt vom 20. 1. 72. »Mehr Leistung durch Kontrolle.« Berichtet wird von Ergebnissen durchrationalisierter Büroarbeit mit einem Kostenkontrollsystem, mit dem es gelang, in über 30 US-Firmen die Produktivität der Angestellten um durchschnittlich über 50% zu erhöhen. Dazu: Bieding/Wandler, Arbeitsbewertung von Angestelltentätigkeiten, Köln 1970.

57 Dazu: C. Schmidt, Rationelle Ausbeutung, Über MTM- und REFA-Systeme, in: express international, Nr. 135, Jg. 8, Nr. 137, Jg. 9, 1972.

58 Vgl. Altmann/Bechtle, a. a. O., S. 37.

59 Dazu: Handelsblatt Nr. 224 vom 23. 11. 1973, »Hoch lebe der Organisator«; dazu: K. Brankamp, Vom Abteilungsdenken zur Funktionsbetrachtung – Rationalisierungsmöglichkeiten durch Verlagerung von Aufgaben, in: VDI-Zeitschrift für die gesamte Technik, Bd. 111, 1969, Nr. 10 und weitere.

durch Netzplantechnik[61], vor allem die Notwendigkeit, nicht nur auf der Management-Ebene Alternativplanung durchzuführen (Kreativität und Optimierung), sondern solche Ausweichplanung auch nach unten zu verlagern (Reibungsverluste durch programmierte Beweglichkeit, Entscheidungsleitfaden und -grenze (!) für die Kooperative), haben der wissenschaftlichen Durchdringung des Produktionsprozesses zwecks Planbarkeit Auftrieb gegeben, vor allem auch jenen Analysen, die sich zwischen input und output mit dem Prozeß der Produktion beschäftigen: »Operations Research«, hier Unternehmens- oder Operationsforschung genannt, hat dabei die Aufgabe, bei nicht streng vorgegebenen Prozessen die optimale Lösung zu finden. Sie unterstützt die Planung von Autonomie im Produktionsprozeß und versucht gleichzeitig, deren Grenze zu setzen.[62]
Diese Produktionsplanung »auf neuer Ebene« hat aber nicht nur die aufgezeigten funktionalen Bedeutungen im Sinne technischer oder organisatorischer Durchführbarkeit. Planung ermöglicht, indem sie die Felder von Entscheidung und Verantwortung absteckt und die notwendigen Informationen liefert, daß die vom Kapital zunehmend geförderte, aber auch verplante Eigeninitiative auch Arbeitszufriedenheit freisetzt, da sie Belastungen minimieren kann. Die Netzplantechnik z. B., die Kosten, Mengen, Termine, Arbeitseinsätze und Koordinationen vorplant in bestimmten Spielräumen, hat auch positive Seiten für den einzelnen Arbeiter (trotz weiter gesteigertem Arbeitseinsatz, den sie ermöglicht):

»Die Tatsache, daß bei Anwendung der Netzplantechnik das übliche Abwälzen der Verantwortlichkeit für Termin- und Kostenüberschrei-

---

61 Unter Netzplantechnik (NPT) verstehen wir eine Reihe von Verfahren, mit deren Hilfe die ineinandergreifenden Abläufe von Zulieferung, Ablieferung, Verrichtung, Kontrolle usw. bei der Produktion aufeinander abgestimmt, terminiert und quantifiziert werden. Das gilt vor allem für Großprojekte, z. B. Schiffsbau, aber auch für den gesamten Bereich der Großindustrie. Eine übersichtliche Darstellung: Maschlanke/Scholz, Netzplantechnik, Köln 1970, vor allem auch zur Notwendigkeit von NPT für alle modernen Management-Konzepte, s. bes. S. 74 ff.

62 Dazu: A. Angermann, Betriebsführung und Operations Research, in: Hamburger Jahrbuch, 8. Jahr, Tübingen 1963, S. 102 ff; B. John, Prognoseverfahren als Hilfsmittel der quantitativen Unternehmensplanung, in: Industrial Engineering, a. a. O., S. 265 ff. Daß modernes Management und moderne Planungsmethoden auch die starre Trennung zwischen »Stab und Linie« aufheben, zwischen den »Eierköpfen« und den »Praktikern«, ist klar, vgl. Stab – Linie?, in: analysen, Jg. 1, Heft 7.

tung weitgehend wegfällt, gilt in den Augen der beteiligten Arbeitnehmer als der größte Vorteil der Netzpläne.«[63]

Damit zielen Planung, genauso geregelte Mitsprache- und Informationsrechte, sowie »gerechte« Lohnfindung, Arbeitsplatzbeschreibung usw. auf ein wichtiges Bedürfnis der Lohnabhängigen, der »Arbeitsplatzinhaber«: Sicherheit. Das bedeutet auch den Abbau des Gefühls sozialer Abhängigkeit und die Freisetzung von Initiative, ist also umfassend geeignet zur Erreichung der aufgezeigten Zwecke:

Das Empfinden sozialer Abhängigkeit ist dort am geringsten, wo klare Reglemente für alle Beziehungen zwischen dem Unternehmer und seinen Mitarbeitern bestehen, wie wir das bei progressiv eingestellten Unternehmern schon längst finden. Es geht hierbei um beides: um Gewißheit und Sicherheit in der sozialen Situation des Einzelnen.« Und: »Erst Sicherheit macht frei.«[64]

Damit ist auch schon ein Hinweis gegeben auf die Funktion der dritten Säule von »Unternehmensführung als Menschenführung«, auf die betriebliche Sozialpolitik, die, zusammen mit den anderen Mitteln, zur Verfügung steht je nach den Erfordernissen, den Möglichkeiten und den Einsichten des einzelnen Kapitalisten:
»So kann z. B. eine hohe Fluktuation sehr verwickelte Ursachen haben, die man richtig erkennen muß, um bestimmte Mittel erfolgreich einzusetzen. Der Personalchef wird sich dabei fragen müssen, ob evtl. eine Lohn- oder Gehaltserhöhung, eine Verbesserung der Sozialleistungen oder eine Änderung des Führungsstiles am ehesten zum Ziele führt.«[65]

8. Soziale Betriebspolitik

Gecks trennt hier sehr sinnvoll zwischen »betrieblicher Sozialpolitik«, bei der Betriebe nur als Erfüllungsgehilfen tätig sind

---

63 Maschlaake/Scholz, a. a. O., S. 81.
64 Personalchef B. M. Lichtwer, in: ZEIT Nr. 20/1970, S. 31.
65 DII-Informationen, a. a. O., S. 21; s. a. DII-Informationen, Sachgruppe IV, Kapitel 17, Menschenführung im Betrieb. Allerdings muß hier noch einmal auf die organisatorische und soziale Interdependenz einzelner Maßnahmen hingewiesen werden (»Komplettierungszwang«); sicher ein Grund, warum viele Unternehmen mit dem »Einbeziehen des Menschlichen« in ihre Entscheidungen »wider besseres Wissen« so lange zögern.

(z. B. Unfallschutzgesetze) und »sozialer Betriebspolitik«.[66] Wir werden uns im Weiteren an diese Trennung halten, behandelt wird also die soziale Betriebspolitik. Sie hat die Aufgabe, das Gefühl gerechter Behandlung und sozialer Sicherheit zu stärken und die Belegschaft an den Betrieb zu fesseln – und damit natürlich »uno acto« auch zu disziplinieren. Soziale Betriebspolitik dient also einzig dem rationalen Betriebszweck, insbesondere durch »Einbeziehen des Humanen in das Ökonomische«.[67] Die Maßnahmen sozialer Betriebspolitik reichen vom Kantinenessen, von Werkswohnungen und dem Betriebskindergarten bis zum Betriebsausflug und anderen Mitteln zur »Hebung des Betriebsklimas«[68] und – im weitesten Sinn – zu Systemen »gerechter« Entlohnung.[69] Die Begründungen sind auch intern sehr eindeutig:

»Bis dahin kann also die Betriebsrente vom Arbeitgeber noch als Mittel angewandt werden, Betriebstreue zu erzwingen. Denn daß die Praxis der betrieblichen Altersversorgung auch das Ziel hat, Fluktuation zu verhindern, ist sicher, wenn diese Absicht in der Regel auch als ›Lohn für Loyalität‹ formuliert wird.«[70]

Neben diesen indirekt materiellen Vorteilen gibt es aber auch direkte materielle Vorteile. So hat Ford-Köln durch einen gut ausgebauten werksärztlichen Dienst nach eigenen Berechnungen 1971 2,82 Mill. DM gespart.[71] Zur sozialen Betriebspolitik gehören aber auch betriebliche Bildungsmaßnahmen, auch da, wo sie über die Abwehr von Friktionen zwischen Anforderung und Qualifikation hinausgehen. Im Zuge der systematischen Schaffung von »innerbetrieblichen Arbeitsmärkten« dient betriebliche Bildungspolitik auch der Schaffung eines individuellen Auf-

---

66 L. A. Gecks, Die sozialen Arbeitsverhältnisse im Wandel der Zeit, Berlin 1931, S. 137.
67 L. Preller, Betriebliches Sozialwirken und Mitbestimmung, in: Das Mitbestimmungsgespräch, Jg. 10, Heft 5–7/1964, S. 94.
68 Musik gegen Monotonie, in: Der Arbeitgeber, Jg. 21, Heft 18/1969, S. 750 ff.
69 Transparente Gehaltsgestaltung, Arbeitsplatz- und Funktionsbewertung als Führungsmittel, in: VDI-Nachrichten Nr. 27 vom 26. 4. 1971, S. 10; Bezahlung nach Leistung, Systematische Gehaltsfindung bei der IBM Deutschland, in: VDI-Nachrichten Nr. 2 vom 13. 1. 1971, S. 10; Arbeitsplatzbewertung und Leistungsbeurteilung – Wer hat den Vorteil? in: analysen, Jg. 1, Heft 2/1971, S. 37 ff.
70 H. Mundorf, Lohn für Betriebstreue, in: Handelsblatt vom 13. 3. 1972.
71 M. Heiderscheidt, Der Werksarzt – eine lohnende Investition, in: Handelsblatt Nr. 58 vom 22. 3. 1972.

stiegsstrebens, der Schaffung der Illusion für alle, daß sie es schaffen können. (»Bei uns kann jeder weiterkommen« war das Motto einer innerbetrieblichen »Bildungswerbung« des Salzgitter-Konzerns 1971.) Die Verbindung von materieller, sozialer und sozialpsychologischer Notwendigkeit betriebsinterner Bildungsanstrengungen betont Mommsen:

»Es gilt, den Einsatz unserer Mitarbeiter qualitativ über alle Abschnitte ihres Berufslebens zu verbessern, praktisch ihre Karrieren zu optimieren. Das kommt dem Mitarbeiter individuell, noch mehr aber dem Unternehmen ... zugute.«[72]

Die eindeutig zur Heranbildung fachlich und psychisch zum Betriebsuntertanen konditionierter Arbeitskräfte durch die betriebliche, oder besser in der Verfügungsgewalt der Unternehmer stattfindende Berufsausbildung[73] wird durch betriebliche Erwachsenenbildung nahtlos verlängert:

»In der heutigen Zeit ist eine bloße Vermittlung von Aus- und Fortbildungstechniken zur Lösung der wachsenden technischen, ökonomischen und sozialen Probleme in der Arbeitswelt unzulänglich. Diese Tatsache zwingt die Wirtschaft zur Besinnung auf neue pädagogische Aufgaben zum Umdenken der innerbetrieblichen Führungsprobleme. Die Erziehungsaufgabe der Wirtschaft ist heute nicht mehr allein auf das Fachliche beschränkt. Es zeigt sich immer deutlicher, daß primär nicht spezielle ›Wissensfähigkeiten‹, sondern allgemeine ›Charakter-Fähigkeiten‹ entscheidend sind.«[74]

9. *Manipulation als Beiprodukt und Funktion*

Mit dem letzten Unternehmerzitat ist verdeutlicht, was bei allen bisher aufgezeigten Schritten als »Motivation« zu verstehen ist: die eine nicht mehr ausführbare Kontrolle ersetzende Indoktrination der Lohnabhängigen zu einem nunmehr speziellen Arbeitsethos, das sich im Betriebszweck inhaltlich konkretisiert – das ist der Inhalt der Parole »Vom Untertanen zum Mitarbeiter«. Diese Wirkung ist ein Beiprodukt fast aller geschilderten

72 Mommsen, a. a. O.

73 Dazu: Crusius/Wilke, Gewerkschaftliche Selbstorganisation und emanzipatorische Berufsausbildung, in: deutsche jugend, Jg. 19, Heft 9 und 10/1971 – stark gekürzte Fassung.

74 DII-Informationen, Sachgruppe IV, Kapitel 19, Der Betrieb als Bildungsraum, S. 25, Köln, o. J.

Verfahren, in der Wirkung dieser Verfahren oder/und in der Propaganda-Ideologie, mit der sie öffentlich verkauft werden (die hier zitierten Aussagen entstammen ja alle einer quasi unternehmensinternen Öffentlichkeit). Konkret bleibt:

»Führen bedeutet, andere Menschen so zum Handeln zu bringen, daß ein bestimmtes Ziel erreicht wird.«[75]

Funktionale Notwendigkeiten werden gleich mitbenutzt, ein über die engere Funktion hinausgehendes Gefühl der Befriedigung manifester oder latenter Bedürfnisse zu vermitteln. Vom Gefühl ist dann auch häufig die Rede:

»Außerdem sprechen sachliche Überlegungen dafür; denn ein Arbeitnehmer, der sich im Betrieb menschlich behandelt fühlt, wird die Forderungen, die man an ihn stellt, bereitwilliger erfüllen als ein ›Untertan‹.«[76] »Dafür wird es wesentlich sein, daß die Mitarbeiter das Gefühl haben, daß ihr Chef genauso irren kann wie sie selbst.«[77]

Die größere Befriedigung in der Arbeit durch »job enlargement« wird im Falle des bereits erwähnten US-Konzerns Montorola gleich als Arbeitsstolz verordnet: Die Arbeiterinnen müssen dem von ihnen zusammengesetzten Produkt einen Zettel beilegen mit dem Text:

»Sehr geehrter Kunde, ich habe dieses Gerät vollständig und allein zusammengesetzt und bin stolz darauf. Ich hoffe, es wird Ihnen gute Dienste leisten.«[78]

Auch oder gerade dort, wo materiell nichts geändert werden kann nach der Meinung der Unternehmer, gewinnen einige Methoden moderner Unternehmensführung einen ausschließlich indoktrinierenden Charakter:

»Zu weitgehende Arbeitsteilung befriedigt nicht mehr die Schaffensfreude des Menschen und führt infolge großer Eintönigkeit meist bald zu leistungsmindernden Ermüdungserscheinungen, wenn nicht gar zu seelischen Schwierigkeiten. Zum mindesten sollte jeder um den Sinn seiner Arbeit und die Bedeutung für das Betriebsganze wissen.«[79]

---

75 DII-Informationen, Sachgruppe IV, Kapitel 45, a. a. O., S. 20.
76 DII-Information, Sachgruppe VI, Kapitel 15, a. a. O., Köln, o. J.
77 K. Biedenkopf, in: Handelsblatt Nr. 104 vom 2. 6. 1971, a. a. O., S. 3.
78 SPIEGEL Nr. 41/1971, a. a. O.
79 DII-Informationen, Sachgruppe IV, Kapitel 22, Angewandte Psychologie als Führungsmittel im Betrieb, S. 7, Köln o. J.

Oder, so der Chrysler-Manager Cafiero:

»Die Handgriffe am Fließband interessant zu machen, das ist ausgeschlossen. Statt dessen versuchen wir, den Arbeiter stärker als bisher am Betrieb zu interessieren.«[80]

Doch auch das hat in Maßen zu geschehen, die Information fast wie eine Droge erscheinen läßt:

»Man darf allerdings nicht in den Fehler verfallen, neu eingestellten Mitarbeitern ein Zuviel an Information mitzugeben, die sie später umso mehr vermissen, je stiefmütterlicher dann die Unterrichtung fortgesetzt wird.«[81]

Positive und negative Sanktionen sind auch in der Strategie enthalten, und zwar versteckt – versteckt wie die »Verinnerlichungseffekte«, die man sich von der Motivation zur Eigeninitiative verspricht:

»Alle Mitarbeiter, die sich nämlich freiwillig auf die Suche nach Verbesserungsmöglichkeiten machen und über ihre eigenen Berufsaufgaben hinausgehen, lernen bei dieser Gelegenheit auch unternehmerisch, selbstverantwortlich zu denken und zu handeln.«[82] »Will der Vorgesetzte, daß seine Mitarbeiter von sich (! d. V.) eine höhere Leistung erwarten, so muß er dafür sorgen, daß sie Erfolgserlebnisse haben ...«[83].

Einen sehr hinterhältigen Nebeneffekt des von ihm vertretenen Konzepts der »Delegation von Verantwortung« formuliert der Chef des Bertelsmann-Konzerns, Reinhard Mohn:

»... daß unsere Mitarbeiter die Grenze ihrer Befähigung... tagtäglich erleben« und daraus eine »auf die Sache bezogene Bescheidenheit« entwickeln.[84]

Das – gewollte – Produkt der aufgeklärten, modernen Arbeitsplatz-Strategie der Unternehmer bezeichnet Reichwein als »neofeudale Hörigkeit«.[85] Das zunehmende Ansprechen von Gruppen statt Individuen bedeutet dabei keineswegs das Aufgeben

---

80 SPIEGEL Nr. 41/1971, a. a. O.
81 E. Zander, a. a. O.
82 G. Höckel, Mitdenken im Betrieb lohnt sich immer, Handelsblatt, a. a. O.
83 Führen mit Information und Kontrolle, Handelsblatt, a. a. O.
84 R. Mohn, Möglichkeiten und Grenzen der Mitbestimmung, in: Neue Westfälische vom 29. 10. 1969, S. 7.
85 R. Reichwein, Funktionswandlungen der betrieblichen Sozialpolitik, Köln 1965.

der alten Teile-und-herrsche-Taktik. Die Belegschaft soll, wahrscheinlich noch wirksamer, in Gruppen zersplittert werden. Beispiele dafür sind Versuche, qua Berufsausbildung Spaltungen und Gruppendifferenzierungen zu erzeugen (Krupp-Stufenausbildung z. B.) oder die aktuelle Diskussion bzw. die aktuellen Versuche, die leitenden Angestellten aus dem BVG herauszuhalten bzw. diese Gruppe aufzublähen und gegen die übrige Belegschaft auszuspielen.[86] Hier spielt aber auch der Wille zur Verhinderung der Verbindung von sozialer und technokratischer Kritik am Unternehmertum eine wichtige Rolle.
Ehe wir mit diesem Punkt zur letzten Säule aufgeklärter Unternehmensführung kommen, nämlich der Einbeziehung der institutionalisierten Mitbestimmung in diese Strategien (Betriebsverfassungsgesetz und Montan-Mitbestimmung), noch eine wichtige Anmerkung.

10. Der kapitalistische Wolf im Schafspelz

Trotz realer Effekte in Richtung auf ein Erträglicherwerden der Arbeitssituation als Folge moderner Unternehmensführung, trotz der Intensität, mit der die »Entmilitarisierung der Produktion« vorangetrieben wird: der Lohnabhängige bleibt entfremdet, kapitalistischer Befehlsgewalt ausgeliefert, ausgebeutet, dem Arbeitsdruck unterworfen. Das allein zu wissen, genügt aber noch nicht. Wichtig ist die konkrete Situation am Arbeitsplatz. Und hier ist trotz aller Modernität das letztlich zuverlässigste Mittel der Kapitalisten, die Lohnabhängigen in ihre Verfügungsgewalt zu zwingen, ihre Macht über Arbeitsplatz, Arbeitsziel, Arbeitsvollzug – und die daraus resultierende Angst der Lohnabhängigen, den Arbeitsplatz überhaupt oder den gerade besetzten Arbeitsplatz zu verlieren und den tausend Möglichkeiten innerbetrieblichen Terrors latent ausgesetzt zu sein. Nur: Die Auswirkungen kapitalistischer Produktionsweise werden real gemildert oder doch in ihrer sinnlichen Erfahrbarkeit verschleiert – und das ist Anlaß genug, genau zu analysieren und politisch zu antworten.

---

86 Dazu: Wer ist denn leitender Angestellter? in: Handelsblatt Nr. 45 vom 3./4. 3. 1972; Der DGB spielt den Gesetzgeber, in: Handelsblatt vom 11. 3. 1972; s. a. BDA, Das neue Betriebsverfassungsgesetz, Köln 1972, S. 33 ff.

Das Gelingen dieser Integration hat eindeutiger als jeder andere die sog. »Biedenkopf-Kommission« belegt.[87] Diese Richtung war für die Unternehmer von Anfang an klar:

»Der Betriebsrat soll durch die richtige Ausübung seiner Aufgaben eine Führung des Betriebes durch den Arbeitgeber zum Wohle der Arbeitnehmer des Betriebes unter Berücksichtigung des Gemeinwohls ermöglichen.«[88]

Die Rechtsprechung, auf die die Gewerkschaften ja immer noch mehr vertrauen als auf sich selbst, ist dem auch von Anfang an gefolgt. Das beginnt damit, daß die »Prinzipien unserer Wirtschaftsordnung« positiv in die Rechtsprechung einfließen[89], dann kommen Definitionen zum Arbeitsvertrag, der als ein »personenrechtliches Gemeinschaftsverhältnis« in einer »Betriebsgemeinschaft« definiert wird, was zu einer »beide Teile verbindenden Treue« verpflichtet.

Die Sozialparteien sind »mindestens der Idee nach, wenn auch nicht überall in der Praxis des täglichen Lebens, aus den ›sozialen Gegenspielern‹ der zwanziger Jahre zu ›Sozialpartnern‹ geworden«. Mit dem BetrVG soll »die Stellung des Arbeitnehmers zum Betrieb geändert werden; es soll erreicht werden, daß er diesen Betrieb als den seinen empfindet, zu ihm ein persönliches Verhältnis gewinnt.« Dabei ist »die richtige Grenze da zu ziehen, wo eine zu weitgehende Ausdehnung dieser Rechte für die Leistungsfähigkeit des Unternehmens schädlich werden kann«[90].

---

87 Ergebnis der regierungsamtlichen Nachforschung über die Auswirkungen der Montan-Mitbestimmung – und vom DGB bejahtes Ergebnis (!): Rentabilitätsprinzip unangetastet, Arbeitsdirektor voll in Vorstand integriert, Gewinnverteilungspläne der Vorstände fast immer angenommen, keine Auswirkungen auf das Lohnniveau, politische Sicherung (!) der Marktwirtschaft, Abbau des »Gefühls« des »Ausgeliefertseins« bei den Lohnabhängigen usw. Siehe Mitbestimmung im Unternehmen, Bundestagsdrucksache VI/334, Teil III, S. 29 ff.

88 E. Gaugler, Demokratie im Betrieb – Aufgaben und Grenzen des Betriebsrates, Augsburg 1958, S. 25. Gaugler ist einer der Hauptvertreter neuer Unternehmensführungs-Methoden.

89 BAG 23. 1. 1955, BAG-Entscheidungen I, S. 291 ff; BAG 8. 2. 1957, BAG-Entscheidungen III, S. 350.

90 Hueck-Nipperdey, Grundriß des Arbeitsrechts, 4. Auflage, Berlin und Frankfurt 1968, S. 43, 24, 22. Nipperdey war jahrelang der führende Mann des Arbeitsrechtes in der BRD.

Neben der im Betriebsverfassungsgesetz schon angelegten partnerschaftlichen Unterwerfung der Betriebsräte spielt eine Rolle, daß sie fachlich und politisch den neuen Strategien der Kapitalisten nicht viel entgegenzusetzen haben, daß es ihnen fast unmöglich ist, eine Gegenstrategie »zu fahren«.[91]

Die Strategie der Unternehmer zielt gerade auch auf den Betriebsrat: »Die Führungskräfte müssen dem Betriebsrat wie den Mitarbeitern Hilfen für ein konstruktives ökonomisches und betriebspolitisches Mitdenken geben.«[92]

Der Betriebsrat soll als soziale Klimaanlage, in etwas rauheren Zeiten als Puffer dienen. Das Fehlen einer gewerkschaftlichen Betriebspolitik erleichtert diese Strategie der Unternehmer: So begrüßt dann der Betriebsrat von Hoesch die »Einführung« des »kooperativen Führungsstiles« so: »... Zusammenarbeit, einen eigenen Beitrag zur Erfüllung ihres Auftrages zu leisten.«[93] Daß Ansätze einer betrieblichen Gewerkschaftspolitik jedoch nicht nur von den Unternehmern kaputtgemacht werden, zeigt ein geheimes Protokoll eines Gesprächs zwischen Arbeitsdirektoren der Metall-Industrie und dem IGM-Vorstand, in dem der IGM-Vorstand den Arbeitsdirektoren Beistand zusichert gegen die Vertrauensleute, die es wagen, Arbeitsdirektoren und die Betriebsräte zu kontrollieren, zu kritisieren oder gar ihnen Aufgaben aufzwingen wollen.[94]
Um ein Bild zu erhalten, mit welcher Konsequenz die Unternehmer jeden kleinen Ansatz *realer* Mitbestimmung oder Interessenvertretung der Lohnabhängigen zu zerstören trachten, ist es wichtig, den Kommentar des BDA zum neuen Betriebsverfassungsgesetz zu lesen[95], ein Kommentar, in dem die Unternehmer ihre restriktive Linie abstecken, während der DGB noch an ihren guten Willen appelliert und ansonsten mal wieder auf die Arbeitsgerichte wartet, um zu erfahren, was er denn nun darf und was nicht. Um das hier für das Thema zugänglich zu

91 Dazu: H. Kern, Mitbestimmung und technische Entwicklung, in: Gewerkschaftliche Monatshefte, Jg. 20, Heft 4/69, S. 223 ff; B. Beelze, Über Herrschaft im Betrieb II, in: Das Mitbestimmungsgespräch, Jg. 17, Heft 4/1971, S. 75 ff.
92 DII-Informationen, Sachgruppe IV, Kapitel 20, S. 21, Köln o. J.
93 WERK und WIR, a. a. O.
94 Gewerkschafts-Spiegel 19/71, Dokumentation S. 21 ff.
95 Zutrittsrecht der Gewerkschaften in die Betriebe, BDA, Das neue Betriebsverfassungsgesetz, a. a. O., bes. S. 60 ff.

machen, zitieren wir die wichtigsten Sätze zur Frage der Verwendung von Arbeitswissenschaft bei der Planung und Gestaltung, wie sie dem Betriebsrat nach dem neuen Betriebsverfassungsgesetz zustehen soll (§§ 75(2), 90, 91)[96]:

»Dabei sollen Arbeitgeber und Betriebsrat die ›gesicherten arbeitswissenschaftlichen Erkenntnisse über eine menschengerechte Gestaltung der Arbeit‹ berücksichtigen ... Es muß sich um ›gesicherte‹ Erkenntnisse handeln; sie müssen sich praktisch bewährt haben und allgemein anerkannt sein. ... Ein Mitbestimmungsrecht besteht nur, wenn die oben genannten Änderungen ›den gesicherten arbeitswissenschaftlichen Erkenntnissen über die menschengerechte Gestaltung der Arbeit‹ widersprechen, wenn dieser Widerspruch ›offentsichtlich‹ ist und wenn ›die‹ Arbeitnehmer – und nicht nur einzelne – des betroffenen Bereichs durch die Änderungen ›in besonderer Weise‹ belastet werden. ... Er (der Betriebsrat, d. V.) kann auch nur ›angemessene‹ Maßnahmen fordern, d. h. solche, die in einem vernünftigen Verhältnis zu den Erfordernissen des Betriebs und zu der durch die Änderung ausgelösten Belastung stehen.«[97]

IV. ANTAGONISTISCHER FORTSCHRITT UND GEWERKSCHAFTLICHE INTERESSENPOLITIK

1. Antagonistischer Fortschritt und neue/alte Linke

Der Arbeitsplatz einzelner oder kooperierender Kollektive, d. h. die Bedingungen, unter denen an diesem Platz gearbeitet werden muß, sind das Ziel der aufgezeigten neuen Methoden innerbetrieblicher Führung. Bei aller ideologischer Verbrämung und auch Wirkung dieser Strategien wäre es eine zynische Herablassung gegenüber den Lohnabhängigen, zu behaupten, damit seien sie einzukaufen – und das behaupten praktisch alle, die den fehlenden Widerstand der Arbeiter gegen diese »bösartigen Machenschaften« des Kapitals bejammern und dabei nicht sehen wollen, daß diese Strategien auch Elemente einer positiven Antwort auf reale Bedürfnisse der Lohnabhängigen an ihrem Arbeitsplatz enthalten. Deshalb sprechen wir hier von »antagonistischem Fortschritt«. Diese Bedürfnisse, vor allem ausgerichtet auf eine Verminderung des »Arbeitsleids« in den verschieden-

96 Dazu: M. Schweres, a. a. O.
97 BDA, Das neue Betriebsverfassungsgesetz, a. a. O., S. 47 f.

sten physischen und psychischen Belastungen, in denen es erfahren wird, sind *als solche nicht manipuliert, sie sind nur nicht politisiert,* d. h. sie sind nicht bewußt zu produktiven Forderungen formuliert und als kollektive Interessen organisiert. Genau das zu verhindern, ist ja eine Funktion dieser Strategien.

Gelingt es den Unternehmern, auf der Ebene des Arbeitsplatzes und auf der Stufe des jetzigen durchschnittlichen Bewußtseins der Lohnabhängigen in der BRD, zu diesen Bedürfnissen positive Antworten zu formulieren und zu organisieren, dürfte damit die Basis jeder Politik zerstört sein, die tendenziell die kapitalistische Verfügung über die Produktion aufheben will. Und eine positive Antwort ist es für den Lohnabhängigen schon, ob er im Lärm arbeitet oder nicht, ob er ständig kontrolliert wird oder Möglichkeiten eigenständiger Arbeitsgestaltung hat, ob er willkürlich kommandiert wird oder gefragt wird und mitreden kann, ob er stumpfsinnigste Arbeitsvollzüge leistet oder qualifizierte Arbeit vollbringt. Wer dazu nichts sagt, wer bei diesen konkreten Fragen auf die Notwendigkeit zur großen gesellschaftlichen Veränderung verweist und sonst nichts, verhält sich nicht nur zynisch, er muß sich zu Recht die Frage gefallen lassen von denen, die den Laden hier schließlich ändern sollen, wie denn dann seine Wirtschaft »nach der Revolution« aussieht – und er wird zu Recht keine Mitkämpfer finden – zumindest nicht unter den lohnabhängigen Massen.

Es genügt also nicht, mit drei Sätzen die ideologische und materielle Funktion dieser Strategien für das Kapital zu »entlarven«, wie Deppe u. a. das tun[98], um dann zu den »großen Fragen der Politik« überzugehen. Die Fragen, die einen marxistischen Sozialwissenschaftler hier interessieren sollten (neben der notwendigen Entlarvung dieser Strategien, vor allem dem Zerstören der Behauptung, sie hätten etwas mit Demokratisierung zu tun), sind folgende:

- Welche konkreten materiellen Prozesse in Produktion und Gesellschaft veranlassen den Unternehmer, dies und jenes zu tun bzw. nicht zu tun?
- Welche Auswirkungen auf die materielle und geistige Integration der Lohnabhängigen hat das jeweilige Tun des Unternehmers?
- Welche Elemente sich entwickelnder Produktivkräfte des Ka-

98 Deppe u. a., a. a. O., S. 45.

pitals sind auch Bestandteile einer nach den Interessen der Lohnabhängigen und durch sie organisierten Wirtschaft?

Die Deppesche Art und Weise, solche Probleme zu »bewältigen«[99], verstärkt ein politisches Verhalten in der deutschen Arbeiterbewegung, das Braun in seiner historisch verhängnisvollen Funktion treffend analysiert hat:

»Die ›Organisationsgläubigkeit‹ kennzeichnet jene spezifische Bereitschaft deutscher Arbeiter und ihrer Funktionäre, die Vertretung ihrer Interessen nur im Rahmen einer ›organisierten Einheit‹ als legitim zu betrachten. Die Folge ist, daß sie die konkreten Arbeitsverhältnisse sich selbst überlassen und stattdessen auf höheren Ebenen agieren. Individuelle Aktionen sind verpönt, vielmehr wird alles von der Wirksamkeit des ›Verbandes‹ oder der ›Partei‹ erwartet. Die Arbeitersolidarität wird an der Loyalität gegenüber der Organisation gemessen. Deutsche Arbeiter sind daher ganz besonders ideologieanfällig, denn eine solche Einstellung bietet kein praktikables alltägliches Verhaltensschema für einen Industriearbeiter, der vom Arbeitsplatzangebot des ›Kapitals‹ abhängt. In der Ideologie der deutschen Arbeiter und ihrer Gewerkschaften verbindet sich daher praktische Anpassung in der Arbeit mit der Rebellion in Gedanken zu einer unproduktiven Einheit.«[100]

2. *Gewerkschaftliche Reaktionen*

Eingebunden in die »Konzertierte Aktion«, durch die Rechtsprechung eingeengt und von Staatsgläubigkeit gelähmt, haben sich die deutschen Gewerkschaften ihren Spielraum derart verkleinern lassen, daß sie

- nur noch *die* Probleme des Verkaufs der Ware Arbeitskraft in Angriff nehmen, die sich tarifvertraglich innerhalb der jetzigen Rechtsprechung und der jetzigen Spielregeln (!) regeln lassen;
- nur noch gewillt – und in der Lage – sind, für die Beseitigung *derjenigen* gesellschaftlichen Mißstände etwas zu tun, die durch den Kapitalismus verursacht wurden, dabei aber die Verfügungsgewalt des Kapitals über den Produktionsprozeß *praktisch* nicht antasten.

---

99 Mit welcher produktiven Gründlichkeit unsere englischen Genossen diese Fragen anpacken und wie komplex die Fragestellungen sind, die sie dabei entwickeln, zeigt ein Artikel von Ken Coates (Institute of Workers Control Nottingham) in: express international Nr. 139, Jg. 9. 1972, Fabrikgesetzgebungen in Großbritannien.

100 S. Braun, a. a. O., S. 30 f.

So sind denn für die Gewerkschaftsverwalter die Fragen nach den Problemen der Arbeitsorganisation längst keine Fragen mehr, zumindest keine praktischen Fragen mehr, die von ihnen ein Stück konkreter Politik fordern könnten. Das ist Sache der Betriebsräte, denen sie mittels REFA-Schulung das Vermögen vermitteln, die Ausbeutung bloß sachkundig mitzuorganisieren. Wenn man einmal nachliest, was der Tarifexperte der IG Metall, Hans Mayr, zu Fragen der Arbeitsteilung, Automatisierung und Lohnfindung zu sagen weiß, wird klar, wie weit sich die Gewerkschaftsverwaltung nicht nur politisch, sondern auch fachlich von allen Problemen entfernt hat, die das konkrete Interesse des Lohnabhängigen außerhalb der »tibetanischen Lohnmühle« berühren.[101]

Auch von daher wird verständlich, warum die Debatte um die Mitbestimmung am Arbeitsplatz abgewürgt wurde.[102] Damit hat man sich der Notwendigkeit, aber auch der Chance beraubt, über alle die bisher angesprochenen Fragen zu debattieren, öffentlich endlich einmal zu diskutieren, was in den Betrieben eigentlich vorgeht. Die Frage »Wie können wir diese Entwicklung beeinflussen?« wird demgemäß – und nach alter Tradition – gar nicht erst gestellt. Man wird den Kopf in den Sand stekken und sich dann »realpolitisch« den Realitäten anpassen, die andere gesetzt haben. Dabei zerstört man mit dieser Politik systematisch die Basis gewerkschaftlicher Kraft, die ja nicht in einer organisatorischen Solidarität beruht, sondern in dem Wollen und Vermögen jedes einzelnen Lohnabhängigen, sein Interesse durchzusetzen. Kollektive Solidarität ist immer ein Bündel von Einzelinteressen, von Interessen und politischen Fähigkeiten einzelner Menschen. Die Ersetzung solcher Solidarität durch Appelle an die Organisationsgläubigkeit und für die Weisheit zentraler Gremien hat nicht nur in der Montan-Mitbestimmung zum Schiffbruch geführt, sondern auch in der Tarifpolitik und überall da, wo gewerkschaftliche Kraft gebraucht wurde und nicht das Sitzfleisch von Tarifexperten.

---

101 H. Mayr, Tarifpolitik bei technischem Fortschritt, in: G. Friedrich (Hg.), Automation – Risiko und Chance, Bd. II, Frankfurt 1965, S. 935 ff., bes. S. 941 ff. Erfreulich ist, daß sich das jetzt – endlich! – zu ändern scheint: Eine IGM-Betriebsräte-Kommission studierte in Göteborg das Volvo-Modell, siehe »Presse-Funk-Nachrichten« der IGM Nr. XXI/157 vom 17. 8. 1972.

102 Dazu ausführlich und dokumentarisch F. Vilmar, a. a. O., S. 60 ff.

3. *Was tun?*

Wir können hier nur inhaltliche Stichworte geben zu einer möglichen Gegenstrategie, die den antagonistischen Fortschritt kapitalistischer Politik nicht mit wortradikaler »Verzichtspolitik« das Feld überläßt, sondern ihm mit einer konsequenten Gegenkonzeption Punkt für Punkt entgegentritt. Ausgangspunkt müssen dabei genau jene Interessen und Bedürfnisse der Lohnabhängigen sein, auf die die Unternehmer abzielen. Dabei sollen diese Punkte verstanden werden als Handlungsanweisung für alle aktiven Gewerkschafter, nicht als Appell an die Gewerkschaftsverwaltungen.

a) Systematisches Verfolgen und Aufarbeiten aller Ergebnisse und Berichte über die Änderungen in der Produktion, in den Betrieben.

b) Aufbau eigener wissenschaftlicher Stäbe für Grundlagenforschung und Gegenentwürfe, vor allem »vor Ort«, also konkrete Einzelfallberatung für Betriebsräte usw.[103] Öffentliche Diskussion aller Ergebnisse, Formulierung einer gewerkschaftlichen Bildungspolitik, vor allem eine Hochschulpolitik, die die selbstverständliche Inanspruchnahme unserer Hochschulen durch die Kapitalisten durchkreuzt. Dazu gehört eine enge Verbindung zu linken Studenten und ein klares Entgegentreten allen Versuchen, Linke aus Hochschul- und Schuldienst zu entfernen, da sonst eine solche Politik nie möglich wäre. Dazu gehört andererseits aber auch, daß die Forderung »Marx an die Uni« sich an den hier aufgeworfenen Problemen ausweisen muß, indem sie in diesen Fragen produktiv wird; ansonsten ist und bleibt diese Forderung reine Marx-Scholastik.

c) Organisatorische Verankerung der Gewerkschaften (Vertrauensleuteorganisation) in den Betrieben, damit neue Funktion für die Betriebsräte und für die Tarifpolitik.

d) Gewerkschaftliche Betriebspolitik, die Belegschaftskooperation bewußt entwickelt, inhaltlich ausfüllt und durch Mitbestimmung am Arbeitsplatz institutionell absichert.

e) Tendenzielle Vereinheitlichung der Löhne nach oben.

f) Entwickeln von Kriterien für unzumutbare Arbeit, dabei wichtig: Entwickeln eines Anspruchs auf *berufliche* Arbeit und Auflösen des »technologischen Vorurteils«.

---

103 H. Kern, Mitbestimmung und technische Entwicklung, a. a. O., S. 224 f.

g) In Zusammenarbeit mit den Arbeitsämtern für Transparenz des Arbeitsmarktes sorgen.[104]
h) Kampf um arbeitswissenschaftliche u. ä. Stäbe in den Betrieben, die, vom Unternehmer bezahlt, dem Betriebsrat verantwortlich oder mitverantwortlich sind, auch arbeitsrechtlich.
i) Dasselbe gilt für die Organisierung aller betrieblichen Bildungsmaßnahmen.
k) Entwickeln einer innerverbandlichen Struktur adäquat zu den erkämpften Formen von Selbstbestimmung in der Produktion.

Es soll zum Abschluß noch einmal betont werden, daß ohne überbetriebliche Organisierung der Kampf um »Mitbestimmung *auch* am Arbeitsplatz« fruchtlos bleibt, daß ohne eine Politik, die auf die Umordnung der Gesamtgesellschaft zielt und sich auch entsprechend organisiert, die Ansätze von erkämpfter innerbetrieblicher Demokratie sich nicht halten können. Andererseits hat das Außer-Acht-Lassen der hier aufgezeigten Probleme abschreckend genug gezeigt, wohin das führt.

Mitbestimmung am Arbeitsplatz hat demnach eine begrenzte inhaltliche Funktion. Ihre wichtigste: Der systematischen Verunfähigung der Lohnabhängigen sich durch eine systematische Befähigung jedes einzelnen (!!!) Lohnabhängigen entgegenstellen. Das geht nur im praktischen Kampf. Mitbestimmung am Arbeitsplatz könnte eine »Schule des Proletariats« werden:

»Eine soziale Gruppe ... ist nicht dann zur Übernahme der gesellschaftlichen Führung reif, wenn sie diesen Anspruch stellt oder wenn sie mächtig genug ist, ... sondern erst dann, wenn sie in der Lage ist, eine besser funktionierende soziale Ordnung zu errichten.«[105]

---

104 Zu g) und h) vgl. S. Braun, unten S. 135 f.
105 T. Pirker, in: Mensch und Betrieb, Köln 1952, S. 54.

Siegfried Braun
Mitbestimmung als gesellschaftlicher Aufklärungsprozeß*

Die gewerkschaftliche Mitbestimmungskonzeption, wie sie in der Kohle- und Stahlindustrie verwirklicht ist und nun auf alle größeren und beherrschenden Unternehmen ausgedehnt werden soll, scheint mir die Stärken und Schwächen des hierzulande üblichen, durch die Rationalität einer bürokratisierten Gesellschaft gefilterten gesunden Menschenverstandes zu haben. Wie dieser ist sie stark im Anspruch, aber schwach in der Analyse der Wirklichkeit und dementsprechend kann man im Rahmen einer politisch-theoretischen Analyse das gewerkschaftliche Mitbestimmungskonzept als richtig im Prinzip, problematisch nach Form und Inhalt und falsch in der rechtlich-institutionellen Zielsetzung bezeichnen.[1] Eine solche Behauptung bedarf natürlich der Begründung. Sie soll zunächst in Form von Thesen vorgetragen und anschließend erläutert werden.

Die Argumentation

Für die Beurteilung der gewerkschaftlichen Mitbestimmungskonzeption ist grundlegend, welchen Begriff man von den Aufgaben der Gewerkschaften hat. Unabhängig von bestimmten politi-

---

* Bei diesem Aufsatz handelt es sich um eine stark gekürzte Fassung des Aufsatzes »Mitbestimmung als vitales Interesse der Arbeitnehmer und als demokratische Forderung«, veröffentlicht in: Werkhefte, 22 (1968), Nr. 6, 7, 8. Entstanden war der Aufsatz in dieser Fassung 1965.

1 Einzelne Elemente des Mitbestimmungskonzepts der deutschen Gewerkschaften sind schon früh insbesondere von Soziologen kritisiert worden, allerdings von wissenschaftlich fragwürdigen »Standpunkten« aus. Es sei erinnert an die These von der »doppelten Loyalität«, die H. Schelsky vorgebracht hat (in »Betriebs- und Industriesoziologie«, in Gehlen-Schelsky »Soziologie«, Düsseldorf-Köln, 1955, S. 188 f.); ferner an die These von der »Unternehmerrolle des Arbeitsdirektors«, die Th. Pirker entwickelt

schen Theorien lassen sich Gewerkschaften faktisch als Verbände von Menschen definieren, die aufgrund ihrer gesellschaftlichen Stellung als Arbeitnehmer Gewerkschaften beitreten, diese finanzieren und politisch tragen in der Erwartung, daß gewerkschaftliche Aktivität ihre Interessen im materiellen, insbesondere im wirtschaftlichen Bereich der Gesellschaft zur Geltung bringt und womöglich befriedigt. Als Repräsentanten dieser Erwartung richten Gewerkschaften daher ihre Aktivität stets auf die Anerkennung bestimmter Regeln und Rechte in der Arbeit, die Verbesserung der materiellen Arbeits- und Lebensbedingungen und auf »wirtschaftliche Mitbestimmung«, d. h. auf die Gewinnung derjenigen Macht, die es ihnen erlaubt, Bedingungen für den Ablauf des Wirtschaftsprozesses zu setzen und im Interesse ihrer Mitglieder (und der Arbeitnehmer überhaupt) die Gesamtheit der materiellen Voraussetzungen und Folgen der Arbeit unter eine politische Kontrolle zu bringen.

Wenn ein solches »Mitbestimmungsstreben« gewerkschaftlicher Aktivität immanent ist, so erhebt sich die Frage, wo es ansetzen, welchen gesellschaftlichen Zweck es verfolgen soll und welches politische Ziel anzustreben ist. Die Antwort darauf ist im Prinzip Sache der Selbstbestimmung der Arbeitnehmer, ausgedrückt durch die gewerkschaftliche Aktivität, und zwar im Rahmen und angesichts einer gegebenen gesellschaftlichen Situation einschließlich ihrer historischen, politisch-ökonomischen und demokratischen Aspekte. Unabhängig von den Ergebnissen solcher Selbstbestimmung müssen jedoch Ansatz, Zweck und Ziel gewerkschaftlichen Mitbestimmungsstrebens bestimmten Bedingungen gerecht werden, die sich a) aus den Existenzgrundlagen gewerkschaftlicher Aktivität, b) den sozialen Voraussetzungen und Fol-

---

hat (in »Arbeiter-Management-Mitbestimmung«, Düsseldorf, 1955, S. 415 ff.); weiter an die Problematik der Mitbestimmung im Rahmen einer Klassentheorie und einer Philosophie des sozialen Konflikts, auf die R. Dahrendorf hingewiesen hat (in »Soziale Klassen und Klassenkonflikt in der industriellen Gesellschaft«, Stuttgart, 1957, S. 230 ff. sowie neuerdings in »Gesellschaft und Demokratie in Deutschland«, München, 1965); schließlich haben insbesondere H. Popitz und H. P. Bahrdt auf die »Entfremdungserscheinungen« der Mitbestimmung aufmerksam gemacht (in: Das Gesellschaftsbild des Arbeiters, Tübingen, 1957). Dahrendorfs Analyse des Mitbestimmungsproblems in: Das Mitbestimmungsproblem in der deutschen Sozialforschung ist allerdings methodisch und sachlich »utopisch«, d. h. geht an die Forschungsarbeiten über die Institution Mitbestimmung von einem Standpunkt und mit Maßstäben heran, die erst vom Autor eingeführt und nicht einmal hinreichend expliziert werden.

gen der Industriearbeit, c) den politischen Traditionen eines Landes ergeben.

Die Bedingungen und daher auch die Ziele jeder gewerkschaftlichen Mitbestimmungspolitik müssen stets in einem Prozeß der Auseinandersetzung und Diskussion im Hinblick auf die jeweilige aktuelle Situation definiert werden. Es läßt sich jedoch objektiv *ein* Zielbereich jeder Mitbestimmungspolitik angeben, den man als »Kontrolle des Arbeitsplatzes und der Arbeitsverhältnisse« beschreiben kann. Arbeitsplatz und Arbeitsverhältnisse sind a) zentrale wirtschaftliche, soziale und politische Größen, b) das Interessenzentrum des Arbeitnehmers, von dessen Gestaltung Beruf, Privatleben und politische Selbstbestimmung abhängen, c) der eigentliche soziale Autoritätsbereich einer jeden, politisch wie auch immer orientierten Betriebsleitung, dessen gewerkschaftliche Kontrolle als Voraussetzung für das Funktionieren gesellschaftlicher Selbstbestimmung, marktwirtschaftlicher Spielregeln und politischer Freiheit bezeichnet werden kann.

Die gegenwärtige gewerkschaftliche Mitbestimmungskonzeption ist jedoch weder geeignet, eine derartige Kontrolle der Arbeitsverhältnisse, noch die offiziellen Ziele der Gewerkschaften wie Demokratisierung der Wirtschaft, Kontrolle wirtschaftlicher Macht und Abwehr autoritärer oder faschistischer Bewegungen zu verwirklichen. Die Gründe dafür liegen darin, daß das Mitbestimmungskonzept a) ökonomistisch ist, d. h. sich an einem wirtschaftlichen Rechtsdenken statt an einem rationalen Funktionsdenken orientiert, b) moralistisch ist, d. h. von einem sozialen Unrechtsbewußtsein, statt von einem politischen Zielbewußtsein bestimmt wird, c) bürokratisch ist, d. h. von einem herrschaftlichen Instanzendenken, nicht aber von einem realistischen Machtdenken geleitet ist.

Angesichts dieser Situation sowie angesichts der vorherrschenden gesellschaftlichen Entwicklungstendenzen, denen gerade die Arbeitnehmer sich nicht entziehen können, wäre es daher richtig und sollte es simpler Selbsterhaltungstrieb den Gewerkschaften nahelegen, statt einer sachlich problematischen und methodisch falschen »großen« Mitbestimmung jene umfassende »Kontrolle der Arbeitsverhältnisse« zum Ziel ihres Mitbestimmungsstrebens zu machen; außerdem das dazu nötige kritische Arbeitsplatzbewußtsein ihrer Mitglieder auszubilden und eine ebenso systematische wie elastische Politik zur Erreichung dieses Zieles zu betreiben.

Gewerkschaftliche Aktivität und das »Streben nach Mitbestimmung«

Meine hier vorgetragene Argumentation geht zunächst bewußt von einem Begriff gewerkschaftlicher Aktivität aus, der weder eine bestimmte politische Theorie noch eine bestimmte politische Praxis voraussetzt, sondern sich auf die Realität bezieht. Sie geht also von der Tatsache aus, daß es gewerkschaftliche Aktivität gibt und daß diese Aktivität sich dadurch ergibt, daß eine hinreichende Zahl von Leuten sie als zweckmäßig im Hinblick auf ihre Ziele oder als wertvoll im Hinblick auf ihre Auffassungen betrachten, daher finanzielle Beiträge dafür leisten und sie durch ihre gewerkschaftlich-politische Orientierung und Handlungsbereitschaft am Leben erhalten. Man kann also davon ausgehen, daß sich gewerkschaftliche Aktivität aus der gesellschaftlichen Selbstbestimmung der Mitglieder ergibt, was schon daran zu erkennen ist, daß diese sich gewerkschaftliche Aktivität finanziell und sozial etwas kosten lassen, dafür den Widerstand ihrer Vorgesetzten in Kauf nehmen und die sozialen Sanktionen der bürgerlichen Gesellschaft in der Form von guten Ratschlägen ebenso hinnehmen wie etwa die intellektuelle Verachtung des »Spiegel« für gewerkschaftliche Aktivität überhaupt.

Die gesellschaftliche Selbstbestimmung der Gewerkschaftsmitglieder gründet also offenbar in der Tatsache, daß sie Arbeitnehmer sind. Als Arbeitnehmer aber bezeichnet man in unserer Gesellschaft die überwiegende Mehrheit der Menschen, insofern sie als Arbeitende einem besonderen rechtlichen und wirtschaftlichen Statut unterworfen sind, das die Grundlage sowohl für die Herrschaft derer, die man als Arbeitgeber, als auch für die Abhängigkeit derer, die man als Arbeitnehmer bezeichnet, ist. Daraus ergibt sich eine bestimmte gesellschaftliche Stellung des Arbeitnehmers. Sie läßt sich in den Grundzügen folgendermaßen bestimmen:

a) Der Arbeitnehmer verfügt nicht über eigene Arbeitsmittel, sondern nur über eine (in bestimmter Weise ausgebildete) Arbeitskraft. Er muß daher einen Arbeitsplatz haben und ist in seiner sozialen und beruflichen Existenz von dem quantitativen und qualitativen Arbeitsplatzangebot und Arbeitskraftbedarf der Arbeitgeber abhängig, die beides durch die technische Entwicklung steuern können.

b) Der Arbeitnehmer muß seine Arbeitskraft wirtschaftlich verwerten, also arbeiten, um ein Einkommen zu erzielen, von dem er leben kann. Er befindet sich also im Hinblick auf Arbeitsplatz und Lohn in einer Marktsituation und ist in seiner wirtschaftlichen Existenz von der jeweiligen Marktlage abhängig, die wiederum von den Marktansprüchen und Verwertungsbedürfnissen der Arbeitgeber abhängt.

c) Der Arbeitnehmer muß sich in der Gesamtheit seiner Arbeitsbeziehungen der Autorität des Arbeitgebers unterwerfen, also sich an die Anweisungen, Belohnungen und das allgemeine Verhalten von Vorgesetzten halten. Er findet ein politisch-ökonomisches Über- und Unterordnungsverhältnis vor und unterliegt in seiner gesellschaftlichen Existenz dem Einfluß eines umfassenden Autoritätssystems, das systematisch von der Aktivität, dem Wissen und den Autoritätsvorstellungen der Arbeitgeber beherrscht ist.

Diese Bestimmungen sind im Grunde Gemeinplätze, die durch Wissenschaft, Gesetzgebung und Alltagserfahrung hinreichend gesichert sind und an dieser Stelle daher nicht weiter erläutert zu werden brauchen. Es war jedoch nötig, sie möglichst genau und allgemein zu definieren, damit sichtbar werden konnte, daß auch in der Gegenwart diese Grundsituation des Arbeitnehmers ihre volle Gültigkeit hat überall da, wo es Industrienationen gibt. Die Gegenwart zeigt die Elemente dieser Situation in einer der wirtschaftlichen Aktualität, dem Entwicklungsstand und der jeweiligen politischen Konstellation entsprechenden Weise, also auch mit den Einschränkungen, die gewerkschaftliche Aktivität mittelbar oder unmittelbar erreicht hat. Nirgendwo aber hat sich diese Grundsituation des Arbeitnehmers wesentlich geändert.

Da die Arbeitnehmer Menschen sind, die ihre soziale Situation erkennen und dementsprechend Position beziehen können und dies tun im Rahmen der jeweils leitenden gesellschaftlichen Einrichtungen, entwickeln sie aus ihrer Situationserkenntnis den gesellschaftlichen Einrichtungen gemäße und an der eigenen gesellschaftlichen Selbsterhaltung orientierte Verhaltensweisen. Da nun das industrielle Arbeitssystem, die Marktwirtschaft und die Demokratie als leitende Institutionen der aktuellen Gesellschaft anzusehen sind und diese davon ausgehen, ja geradezu voraussetzen, daß jedermann sich zu seiner sozialen Situation rational verhält, d. h. den eigenen Nutzen mit den zweckmäßigen Mitteln anstrebt, und zwar im Rahmen allgemeiner Gesetze und mit dem Ziel der Optimierung der eigenen Situation, bilden sich

sogenannte Interessen aus. Rationales Verhalten beruht im aktuellen gesellschaftlichen Zusammenhang immer auf Interessen.
Geht man von der angegebenen Grundsituation der Arbeitnehmer aus, so kann man von ihren Interessen, ohne daß dies ihrer Selbstbestimmung Abbruch tut, sagen, daß sie offenbar die Gesamtheit der Beziehungen zwischen Arbeitnehmer und Arbeitgeber zur Grundlage, ihr Zentrum also in den Arbeitsverhältnissen haben, daß sie also auf deren politisch-ökonomische Kontrolle im Dienste der Optimierung der eigenen, individuellen und kollektiven Arbeitnehmersituation ausgerichtet sind. Darin besteht ihr gesellschaftliches, politisch-ökonomisches und demokratisches Wesen.
Die Interessen der Arbeitnehmer richten sich ganz allgemein auf einen qualifizierten Arbeitsplatz und soziale Anerkennung in der Arbeit, auf den Marktpreis der Arbeit und sozial angemessenes Einkommen, auf geregelte Autorität und eigene soziale Macht. Sie sind also weder willkürlich noch eine Erfindung der Gewerkschaften, noch sind sie moralisch fragwürdig, da sie aus den sozialen Einrichtungen und der Verteilung der sozialen Lagen in der industriellen Arbeitsgesellschaft hervorgehen.
Die Repräsentanten dieser Interessen gegenüber den Arbeitgebern und der Öffentlichkeit sind nun die Gewerkschaften aufgrund der durch sie organisierten gewerkschaftlichen Aktivität der Arbeitnehmer. Das Streben nach Mitbestimmung als Ausdruck eines Universums von Kontrollinteressen der Arbeitnehmer ist also eine politische Folge gewerkschaftlicher Aktivität, gleichgültig ob man diese Politik mit Mitbestimmung bezeichnet oder nicht. Es ist einfach der Ausdruck des Strebens der Arbeitnehmer und ihrer gewerkschaftlichen Repräsentanten nach derjenigen sozialen Macht, die es ihnen angesichts der Machtüberlegenheit der Arbeitgeber erlaubt, überall dann und dort mit Autorität aufzutreten, wo Arbeitnehmerinteressen Regelung, Veränderung oder Einspruch verlangen. Stets aber handelt es sich um die gesellschaftliche Selbstbestimmung der Arbeitnehmer durch optimale gewerkschaftliche Mitbestimmung des Arbeitsprozesses, insofern er ein wirtschaftlicher und gesellschaftlicher Prozeß zugleich ist.

Das gewerkschaftliche Mitbestimmungsstreben, als eine notwendige Folge gewerkschaftlicher Aktivität, muß offensichtlich ebenso wie seine Grundlage, die allgemeinen Interessen der Arbeitnehmer, in jeder gegebenen Situation erst in eine praktische Zielsetzung übertragen werden. Dabei kommt es darauf an, die gewerkschaftlichen Mittel und Möglichkeiten mit den Anforderungen der gesellschaftlichen Situation in diejenige Übereinstimmung zu bringen, die mit den Notwendigkeiten der gesellschaftlichen Selbstbestimmung der Arbeitnehmer als dem obersten Maßstab aller gewerkschaftlichen Handlungen übereinstimmt. Die Ziele gewerkschaftlicher Mitbestimmungspolitik sind daher weder beliebig noch willkürlich, sondern, unter der Voraussetzung, daß es rational zugeht, das Produkt aus einem in jeder neuen Situation neu zu bewältigenden Prozeß der Situationsanalyse, der Diskussion ihrer Ergebnisse und der anschließenden politischen Entscheidung von Gewerkschaftsführung, Mitgliedern und Arbeitnehmerschaft. Sie unterliegen also prinzipiell der Selbstbestimmung der Arbeitnehmer.

Um mit der Charakteristik gewerkschaftlichen Mitbestimmungsstrebens als einer politischen Aktion zu beginnen, so ist offenbar, daß eine solche Aktion ihre faktische Grundlage hat in den Interessen der Arbeitnehmer und materiell identisch sein muß mit der Gesamtheit der Beziehungen zwischen Arbeitnehmer und Arbeitgeber. Sie muß also zumindest die zentralen Interessen der Arbeitnehmer berühren und repräsentieren und möglichst auf die Selbstbestimmung der Grundlagen des Verhältnisses von Arbeitnehmer und Arbeitgeber durch die Arbeitnehmer gerichtet sein. Diese Grundlagen aber bestehen, was man schon bei Marx lernen konnte, darin, daß Industrieproduktion (und Konsum) gesellschaftliche Produktion ist, d. h. auf technisch bedingter, arbeitsteiliger und hochspezialisierter Kooperation beruht, daher den »Arbeitsplatz« als soziale Einrichtung hervorbringt, den der Arbeitnehmer braucht und über den der Arbeitgeber verfügt. Dadurch ergibt sich ein Interessengegensatz, der jeder industriellen Produktion immanent ist, durch die kapitalistischen Marktverhältnisse verstärkt und durch die Eigentumsrechte institutionell und politisch garantiert wird: nämlich der faktische und materielle Interessengegensatz zwischen dem, der diesen »Arbeitsplatz« unter technisch-ökonomischen Leistungskriterien be-

trachtet und dem, der ihn unter beruflich-sozialen Bedürfnissen betrachtet, wie es Arbeitgeber und Arbeitnehmer tun. Nur die Herrschaftsverhältnisse und ihr ideologisches Produkt, das technokratische Vorurteil, verschleiern diese erste Grundlage des Interessengegensatzes von Arbeitnehmer und Arbeitgeber.
Eine gewerkschaftliche Mitbestimmungspolitik ist daher nur möglich, wenn sie den »Arbeitsplatz« zum Ausgangspunkt, den bei jeder Industrieproduktion unvermeidlichen individuellen und kollektiven Interessengegensatz zwischen Arbeitnehmer und Arbeitgeber zum Richtpunkt und die verantwortliche Opposition gegen die Herrschaft der Produktion über die Menschen zum Angelpunkt macht.
Ansatz am »Arbeitsplatz«, Verlebendigung des universalen Interessengegensatzes von Arbeitnehmer und Arbeitgeber und politische Opposition gegen jede einseitige Herrschaft über die Gesamtheit der Arbeitsverhältnisse, das sind die Grundlagen einer rationalen und richtigen Mitbestimmungspolitik, insofern sie als politische Aktion unter gewerkschaftlichen Bedingungen betrachtet wird.
Eine andere Reihe von Regeln ergibt sich aus der Charakteristik der gegenwärtigen Gesellschaft als einer »arbeitenden Gesellschaft«, insofern sie sich also auf dem Grund bestimmter Arbeitsverhältnisse aufbaut. Die Arbeitsverhältnisse in unserer Gesellschaft sind generell gekennzeichnet durch einen spezialisierten Arbeitsvollzug des Einzelnen, durch den Gegensatz von leitender und ausführender Arbeit und durch die Herrschaft des Kapitals und seiner Interessen über den Vollzug und die Organisation der Arbeit, die sich in der allgemeinen Erwerbsgesinnung ideologisch niederschlägt. Sie erzwingen daher ein individualistisches Verhältnis des Arbeitnehmers zu seiner Arbeit, eine Orientierung am Vorgesetzten, der die Arbeit leitet, und ein ökonomisch bestimmtes Arbeitsbewußtsein. Eine gewerkschaftliche Mitbestimmungspolitik hat daher nur dann einen Sinn, wenn sie an diese Sachverhalte anknüpft, die zugleich Arbeitserfordernisse des Arbeitnehmers sind, sie jedoch der Kritik im Interesse der Arbeits- und Lebensbedürfnisse der Arbeitnehmer zugänglich macht und sie mit den tendenziellen Arbeitsanforderungen, die die kapitalistische Organisation der Arbeit hervorbringt, konfrontiert mit der Absicht, eine einseitige kapitalistische Beherrschung der Arbeits- und Lebensbedürfnisse der Arbeitnehmer zurückzuweisen.

Ein richtiges Mitbestimmungskonzept muß also die individualistischen, d. h. in ihrer speziellen Arbeit liegenden, soziale Anerkennung und rationale Einsicht verlangenden, durch Informations- und Kommunikationsmöglichkeiten des Arbeitnehmers bestimmten Voraussetzungen der Industriearbeit fördern, die Beziehungen zwischen Vorgesetzten und Arbeitnehmern unter dem Gesichtspunkt der fachlichen Funktion versachlichen und die rationale Opposition der Arbeitnehmer gegen die Automatik des kapitalistischen Systems, deren Objekt, wie schon Marx sah und sagte, Arbeitgeber und Arbeitnehmer gleichermaßen sind, mit dem Ziel der Etablierung einer realen Wirtschaftsdemokratie organisieren. Eine Mitbestimmungspolitik, die sich nicht diese Ziele setzt, widerspricht sowohl den industriellen Arbeitserfordernissen wie den allgemeinen Interessen der Arbeitnehmer als auch dem demokratischen Anspruch unserer Gesellschaftsordnung.

Schließlich ergeben sich eine Reihe von Regeln aus der Charakteristik des politischen Zustands, innerhalb dessen die gewerkschaftliche Aktion und daher auch jede Mitbestimmungspolitik vor sich geht. Dieser politische Zustand ist gesellschaftlich repräsentiert durch ein Normengefüge, das die politischen Verhältnisse in einer gegebenen Nation beherrscht und in Konformität oder Opposition auch das Verhalten der Arbeitnehmer bestimmt. Die gewerkschaftliche Mitbestimmungspolitik kann dieses Normengefüge daher weder ignorieren noch durch eine intellektuell-revolutionäre Kritik, die von den Arbeitnehmern infolge ihrer Abhängigkeit von den Herrschaftsverhältnissen nicht rational aufgenommen werden kann, beseitigen noch dieses Normengefüge, das geschichtliches Produkt ist, in seiner harten und weitverzweigten Wirksamkeit unmittelbar verändern.

Dieses nationale Normengefüge ist nun in den Gewerkschaften vor allem in seiner oppositionellen Form, wie es durch die Arbeiterbewegung geschaffen und tradiert wird, wirksam. Als seine entscheidenden Bestandteile kann man die auch in der deutschen Arbeiterbewegung verbreitete, nur dort anders als bei den Bürgerlichen formulierte, Autoritätshörigkeit ansehen, ferner den Glauben an die Wirtschaft als geschlossenes, menschlichem Eingriff nicht zugängliches »System«, das daher auch nur »geschlossen«, d. h. total und revolutionär verändert werden kann, sowie die »Machtanbetung« und den Glauben an die Staatsallmacht, die in Deutschland, nach hegelschem Vorbild, leicht mit dem

lieben Gott verwechselt wird, der man daher ganz das Denken überläßt, solange sie, wie der »Führer«, die »laufenden Geschäfte« nicht stört. Diesen Komplex von Irrglauben und germanischen Erbübeln kann eine realistische Mitbestimmungspolitik nicht übersehen und hinnehmen.
Eine richtige politische Zielsetzung gewerkschaftlicher Mitbestimmung muß daher an das nationale Normengefüge, wie es in der Arbeiterbewegung tradiert ist, anknüpfen, die gegebenen Ansatzpunkte einer realen Demokratie entwickeln und die »deutsche (Staats-)Ideologie« in ihren Voraussetzungen und Folgen einschließlich ihrer sozialdemokratischen Version entschieden bekämpfen durch die Begründung einer berufsständischen politischen Moral, die den Arbeitnehmer befähigt, von Arbeit und Beruf aus das Universum der Gesellschaft zu sehen, zu kritisieren und in seinem gesellschaftlichen Handeln verantwortlich mitzubestimmen; ferner durch die Begründung eines realistischen Marktdenkens, das den Arbeitnehmer befähigt, sowohl sein wirtschaftliches Schicksal selbst zu bestimmen als auch der Automatik des kapitalistischen »Systems« entgegenzutreten; schließlich durch die Begründung einer rationalen Staats- und Gesellschaftsauffassung in der Arbeitnehmerschaft, die vor allem die Erkenntnis fördert, daß »der Staat« zwar eine notwendige Einrichtung ist für den äußeren Schutz und die innere Ordnung einer komplexen Gesellschaft, aber beherrscht sein muß durch verantwortliche demokratische Selbstbestimmung der Staatsbürger und daher nur das Mittel zur Verwirklichung einer demokratischen Gesellschaftsordnung durch allgemeine Gesetze, politisch-ökonomische Programme und optimale Befriedigung der legitimen Interessen aller darstellt.

Zur Kritik des gegenwärtigen Mitbestimmungskonzepts

Geht man von diesen gewerkschaftlichen, gesellschaftlichen und politischen Kriterien einer richtigen Mitbestimmungspolitik aus und betrachtet sie als Maßstab für die Anleitung der Praxis, so ergibt sich zunächst allgemein, daß das gegenwärtige Mitbestimmungskonzept als Ausdruck des Strebens nach politisch-ökonomischer Macht im Prinzip richtig ist. Es richtet sich auf ein politisches Ziel, das gewerkschaftlicher Aktivität grundsätzlich innewohnt, ohne das solche Aktivität keine politische Autonomie hätte, deren Legitimation auch im Grundsatz von niemand bestritten wird, ja im Gegenteil von gewiß nicht nachlässigen moralischen Autoritäten wie der katholischen Soziallehre ausdrücklich und grundsätzlich gutgeheißen wird. Die deutsche Gewerkschaftsbewegung folgt hier einem richtigen, aber dunklen Trieb und findet sich nicht mit der traditionellen, eleganten oder brutalen politischen Entmachtung gewerkschaftlicher Aktivität ab, wie es keineswegs nur in der Sowjetunion, sondern auch in den meisten westlichen Industrieländern der Fall ist, wo die Gewerkschaften längst aufgehört haben, die Arbeits- und Lebensinteressen des Arbeitnehmers mit den politisch-ökonomischen Funktionsbedingungen des kapitalistischen, sei es bürokratisch geplanten oder technokratisch beherrschten »Systems« zu konfrontieren.

Betrachtet man jedoch Form und Inhalt des Mitbestimmungskonzepts, so melden sich sowohl sachliche als methodische Zweifel an. Es ist nämlich sachlich auf eine »totale«, d. h. die wirtschaftlichen Gegebenheiten unkritisch voraussetzende und daher unter rationalen Voraussetzungen zur politischen Identifikation mit der Totalität dieser Gegebenheiten gezwungene, Mitbestimmung gerichtet, die ein autonomes politisches Verhalten gar nicht mehr zuläßt. Und es ist methodisch auf eine Mitbestimmung in der Unternehmensorganisation, nicht im Betrieb, spezialisiert, erstrebt daher eine »rein wirtschaftliche« Mitbestimmung durch Teilhabe und Kontrolle dessen, was man wirtschaftliche Macht nennt, und setzt sich das Ziel, entscheidenden Einfluß in den obersten, bürokratischen Leistungsinstitutionen der Wirtschaft (Aufsichtsrat, Vorstand der Großunternehmen) zu haben.

Das Mitbestimmungskonzept, indem es auf die »große« Mitbestimmung in der Unternehmensspitze aus ist, die kleine, reale Mitbestimmung im Betrieb aber dem Betriebsrat überläßt und von der üblichen gewerkschaftlichen Praxis, Tarifverträge zu schließen, berufliche und soziale Beratung aller Art zu leisten, Arbeitsgerichtsprozesse zu führen usw., absieht, gefährdet prinzipiell die Einheit, den Zusammenhang und die Stoßkraft der gewerkschaftlichen Aktivität. Diese These bedarf für einen rationalen Gewerkschafter eigentlich keines Beweises, ich möchte doch darauf hinweisen, daß ein Arbeiter, der ja auch Interessen zu vertreten hat, sich im Rahmen dieser »Verfassung« wie im Karussell vorkommen muß, wendet er sich an seinen Betriebsrat, so findet er einen Aufsichtsrat, der ihm die Zwangsläufigkeiten kapitalistischer Wirtschaft weismacht; wendet er sich an den Arbeitsdirektor, so findet er ein Vorstandsmitglied; wendet er sich an den Aufsichtsrat, wozu er praktisch natürlich keine Chance hat, weil hier die Türen nach dem Einzug der Gewerkschafter genauso geschlossen sind wie vorher, so findet er, je nach dem, seinen Betriebsrat oder seinen Gewerkschaftsfunktionär, den er bezahlt, oder er findet einen Professor, dem er erst klar machen muß, daß Gewerkschaften ausschließlich und alleine ein Interessenverband der Arbeitnehmer sind und nicht ein verlängerter Arm der beamteten Staatsbürokratie. Wenn ein solcher Arbeiter nicht irre wird, so gehört das auch zu den »politischen Wundern« der »deutschen Ideologie«. Das Mitbestimmungskonzept, als sachlich-methodisches Programm einer politischen Aktion betrachtet, stellt also, mit Kant zu reden, ein »ganzes Nest von Widersprüchen« dar.

Das Mitbestimmungskonzept definiert sein Verhältnis zur gesellschaftlichen Selbstbestimmung der Arbeitnehmer aber auch dadurch, daß es eine ausschnitthafte »wirtschaftliche« Mitbestimmung anstrebt und in Gang bringt. Hier muß aber auf das prinzipielle Problem hingewiesen werden, daß die allgemeinen Interessen der Arbeitnehmer keineswegs bloß wirtschaftlichen Charakters sind, wie es eine verbreitete Ideologie will, die durch die empirische Sozialforschung bis zum Überdruß widerlegt worden ist; daß ferner die Interessen der Arbeitnehmer keineswegs durch die Funktionsbedürfnisse des kapitalistischen Wirtschaftssystems begründet oder orientiert oder bestimmt sind, sondern durch ihre soziale Existenz, ihren Ursprung also außerhalb und in Opposition zum »System« haben; schließlich darauf, daß die Arbeitnehmer durchaus nicht die pöbelhafte Vorstellung teilen, daß es darauf ankommt, durch Mitbestimmung den Arbeitgebern »Geld« abzuluchsen, sondern die Arbeits-, Autoritäts- und Herrschaftsverhältnisse mit den Bedürfnissen der Arbeitnehmer in Übereinstimmung zu bringen. Auf eine solche ökonomistische Interpretation der Mitbestimmung sind sie nur durch die suggestive Fragestellung der Meinungsforscher und das dahinter stehende herrschende Rationalitätsideal hereingefallen, wonach sich ein rechter Mann dadurch erweist, daß er alles in Heller und Pfennig ausrechnet und Ideale verachtet.

Schließlich hat das Mitbestimmungskonzept aber noch eine besonders finstere Problematik, die darauf beruht, daß es sich ausgerechnet auf die bürokratischen Leitungsinstitutionen des Unternehmens richtet und damit die irrationale, weil für den Arbeitnehmer völlig undurchschaubare Wirkung der Bürokratie, die Notwendigkeit der ideologischen Vermittlung ihrer Herrschaftsfunktion für die Bürokraten, schließlich die Objektivierung, Vermittlung und Verschleierung von Interessengegensätzen und Herrschaftsverhältnissen, die die professionelle Aufgabe der Bürokratie ist, mit übernimmt, verstärkt und den gewerkschaftlichen Segen dazu gibt. Man kann also insgesamt sagen, daß das gewerkschaftliche Mitbestimmungskonzept formal und inhaltlich, methodisch und sachlich von einer weitreichenden und fundamentalen Problematik infiziert ist. Sie macht einen wesentlichen Teil gewerkschaftlicher Aktivität zu einer Agentur der Wirtschaftsbürokratie, sie faßt den Betriebsrat als letzten Gewerkschafter im Betrieb, und sie zwingt alle Beteiligten, einschließlich der Arbeitnehmer, zu einer politisch-moralischen Seiltänzerei.

Die falsche rechtlich-institutionelle Zielsetzung

Die Problematik von Form und Inhalt des Mitbestimmungskonzepts kann daher nicht als unvermeidliches Beiprodukt menschlicher, politischer Handlungen toleriert werden, sondern wirft die Frage auf, ob sie nicht die systematische Folge einer falschen institutionellen Zielsetzung ist, d. h. ob nicht die strategische Definition der Mitbestimmungsziele, einschließlich der daraus abgeleiteten praktischen Zwecke und der dazugehörigen institutionellen Mittel, für den Widerspruch zwischen politischer Absicht und tatsächlicher Auswirkung verantwortlich zu machen ist. Um hier zu einem Urteil zu gelangen, ist es notwendig, die offiziellen politischen Ziele der Mitbestimmung wie: Demokratisierung der Wirtschaft, Kontrolle wirtschaftlicher Macht und Abwehr antidemokratischer, autoritärer oder faschistischer Bewegungen in praktische, operative Kontrollnormen umzusetzen und diese dann mit den rechtlich-institutionellen Grundtatsachen der Mitbestimmung und ihren praktischen Folgen zu konfrontieren, um im Hinblick auf die Wirklichkeit entscheiden zu können, was richtig und falsch, real und irreal, rational und irrational ist. Geht man die Reihe dieser Kontrollnormen durch, so ergibt sich folgendes:

1. Ein sinnvoller Begriff von der »Demokratisierung der Wirt-

schaft« als einem der Hauptziele der Mitbestimmung verlangt zumindest als operative Kontrollnormen, daß da, wo »demokratisiert« wird, a) möglichst viel Macht, d. h. Selbstbestimmungsrechte dem »Volke«, in der Wirtschaft also den Arbeitnehmern zugesprochen werden; b) die politischen Handlungsalternativen und die Interessenbestimmungen der beteiligten Gruppen wie auch die Gesamtinteressen in offener Diskussion und durch objektive Konfrontation ausgetragen werden; c) alle ungleichen Rechts- und Machtverhältnisse, auf denen die Herrschaft von Menschen über Menschen beruht, zumindest bekämpft, womöglich abgeschafft werden. Mit anderen Worten: wo sinnvoll von Demokratie gesprochen werden soll, delegiert sich die Macht von unten nach oben, nicht umgekehrt.

Konfrontiert man diese »negativen« Kriterien der Demokratie mit den rechtlichen Definitionen des Mitbestimmungskonzepts, so ist es offensichtlich, daß die unmittelbaren Selbstbestimmungsrechte der Arbeitnehmer durch sie nicht verändert werden, sondern die Macht dort bleibt, wo sie immer schon war, in den Leitungsinstitutionen des Unternehmens (Vorstand, Aufsichtsrat), nur daß der Machtvollzug zwar der Diskussion durch Gewerkschaftsvertreter unterliegt, aber keineswegs ihrer Kontrolle.

Das Mitbestimmungskonzept setzt aber weiterhin weder eine offene Diskussion der Interessen und Meinungen der Arbeitnehmer voraus, noch verlangt es sie. Die Gewerkschaftsvertreter werden entweder aufgrund von persönlichen Beziehungen oder allgemeinen Aussagen, nicht aber aufgrund von Programmen oder auch nur kontrollierbaren Vorhaben, und noch dazu entweder vom Aufsichtsrat (Arbeitsdirektor) oder von einer Versammlung der Betriebsräte (Aufsichtsrat) gewählt (zwar unter gewerkschaftlicher Kontrolle, die aber notwendig sehr allgemein und in der Regel »moralisch« ausfällt). Der demokratische Prozeß im Rahmen der Mitbestimmung geht also nicht unmittelbar von den betroffenen Arbeitnehmern aus, sondern läuft über die Gewerkschaften, und zwar in einer höchst vermittelten und unkontrollierbaren Weise und hat daher alle Merkmale einer autoritären Demokratie.

Schließlich bekämpft das Mitbestimmungskonzept keineswegs ungleiche Machtverhältnisse, sondern erkennt sie durch die Etablierung vorgegebener Mehrheitsverhältnisse an, beschränkt die Mitbestimmung auf die Institutionen, die gerade der ungleichen Macht der Arbeitgeber zugrundeliegen, in denen die gesamten Voraussetzungen und Folgen der Herrschaft des Kapitals über die Arbeit zum Ausdruck kommen und zur Diskussion stehen, aber gar nicht diskutiert werden können, weil sie Ergebnis eines »Systems« von Bedingungen sind, das auch die Daten für die technisch-ökonomischen Entscheidungen des einzelnen Unternehmens setzt, die daher durch das »System«, unter der Voraussetzung, daß es rational zugeht, determiniert sind und bestenfalls Platz für soziale Fürsorge lassen. Bessere soziale Fürsorge ist daher auch der eigentliche Effekt der Mitbestimmung, aber nicht die Beseitigung der einseitigen Herrschaft des Kapitals über die Arbeit. Die Herrschaft des Kapitals über die Arbeit und die dadurch systematisch vermittelte Herrschaft einiger weniger über das wirtschaftliche Schicksal und die materiellen Lebensbedingungen von Millionen können also durch eine solche Mitbestimmung gar nicht verändert werden.

Aber nicht nur diese rechtlich-institutionellen Fixierungen stehen im Widerspruch zur Realität, wenn man sie von einigen nur negativen demokratischen Kontrollnormen aus betrachtet, wobei dann als einzige Legitimation die als selbstverständlich vorausgesetzte demokratische Legitimation der Gewerkschaften übrigbleibt, sondern auch die praktischen Folgen sind dementsprechend. Ein ebenso empörendes wie trauriges Musterbeispiel dafür bietet die Mitbestimmung im Bergbau. Gewiß, die Bergarbeiter haben unter Gutermuth die Nationalisierung der Kohle gefordert, später eine Energiepolitik der Regierung. Aber man hatte weder den Eindruck, daß diese Forderungen politisch ernst gemeint waren, noch daß sie von den anderen Gewerkschaften voll unterstützt wurden, noch daß ihnen ein realistisches Konzept zur Bewältigung der Situation im Interesse der Arbeitnehmer zugrundelag. So kommt es, daß die Gewerkschaften die Chance, durch eine gemeinsame machtvolle Intervention, eine langfristige Planung der Energiepolitik zu erzwingen, haben vorübergehen lassen.

Das Mitbestimmungskonzept muß also wohl im Hinblick auf das Demokratisierungsziel als falsch, irrational und irreal bezeichnet werden, weil es ökonomisch ist, d. h. die politischen Voraussetzungen und Folgen wirtschaftlicher Tatsachen ignoriert.

2. Aber auch eine kritische Erörterung des zweiten Ziels der Mitbestimmung, nämlich der Kontrolle wirtschaftlicher Macht, bringt keine besseren Ergebnisse. Will man den Ausdruck »wirt-

schaftliche Macht« nicht überhaupt als Schlagwort abtun, so muß man operative Kontrollnormen für »wirtschaftliche Macht« festlegen und von da aus zumindest negative Bedingungen für die Kontrolle solcher »Macht« entwickeln. Man kann daher sagen, die »Kontrolle wirtschaftlicher Macht« setzt voraus: a) Zugang zu der Gesamtheit von Daten und Informationen, die jeweils die Grundlage wirtschaftlicher Entscheidungen abgeben; b) Einsicht in die Alternativmöglichkeiten wirtschaftlicher Entscheidungen; c) die Macht, gegen unannehmbare Entscheidungen ein Veto einzulegen.

Es ist offensichtlich, daß das Mitbestimmungskonzept schon infolge der Mehrheitsverhältnisse und des dadurch nicht möglichen aufschiebenden Einspruchs (Veto) diese Bedingungen nicht erfüllt. Aber auch die Daten und Informationen, die wirtschaftlichen Entscheidungen zugrundeliegen, sind prinzipiell komplex, beruhen auf einer systematischen Auswahl durch den bürokratischen Leitungsapparat des Unternehmens und ergeben sich nicht nur aus technisch-ökonomischen internen Zusammenhängen, sondern aus dem gesamten Aktionsbereich eines Unternehmens, der bei Weltunternehmen wie VW oder Siemens die Berücksichtigung von wissenschaftlichen, politischen und sogar kulturellen Entwicklungen umfaßt, die alle ihre technisch-ökonomischen Auswirkungen haben, so daß ein rationaler Zugang zu diesen Grundlagen wirtschaftlicher Entscheidungen durch einen Außenstehenden, der nicht in den Informations- und Kommunikationszusammenhang der Unternehmensbürokratie eingeschaltet ist, unmöglich ist. Selbst ein Unternehmensvorstand und insbesondere ein Arbeitsdirektor ist von dem rationalen, eindeutig definierten Zielen gehorchenden Funktionieren der bürokratischen Informationsmaschinerie abhängig und keineswegs in der Lage, beliebige Wünsche oder Machtvorstellungen zu realisieren.

Noch schwieriger aber dürfte eine Kontrolle der möglichen technischen oder ökonomischen Alternativen für sachlich notwendige Entscheidungen sein. Auf Seite der Mitbestimmer würde eine solche Kontrolle einen umfassenden Sach- und Fachverstand voraussetzen, der weiter reicht als das Kommunikationssystem einer Unternehmensbürokratie. Das mag zwar in Einzelfällen der Fall sein, kann aber keineswegs als prinzipielle Regel angenommen werden. Es liefe dies auf die irrationale Annahme hinaus, daß ein Gewerkschafter oder ein Universitätsprofessor, den die Gewerkschaften in die Mitbestimmung delegieren, mit ein oder zwei Blicken die Fach- und Sachproblematik anstehender Entscheidungen nicht nur erfaßt, sondern in ihren alternativen Möglichkeiten übersieht, was die professionelle Aufgabe ganzer Gruppen von leitenden Angestellten ist und wozu sie einen verzweigten und spezialisierten Informations- und Bearbeitungsapparat zur Verfügung haben.

Im übrigen könnte sich selbst ein möglicher Einfluß der Mitbestimmung auf wirtschaftliche Entscheidungen auch nur am Lebens- und Überlebensinteresse des Unternehmens orientieren, das als Organisationsprinzip der Unternehmensbürokratie bezeichnet werden kann. Mitbestimmung könnte also in dieser Hinsicht, neben bestimmten sozialen Korrekturen, nur auf eine Kontrolle der Rationalität der Unternehmensleitung hinauslaufen, die aber irrational, d. h. nur unter der Voraussetzung sinnvoll ist, daß die Leute in der Unternehmensleitung ihre berufliche Aufgabe nicht verstehen.

Man kann also auch hier sagen, daß die rechtlich-institutionelle Lösung, die das Mitbestimmungskonzept hinsichtlich der »Kontrolle wirtschaftlicher Macht« anbietet, falsch, irrational und irreal ist. Sie bezieht sich auf einen Mythos wirtschaftlicher Macht, der diese Macht vor allem als Eigenschaft bestimmter Personen sieht, die daher zu kontrollieren sind, statt als Ausdruck von durch das Wirtschaftssystem bedingten Tatsachen. Der Mythos führt zu der Auffassung, daß Macht nicht eine Funktionsbestimmung sozialer Autorität ist, sondern etwas Willkürliches und in sich Fragwürdiges, das die Ursache sozialer Ungerechtigkeit ist. Dem ist aber nicht so. Die Macht eines Unternehmens ist vielmehr durch die systematische und politische Herrschaft des Kapitals über die Arbeit bedingt, die soziale Ungerechtigkeit ist in dieser Herrschaft sachlich verankert und kann daher gar nicht durch die »Kontrolle wirtschaftlicher Macht« im Sinne der Mitbestimmung beseitigt werden.

3. Nimmt man das dritte gewerkschaftliche Ziel der Mitbestimmung, nämlich die »Abwehr antidemokratischer Bewegungen«, so ist dieses Ziel im Rahmen des Mitbestimmungskonzepts prinzipiell falsch plaziert. Das gilt zunächst schon für die analytischen Voraussetzungen dieses Zieles, nämlich, daß autoritäre Bewegungen bloß »ökonomische« Ursachen haben, ferner daß die wirtschaftlichen Machthaber solche Bewegungen am Leben erhalten können oder gar zu »machen« in der Lage sind.

Es ist aber nicht wahr, daß die Industriellen etwa Hitler »gemacht« haben. Es ist wahr, daß sie einerseits eine aktionsfähige Regierung suchten, denn dies ist eine Voraussetzung unternehmerischer Tätigkeit, und daß andererseits einzelne Unternehmer und vor allem auch jüngere Söhne aus solchen Familien Hitler Sympathien entgegenbrachten, weil sie hofften, ererbte Position und soziale Schuldgefühle auf diese Weise am besten unter einen Hut bringen zu können. Sie haben sich damit insgesamt aber weder desorientierter noch objektiv antidemokratischer erwiesen als die Weimarer Parteien, ihre Anhänger und die Masse der Bevölkerung.
Nicht sie waren daher die soziale Ursache für Hitlers Aufstieg, sondern vielmehr der fundamentale Mangel der Weimarer Republik an politischer Autorität, als dessen Hauptgrund man die doktrinäre Differenzierung der Arbeiterbewegung und die dahinter versteckte Furcht vor verantwortlicher Machtausübung ansehen kann, ferner die ökonomische Verzweiflung, vor allem auch der Arbeitnehmer, die ihnen die klare Sicht für politische Möglichkeiten nahm und die die einen sich noch mehr an ihre politische Doktrin klammern (SPD, KPD) und die anderen kopflos dem Anschein von Tatkraft erliegen ließ. So darf auch nicht die dritte soziale Hauptursache für den Aufstieg Hitlers vergessen werden, nämlich eine entscheidungs- und aktionsunfähige Mittelstandsregierung, die außer Sparmaßnahmen, Intrigen und allgemeinen Ermahnungen nichts zu bieten hatte, was nach realer Politik aussah.
Es muß daher als falsch und irreal bezeichnet werden, wenn die Gewerkschaften in der Mitbestimmung, wie sie konzipiert ist, ein Mittel sehen, um eine überzeugende politische Autorität aufzubauen, eine ökonomische Krise zu verhindern und den Mangel an einer entscheidungsfähigen Regierung auszufüllen, die man als Ursachen der antidemokratischen Tendenz in der Bevölkerung, selbst unter den labilen Bedingungen der Weimarer Republik, betrachten muß.
Man kann also sagen, daß sich die politisch-gesellschaftlichen Ziele der Gewerkschaften im Hinblick auf die Mitbestimmung in einem objektiven Widerspruch mit der rechtlich-institutionellen Zielsetzung befinden, diese Zielsetzung daher sachlich falsch ist und ihre weitere Verfolgung als irrational und irreal bezeichnet werden muß, was nicht ohne Folgen für die Praxis der gewerkschaftlichen Aktivität überhaupt bleiben kann.

Eine mögliche und richtige Alternative

Angesichts des Umstands, daß sich Form und Inhalt des gewerkschaftlichen Mitbestimmungskonzepts als prinzipiell problematisch und seine rechtlich-institutionelle Zielsetzung als ebenso prinzipiell falsch erweist, ist es notwendig, nach einer möglichen und richtigen Alternative Ausschau zu halten. Sie bietet sich an in der Anknüpfung an die übliche gewerkschaftliche Aktivität, insbesondere an den Tarifvertrag als politisches Hauptinstrument der gewerkschaftlichen Aktivität, sowie im Anschluß an die durch das Mitbestimmungskonzept vernachlässigten, ja korrumpierten Elemente einer realen Mitbestimmung im Betrieb (Betriebsrat, Vertrauensleute, Wirtschaftsausschuß). Eine solche Alternative muß allerdings mit derselben politischen Stoßkraft versehen werden, die der »großen Mitbestimmung« zugedacht war, und setzt daher eine viel weitgespanntere, durchdachtere und härtere Gewerkschaftsarbeit voraus, als sie im Rahmen der Mitbestimmungsideologie nötig oder auch nur möglich ist. Die Grundzüge einer solchen alternativen Mitbestimmungspolitik würden folgendermaßen aussehen:

1. Eine solche Politik muß am »Arbeitsplatz« nicht als technische Tatsache, sondern als soziale Einrichtung ansetzen, sich an der Gesamtheit der Arbeitsbeziehungen orientieren (also sowohl die Zahl der technischen Arbeitsplätze und der dazugehörigen Arbeitnehmer, die berufliche und fachliche Charakeristik der Arbeit und der Arbeitsorganisation als auch die Autoritätsverhältnisse und die Normen der Autoritätsausübung in Rechnung stellen), und sie muß eine entscheidende Veto-Autorität über die Gesamtheit dieser Arbeitsverhältnisse anstreben. Zu diesem Zweck kann man auf die Rechte und Aufgaben des Betriebsrats zurückgreifen, der formell und informell bereits heute in diesem Bereich einen erheblichen Einfluß haben kann, wenn er diesen Einfluß will. Dem Betriebsrat müssen allerdings Vertrauensleute aus allen Arbeitsgruppen zur Verfügung stehen, da er, zumal in den Großbetrieben, notwendig bereits eine bürokratische Instanz ist und er daher sowohl auf ständige Information und Kommunikation als auch auf ein Diskussions- und Beratungsgremium der Arbeitnehmer angewiesen ist, wenn er brauchbare und rationale Arbeit leisten soll.

Die Betriebsräte und Vertrauensleute müssen allerdings über die Implikationen und Voraussetzungen einer solchen Mitbestimmungspolitik von den Gewerkschaften aufgeklärt werden, sie müssen ständig informiert werden über Vorgänge in anderen Betrieben, über Vorschläge, die anderswo gemacht wurden usw. Und sie müssen politisch geleitet werden, d. h. die Gewerkschaften müssen dafür sorgen, daß im einzelnen Betrieb alle Chancen wahrgenommen und systematisch und rational zu einer Gesamtpolitik vereinigt werden.

Das bedeutet aber auch, daß die Rechte des Betriebsrats, der Vertrauensleute und der Gewerkschaften durch tarifliche Abmachungen ergänzt werden müssen. Die Gewerkschaften müssen hier erreichen, daß die Zahl und der Charakter der Arbeitsplätze von Vertragsabschluß zu Vertragsabschluß gleich bleiben muß, ferner daß die Formen der Arbeitsorganisation nur mit Zustimmung des Betriebsrats geändert werden dürfen und schließlich, daß kein Arbeitsvorgesetzter, d. h. kein Meister und Betriebsleiter bei den Arbeitern, kein Gruppenleiter und Abteilungsleiter bei den Angestellten vom Management eingesetzt werden kann ohne die Zustimmung bzw. gegen die Meinung der betroffenen Arbeitnehmer und ihrer Vertrauensleute.

Die politischen Folgen für die Gewerkschaften sind allerdings erheblich und einschneidend, weil die Gewerkschaften dabei auf die Dauer um folgendes nicht herumkommen:

a) In der Diskussion mit den Arbeitnehmern müssen Kriterien für zumutbare und unzumutbare Arbeitsplätze entwickelt werden, wobei die Definition des beruflichen Charakters der Arbeit eine entscheidende Rolle spielen wird. Solche Kriterien sind notwendig, um Ausgangsdaten für unternehmerische Entscheidungen und damit für den technischen Fortschritt zu setzen; d. h. die Unternehmensleitungen können so durch vertragliche Abmachungen gezwungen werden, diese Kriterien einzuhalten, also praktisch zu garantieren, daß eine technische Neuerung entweder zumutbare Arbeitsplätze hervorbringt oder unzumutbare beseitigt, ferner nicht willkürlich und ohne Garantie eines beruflich adäquaten Arbeitsplatzes die Arbeit qualifizierter Arbeiter beseitigt und daß daneben selbstverständlich kein Arbeiter ökonomisch und sozial Einbußen erleiden darf.

b) In Zusammenarbeit mit der Arbeitsvermittlung muß der Arbeitsmarkt auf nationaler Ebene durch umfassende Information über ihre Presse »transparent« gemacht werden, damit die Gewerkschaften nicht zu einer bloß reaktionären Bremspolitik gegenüber dem technischen Fortschritt gezwungen sind.

c) Gegenüber den Arbeitnehmern und der Öffentlichkeit müssen sie eindeutig und unmißverständlich zum Ausdruck bringen, welche Arbeitspolitik sie in einer Teilkrise, wie im Bergbau, oder in einer allgemeinen ökonomischen Krise verfolgen werden. Es wird entscheidend darauf ankommen, den Unternehmensleitungen einzeln und in corpore klar zu machen, daß Massenentlassungen, insbesondere in Krisenzeiten, von den Gewerkschaften nicht toleriert werden können, daß dies einschneidende, unter Umständen auch ungesetzliche Konsequenzen hat und sich die Herren etwas Besseres einfallen lassen müssen, als die Nachteile des von ihnen getragenen Wirtschaftssystems auf die Arbeitnehmer abzuwälzen.

Wenn die Gewerkschaften diesen Weg einschlagen, werden sie zwar viel sogenannte Kleinarbeit haben, sind aber bei jedem Schritt mit den Interessen und Orientierungen der Arbeitnehmer in Übereinstimmung, die ja schließlich die Gewerkschaften bezahlen und tragen. Denn für diese Mitbestimmung in der Arbeitssphäre sind die Arbeitnehmer nicht nur zu haben, wie die empirische Sozialforschung dargelegt hat, sondern dafür sind sie auch kompetent, und wenn es hart auf hart kommt, dann haben sie, auch ohne gewerkschaftliche Schaustellungen, ein objektives und aktionsfähiges Wissen von dem, worum es geht.

2. Unter Voraussetzung dieses politischen Zwecks einer alternativen Mitbestimmungspolitik ist es unmittelbar sachlich wichtig, ja notwendig, eine gewerkschaftliche Bildungsarbeit in Gang zu setzen, die die Grundtatsachen der Industriearbeit erklärt, die Arbeitnehmer darüber aufklärt und ein Bewußtsein vom Arbeitsplatz als einer sozialen Einrichtung schafft und herausbildet.

Eine solche Bildungsarbeit kann nicht »von oben« oder »außen« geschehen und ihre Instrumente können nicht Bücher und Vorträge sein. Hier gilt es vielmehr sokratische Arbeitsmethoden zu entwickeln, die an die Erfahrung, den Individualismus, die Bedürfnisse der Arbeitnehmer in der Industrie anknüpfen, diese zur Sprache und Diskussion bringen und eine durchaus und notwendig dogmatische und dennoch kritisch verlebendigte Summe von Begriffen zur Erklärung der gesellschaftlichen, also auch der technisch-ökonomischen Wirklichkeit an die Hand geben. Der erste Band des »Kapital« von Marx kann als eine in seiner Rationalität, der Konkretheit seiner Überlegungen und der Frische seiner Realitätswahrnehmung schier unübertreffliche

Grundlage solcher Bildungsarbeit betrachtet werden, der es nicht schadet, wenn man, nach dem Studium, die alte sokratische Frage an sie heranträgt: Was weiß ich nun und was weiß ich nicht; oder: Wie muß dieses, wenn auch abstrakte Wissen erweitert werden, damit es meine Erfahrungen deckt?

Eine solche Bildungsarbeit ist daher eine unmittelbare Voraussetzung für die hier vorgeschlagene Mitbestimmungspolitik, weil sie allein in der Lage ist, den notwendigen Informations- und Kommunikationsprozeß zwischen den Arbeitnehmern, Vertrauensleuten (Betriebsräten) und Gewerkschaften Form und rationale Gestalt zu geben, den Schatz an Kenntnissen und Erfahrung bei den Arbeitnehmern zu heben und einer klaren und harten Gewerkschaftspolitik ein verständiges Publikum zu verschaffen, das wenigstens den gröbsten Ideologien kritisch gegenübersteht. Die Bildungsarbeit darf sich aber auf diese unmittelbare Aufgabe nicht beschränken. Sie muß im gleichen Zuge das Arbeitsplatzbewußtsein der Arbeitnehmer öffnen für die politisch-ökonomischen Zusammenhänge der Industriearbeit und statt der Marktwirtschaftsideologie ein realistisches Marktverhältnis entwickeln.

Wenn die Gewerkschaften eine derartige Bildungspolitik betreiben, nützen sie nicht nur sich selbst und den Arbeitnehmern, sondern schaffen auch eine wesentliche Voraussetzung dafür, daß der politische Prozeß in der gegenwärtigen Gesellschaft demokratisch verläuft, d. h. im Interesse und unter Kontrolle der ungeheuren Mehrheit der Bevölkerung.

3. Eine derartige komplexe Mitbestimmungspolitik kann jedoch nur dann erfolgreich praktiziert werden, wenn über ihre sachlichen Prinzipien, ihre gesellschaftlichen Voraussetzungen und Folgen und über ihre im Dienst der politischen Selbstbestimmung der Arbeitnehmer notwendige Zielsetzung hinreichende Klarheit besteht. Auf dieser Ebene der politischen Theorie oder des politischen Denkens überhaupt muß daher mindestens die gleiche Klarheit der Zielsetzung bestehen wie auf der Ebene der Praxis und der Bildungsvoraussetzungen.

Es ist für die Praktizierung einer vernünftigen Mitbestimmungspolitik eine sachliche Notwendigkeit, Grundlagen einer rationalen Gesellschafts- und Staatsauffassung innerhalb der Gewerkschaften zu erarbeiten, sie in die Arbeitnehmerschaft hineinzutragen und dort zur Diskussion zu stellen. Verharren dagegen die Gewerkschaften weiterhin in der gegenwärtigen irrationalen, eine Diskussion verweigernden politischen Neutralität, dann ist eine rationale und zugleich kraftvolle Mitbestimmungspolitik und überhaupt eine autonome gewerkschaftliche Aktivität nicht möglich, denn diese setzt eine definierte politische Zusammenarbeit voraus und damit auch eine klare Unterscheidung zwischen denjenigen politischen Zielen, die gewerkschaftliche Aktivität in ihren Grenzen und unter ihren Voraussetzungen verwirklichen kann, und solchen, für die die Gewerkschaften bestenfalls Vorschläge machen oder Voraussetzungen schaffen, die sie aber nicht verwirklichen können, weil sie Fragen der Gesellschaftsordnung betreffen, für die im Prinzip alle Staatsbürger in gleichem Maße zuständig sind und für die sie diese Zuständigkeit in den politischen Wahlen auch wahrnehmen.

Die vorgeschlagene politische Diskussion müßte an die vorhandenen politischen Traditionen und insgesamt an die traurigen Reste der großartigen politischen Kultur der deutschen Arbeiterbewegung anknüpfen, ihre Prinzipien sowie ihre Voraussetzungen und Folgen im Lichte der gewerkschaftlichen Anforderungen und im Hinblick auf ihre Wahrheit, d. h. auf ihre Übereinstimmung mit der Wirklichkeit prüfen, um zu entscheiden, welche politischen Ziele sich daraus ergeben und daher verfolgt werden müssen, wenn die Gewerkschaften ihre Aufgabe im Dienste der Arbeitnehmer erfüllen sollen. Eine solche Diskussion hat daher auch einen unmittelbaren praktischen Sinn, insofern jede dieser Traditionen ein unschätzbares Erbe an Ideen, Analysen, Vorschlägen oder Begriffen enthält, sich in der gesellschaftlichen Wirklichkeit zu orientieren. Als die wichtigsten dieser Traditionen, die in den Gewerkschaften wirksam sind und für die daher durch Diskussion eine gemeinsame, und zwar politische Basis zu finden ist, sind folgende zu bezeichnen:

a) Die christliche Tradition, die allerdings ganz allgemein ist, in ihrer protestantischen Version mit der deutschen Philosophie nahezu ununterscheidbare Verbindungen eingegangen ist und über diesen Umweg selbst noch dem Marxismus zugrundeliegt, jedoch nur in der katholischen Soziallehre und vermittelt durch die christliche Gewerkschaftsbewegung einen möglichen Gegenstand rationaler politischer Diskussion geliefert hat und darüber hinaus erst aus einem Herrschaftsinstrument der Kirchenbürokratie in ein Orientierungsmittel für den gesellschaftlichen Alltag verwandelt werden muß, um politisch verbindlich, diskussionsfähig und gewerkschaftlich brauchbar zu werden.

b) Die ethizistische Tradition, die sich in Deutschland besonders von Immanuel Kant ableitet, und in zahlreichen Schulen, Gruppen und individuellen Versionen das Verhalten zahlreicher Gewerkschaften bestimmt, wobei der Einfluß der neukantianischen Richtungen auf die deutschen Sozialwissenschaften und damit auch auf das gewerkschaftliche Denken nicht vergessen werden darf. Auch diese Tradition hat eigentlich nur in der Wissenschaftsmethodik, wie sie in Kants »Kritik der reinen Vernunft« mit unvergleichlichem Scharfsinn dargelegt ist (besonders im Vorwort zur Zweiten Auflage), einen möglichen Gegenstand rationaler Diskussion geliefert, der freilich ebenfalls aus einem Herrschaftsinstrument von politischen Sektierern und Wissenschaftsfanatikern zu einem Orientierungsmittel über Grundlagen und Grenzen rationalen menschlichen Denkens verwandelt werden muß, um politisch brauchbar zu sein.

c) Schließlich die marxistische Tradition, die sich gleichfalls in Gruppen und Grüppchen aufgesplittert hat, teilweise aber einfach in die Alltagssprache und damit ins allgemeine Denken eingegangen ist, oder die man mit hegelschem Überbau bei ganz subtilen Wissenschaftlergruppen vorfindet; die eigentlich aber nur im Ersten Band des »Kapital« in einer verbindlichen und zugleich rationaler Diskussion zugänglichen Form existiert. Auch sie muß den Händen romantischer Revolutionsdialektiker entwunden werden, um ihre unersetzliche Bedeutung als Grundlage rationaler gesellschaftlicher Erkenntnis entfalten zu können.

Es ist unerläßlich, daß die Vertreter dieser Richtungen und Traditionen in den Gewerkschaften eine offene und vernünftige Diskussion in praktisch politischer Absicht und mit dem realistischen Ziel, eine gemeinsame politische Basis zu finden, die von Weltanschauungen, allgemeinen Lebensauffassungen und ähnlichen, meist mit Recht ideologieverdächtigen Dingen absieht. Ein solcher Vorgang wäre der erste Versuch, dem Schlagwort von der »pluralistischen« Gesellschaft einen definierbaren Sinn zu geben.

Ich unterdrücke hier zahlreiche kritische, positive wie negative Überlegungen, die sich mir angesichts des heutigen Zustands dieser Traditionen aufdrängen und möchte statt dessen auf einige zentrale Punkte in diesen Traditionen hinweisen, die ich in gleicher Weise für die gewerkschaftliche Aktivität wie für die demokratische Grundlage der deutschen Gesellschaft für wichtig, ja für notwendig halte.

Die katholische Soziallehre ebenso wie die kantische Wissenschaftslehre wie auch implizit die marxistische Gesellschaftslehre weisen mit Recht auf die zentrale Bedeutung des Berufes auch in der modernen Gesellschaft hin. Leider hat sich niemand die Mühe gemacht, genau zu definieren, was ein Beruf ist oder sein kann oder sein soll außer den Interpreten der katholischen Soziallehre, und diese haben den Berufsbegriff so verwaschen definiert, daß diese Verwaschenheit nur noch durch die Verwaschenheit der daraus gefolgerten politischen Theorie der sogenannten »Leistungsgemeinschaften« übertroffen wird. Denn abgesehen davon, daß hier unter dem Berufsbegriff Arbeitgeber und Arbeitnehmer versöhnt werden sollen, was logisch und sachlich Unsinn ist, weil die Differenz zwischen Arbeitgeber und Arbeitnehmer von niemandem bloß in einem Unterschied des Berufes gesehen werden kann, abgesehen davon also hat sich diese Theorie auch als impraktikabel und »abstrakt« erwiesen, was allein schon die mangelnde Aktivität zur Errichtung solcher »Leistungsgemeinschaften« im Rahmen der bei uns herrschenden christlichen Partei beweist.

Dennoch hat der naturrechtliche Berufsbegriff der katholischen Soziallehre einen wahren Kern, der darin besteht, daß der Mensch eine sinnvolle, funktionswichtige, ihn herausfordernde Arbeit braucht, um seine Individualität zu entwickeln. Es könnte also die katholische Soziallehre, unterstützt durch die anderen Traditionen und die brauchbaren Elemente des deutschen Standesdenkens, die Grundlage für die Entwicklung einer auch heute noch möglichen berufsständischen politischen Moral in der Arbeitnehmerschaft abgeben, die, systematisch entwickelt, den Gewerkschaften ein Kriterium an die Hand geben würde, welche Arbeit man einem Menschen zumuten kann und welche nicht und unter welchen Bedingungen darüber verhandelt werden kann. Die katholische Berufslehre mit ihren naturrechtlichen Voraussetzungen bietet auch hinreichenden Schutz gegen die irrationalen und autoritären Elemente des deutschen Standesdenkens, insbesondere auch der gebildeten Schichten, und kann deshalb als eine der entscheidenden Voraussetzungen einer realen Demokratie in Deutschland angesehen werden.

Ähnlich ist die Lage hinsichtlich der Wirtschaftsverfassung und des Eigentumsbegriffs. Ich möchte mich hierbei auf ganz wenige Bemerkungen beschränken. Immerhin ist es wichtig darauf hinzuweisen, daß der Eigentumsbegriff der katholischen Soziallehre naturrechtlich und nicht christlich begründet ist. Thomas von Aquin geht, wenn ich recht unterrichtet bin, davon aus, daß die Erde im Grundsatz allen Menschen gehört bzw. alle ein Recht auf sie haben, daß es jedoch zweckmäßig ist, das individuelle Interesse zum Kriterium wirtschaftlicher Arbeit zu machen, also individuelles Eigentum zu schaffen. Erst später wurde diese Funktionsbestimmung ergänzt durch die Auffassung, daß individuelles Eigentum zur Entwicklung der »Persönlichkeit« notwendig sei, und in »Mater et magistra« wird auch noch auf die individuelle Verantwortlichkeit durch Eigentum hingewiesen. In der Praxis hat es jedoch die katholische Theologie wohl versäumt, sowohl zwischen den verschiedenen Beziehungen der Menschen zu Dingen, die ihr Eigentum sein können, hinreichend zu unterscheiden als auch naturrechtliches Wesen und gesellschaftliche Funktionsbestimmung deutlich auseinanderzuhalten und erst recht eine rationale Konfrontation der im naturrechtlichen Eigentumsbegriff enthaltenen politischen Ziele mit der gesellschaftlichen Wirklichkeit des Eigentums. Dieser fundamentale Mangel an Rationalität führt zwangsläufig zu den bekannten moralischen Eiertänzen von Katholiken und endet bei dem politisch schwachsinnigen Versuch, kapitalistische Spekulationspapiere als Eigentum im Sinne des Naturrechts auszugeben.

Auf der anderen Seite haben die Marxisten zwar einen zutreffenden Begriff von der gesellschaftlichen Funktion des Privateigentums an den Produktionsmitteln und sehen darin mit Recht die institutionelle Grundlage für die heute ganz selbstverständlich gewordene Herrschaft des Kapitals über die Arbeit; ihre politische Dialektik hindert sie aber, etwa am russischen Beispiel zu erkennen, daß sich durch eine Veränderung der Eigentumsrechte und noch weniger durch eine bloße Veränderung der Eigentumsgesinnung noch lange nichts ändert an der gesellschaftlichen Lage der Arbeitnehmer. Ich meine also, daß es für Katholiken wie Marxisten und Ethiker in den Gewerkschaften nicht auf irgendwelche rechtlichen Bestimmungen des Eigentums ankommen kann, sondern auf seine Funktion und die Übereinstimmung der realen Eigentumsverhältnisse mit bestimmten politischen Zielen, die im einen Fall aus einer naturrechtlichen Wesensbestimmung, im andern Fall aus der Einsicht in die Voraussetzungen der Selbstbestimmung der Arbeitnehmer in der modernen Gesellschaft stammen. Eine sachliche und rationale

Diskussion müßte also in der Lage sein, Kriterien für die erforderlichen gesellschaftlichen Leistungen des Eigentums, für die zur Sicherung dieser Leistungen notwendige Wirtschaftsverfassung und für eine gemeinsame politische Basis zur Beurteilung wirtschaftlicher Tatsachen zu schaffen.
Ein dritter zentraler Punkt ergibt sich im Hinblick auf den Aufbau einer rationalen Gesellschafts- und Staatsauffassung. Auch hier haben die Katholiken ihre rational-naturrechtliche Gesellschafts- und Staatsauffassung einzubringen, die eigentlich einen sicheren Schutz gegen jede Mystifizierung des Staates und gegen ein autoritäres Obrigkeitsdenken bieten sollte. Die Marxisten aber haben in der Idee einer »realen Demokratie« einen sicheren Maßstab für das politische Handeln, falls sie bereit sind, diese Idee operativ und rational zu definieren, so daß sie von ihrem romantischen Halbdunkel befreit wird. Die Ethiker aber haben die wichtige Idee zu bieten, daß politische Freiheit kein theoretischer, sondern ein praktischer Begriff ist, und daher vor allem Platz dafür geschaffen werden muß.
Aus diesen und vielen anderen Überlegungen sollte es möglich sein, eine zumindest für die gegenwärtige Gesellschaft richtige Staatsauffassung zu entwickeln, die den Staat darauf beschränkt und zugleich dazu ermächtigt, die allgemeinen materiellen und gesetzlichen Voraussetzungen politischer Freiheit zu schaffen und zu erhalten, durch wirtschaftliche Grundplanung die Rationalität des Marktes zu entfalten und die soziale Situation aller zu verbessern und schließlich Ausdruck der gesellschaftlichen Selbstbestimmung aller Staatsbürger in der relativen Gleichheit ihrer Interessen und in der Vielfalt ihrer politischen Denkweise zu sein.

Abschließende Bemerkung

Meine Argumentation versuchte von einem realistischen Begriff von gewerkschaftlicher Aktivität auszugehen, entwickelte Kriterien zur Kritik des gewerkschaftlichen Mitbestimmungsstrebens und wandte sie auf das geltende Mitbestimmungskonzept an, so daß sowohl die Fragwürdigkeit der aktuellen Mitbestimmungspolitik als auch die Grundzüge einer möglichen Alternative deutlich wurden. Das Ergebnis ist sicherlich nicht mehr als ein erster Entwurf, der in jeder Hinsicht der Diskussion, der

Erweiterung, Ergänzung, Vertiefung bedarf. Ich bin jedoch der Überzeugung, daß er die wesentlichen Voraussetzungen einer rationalen, demokratischen und antikapitalistischen Gewerkschaftspolitik angibt. Eine solche Politik aber ist notwendig, wenn die autoritäre, unsachgemäße und unwürdige politische Neutralisierung der deutschen Arbeiterbewegung beseitigt werden soll, die eine Erbschaft Hitlers und ein Produkt des Kalten Krieges ist. Sie ist heute weder möglich als eine revolutionär orientierte Vor-Politik der Gewerkschaften im Sinne der sozialistischen Tradition, noch als eine reaktionäre bloße Widerstandspolitik, wie sie insbesondere die angelsächsischen Gewerkschaften traditionell verfolgen. Sie ist vielmehr nur noch möglich als eine Politik der rationalen Konfrontation des Mitbestimmungsstrebens der gewerkschaftlich repräsentierten Arbeitnehmer mit der politisch-ökonomischen Wirklichkeit der Gesellschaft. Sie verlangt daher ein schrittweises Vorgehen, das am Arbeitsplatz als sozialer Einrichtung ansetzt, aber sich an dem umfassenden Sachzusammenhang jedes Arbeitsplatzes orientiert, Punkt für Punkt ihre allgemeinen politischen Ziele mit den Tatsachen der Arbeitssituation konfrontiert und konsequent die Verwirklichung der sich daraus ergebenden Nahziele betreibt.

Ihre schrittweise Realisierung ist zugleich die Voraussetzung für die Durchsetzung der »Idee« der Arbeiterbewegung, die sich in allen ihren Teilen, wenn auch mit verschiedenen Methoden, in dem Streben, der Auffassung und dem Willen dokumentiert, die Herrschaft des Kapitals über die Arbeit real zu beseitigen, für die gesellschaftliche Selbstbestimmung der Arbeitnehmer Platz zu schaffen und eine reale Demokratie zu begründen. Diese Idee ist durch ihre scheinbare Verwirklichung verdunkelt, der Wille erlahmt und das politische Denken durch die Praxis korrumpiert. Das erste Erfordernis einer realistischen Mitbestimmungsalternative ist daher die politische Selbstbesinnung und die offene Diskussion der Möglichkeiten. Das schwerste Hindernis, zu einer rationalen Politik zu kommen, ist jedoch keineswegs die Ungunst der »Verhältnisse« oder die angebliche Kompliziertheit der politisch-ökonomischen Abläufe oder gar die Vielfalt der politischen Meinungen, die nur dann besteht, wenn man Politik und Weltanschauung verquickt. Hinter solcher falschen Verquickung zeigt sich schnell, daß allgemeine Interessen und konkrete Sachprobleme eine rationale Verständigung zulassen, ja erzwingen, und daß der heutige Wohlstand der Arbeitnehmer, wie man trotz aller kritischen Einschränkung gegenüber dem Gerede von der Überflußgesellschaft sagen kann, einen guten Ansatzpunkt für eine geistreichere Politik liefert.

Das schwerste Hindernis stellt die herrschende bürokratische Mentalität dar, die wie Vernunft ausschaut, wenn sie Diskussionen unterdrückt, Disziplin aufrechterhält und unter den gegebenen Bedingungen sogenannte Realpolitik betreibt. Dadurch vermag sie ihren vollkommenen Mangel an politischer Autonomie und die Dürftigkeit der sozialen Orientierung zu verbergen, die die Praxis rechtfertigen muß, sich an Verhältnisse anzupassen, die andere geschaffen haben. Solche Scheinrationalität vermag daher weder Grundlagen politischer Freiheit noch gesellschaftliche Perspektiven noch politische Führung zu gewährleisten. Sie ist der eigentliche Feind einer rationalen Politik im Dienst der allgemeinen Interessen der Arbeitnehmer.

Der hier vorgelegte Entwurf ist Ausdruck einer politischen Theorie, die sich zwar an der Wirklichkeit orientiert, aber nicht im Sinne einer wissenschaftlichen Theorie, die erklärt und damit objektives Wissen schafft, sondern im Sinne einer objektiv fundierten Meinung. Politisches und überhaupt menschliches Handeln ist nämlich niemals eine unmittelbare Folge objektiven Wissens, sondern eine Folge der Aneignung dieses Wissens durch subjektive Beurteilung. Eine politische Theorie ist also ein Vorschlag, der in gleicher Weise unsachgemäß behandelt wird, wenn man von ihm »Wissen« verlangt oder unkritisch glaubt. Beide Verhaltensweisen möchten das Risiko politischer Entscheidung umgehen, die weit mehr bedarf als nur »Wissen«, nämlich eine politische Überzeugung.

Im vorliegenden Fall besteht diese Überzeugung darin, daß ich es für ausgemacht halte, daß in unserer Gesellschaft Politik und politisches Handeln entweder im Beruf anfängt und sich am Arbeitsplatz herausbildet oder eine Illusion ist. Darum muß Politik an den Arbeitsplatz herangetragen werden, was für die Arbeitnehmer nur die Gewerkschaften leisten können. Von verantwortlichem politischem Handeln kann sich in einer Demokratie niemand dispensieren. Indem eine rationale gewerkschaftliche Mitbestimmungspolitik politische Verantwortung am Arbeitsplatz realisiert, schafft sie eine unersetzliche Voraussetzung für eine reale Demokratie.

Reinhard Hoffmann
Mitbestimmung am Arbeitsplatz, betriebliche Friedenspflicht, gewerkschaftliche Vertrauensleute

1. Mitbestimmung am Arbeitsplatz meint eine Strategie, die auf – letztlich politisierende – Mobilisierung der Arbeitnehmer im gewerkschaftlichen Handeln an der Basis gerichtet ist: Möglichst viele, alle Arbeitnehmer sollen direkt und aktiv in die betrieblichen Auseinandersetzungen, die zugleich über den Betrieb hinaus gesamtgesellschaftliche Relevanz erreichen, einbezogen werden durch Organisation einer kollektiven Willensbildung unmittelbar der Basis selbst und entsprechenden kollektiven Handelns. In diesem Sinne ist Mitbestimmung am Arbeitsplatz nicht etwa beschränkt auf das eine oder andere Mitbestimmungsrecht und auch nicht auf eine Summe solcher einzelner Mitbestimmungsrechte direkt gegenüber der Geschäftsleitung, sondern ist umfassender als kontinuierlicher Kampf um eine Veränderung der Kräfteverhältnisse im Betrieb zugunsten der Arbeitnehmer zu verstehen. Mitbestimmung am Arbeitsplatz soll und kann bewirken: die Artikulation der konkreten Interessen der Basis zu verbessern, da bislang der Betriebsrat selbst – in den Großbetrieben – häufig nicht imstande ist, die konkreten Konfliktfälle überall zu erfassen und auszutragen; eine direkte Teilhabe und eigene aktive Teilnahme der Basis an der Interessenvertretung der Arbeitnehmer, d. h. an der Vertretung ihrer eigenen Interessen, zu organisieren; die Arbeitnehmerinteressenvertretung real zu verstärken durch Aufbau einer Arbeitnehmer-Gegenmacht, indem zur Unterstützung der Institutionen der Interessenvertretung ein effektiver Druck kollektiven Handelns aktualisiert wird. Solcherart Mitbestimmung am Arbeitsplatz läßt gewerkschaftliches Handeln der Basis zum tragfähigen Unterbau des Betriebsrats sowie der Mitbestimmung auf allen Ebenen der Gewerkschaftspraxis und Gewerkschaftspolitik insgesamt werden.

In der bisherigen, gewerkschaftsinternen Diskussion war die Forderung nach Mitbestimmung am Arbeitsplatz an sich, d. h. abstrakt, im wesentlichen unbestritten, zumal da sie Bestandteil der offiziellen Programmerklärungen der Gewerkschaften ist. Umstritten war und ist ihre institutionelle Ausformung: Einerseits wurde im Zusammenhang der Diskussion um eine neues Betriebsverfassungsgesetz die gesetzliche Institutionalisierung von Arbeitsgruppen vorgeschlagen, die Arbeitsgruppenbesprechungen abhalten können sollten mit der Möglichkeit einer – nicht formalisierten, nicht institutionalisierten – Bestimmung von Arbeitsgruppensprechern, die gegebenenfalls vermittels Personalunion als weitgehend identisch mit den gewerkschaftlichen Vertrauensleuten gesehen wurden. Die andere Richtung wollte diese Aufgaben ausschließlich den gewerkschaftlichen Vertrauensleuten vorbehalten und durch Tarifverträge absichern. Abgesehen von Mißverständnissen und manchen nebensächlichen Punkten betrifft die Hauptdifferenz zwischen beiden Meinungen die Auswirkungen der im Betriebsverfassungsgesetz ausgesprochenen betrieblichen Friedenspflicht. Die letztgenannte Meinung sieht in dem betriebsverfassungsrechtlichen Arbeitsgruppenkonzept eine Gefährdung der Gewerkschaftsarbeit der Vertrauensleute, weil dadurch die gewerkschaftlichen Vertrauensleute als Arbeitsgruppensprecher direkt oder indirekt den gesetzlichen Bindungen des Betriebsverfassungsrechts, insbesondere der betrieblichen Friedenspflicht, unterworfen und damit entwaffnet würden. Die Notwendigkeit, die Mitbestimmung am Arbeitsplatz und insbesondere die gewerkschaftlichen Vertrauensleute von den gesetzlichen Bindungen des Betriebsverfassungsrechts und der betrieblichen Friedenspflicht freizuhalten, war nicht umstritten, da auch die Vertreter des betriebsverfassungsrechtlichen Arbeitsgruppenkonzepts das Handeln der Arbeitsgruppen und eventuellen Arbeitsgruppensprecher, also damit auch der gewerkschaftlichen Vertrauensleute, unbedingt von der betrieblichen Friedenspflicht freihalten wollen. Die Gegner jenes Konzepts bestreiten jedoch die Möglichkeit, angesichts des Ansatzes der (betriebsverfassungs-)gesetzlichen Institutionalisierung solche Arbeitsgruppen von der betrieblichen Friedenspflicht freihalten zu können bzw. befürchten, daß direkt oder zumindest indirekt eine Bindung solcher Arbeitsgruppen, und damit auch der gewerkschaftlichen Vertrauensleute, an die betriebliche Friedenspflicht durchgesetzt werden würde.

Dieser Streit scheint nunmehr durch den Erlaß des neuen Betriebsverfassungsgesetzes – zumindest vorläufig – entschieden zu sein, weil damit eine bestimmte Regelung von Gesetzes wegen getroffen wurde, die zudem der oben skizzierten Ansicht der Gegner eines betriebsverfassungsrechtlichen Arbeitsgruppenkonzepts recht zu geben scheint.

2. § 42 Abs. 2 Betriebsverfassungsgesetz ermöglicht von einem Mitglied des Betriebsrats geleitete Abteilungsversammlungen, zu denen der Betriebsrat »Arbeitnehmer organisatorisch oder räumlich abgegrenzter Betriebsteile« zusammenfassen kann, »wenn dies für die Erörterung der besonderen Belange der Arbeitnehmer erforderlich ist«. Da anstelle der ursprünglich vier obligatorischen Betriebsversammlungen nach der Neuregelung in § 43 Abs. 1 Betriebsverfassungsgesetz nunmehr in jedem Jahr prinzipiell nur zwei Betriebsversammlungen und zweimal Abteilungsversammlungen stattfinden müssen, mit der in das Belieben des Betriebsrats gestellten Möglichkeit, pro Halbjahr eine weitere Betriebsversammlung oder einmal weitere Abteilungsversammlungen durchzuführen (»wenn dies aus besonderen Gründen zweckmäßig erscheint«), sind praktisch – nämlich in der obligatorischen Regelung – lediglich zwei Betriebsversammlungen gegen zweimal Abteilungsversammlungen ausgetauscht worden, so daß die neuen Abteilungsversammlungen keine zusätzliche Möglichkeit organisierter kollektiver Willensbildung der Arbeitnehmer im Betrieb darstellen. Vielmehr sind die Möglichkeiten kollektiver Willensbildung der Belegschaft auf der Ebene des gesamten Betriebs, die auch nach dem Konzept der Mitbestimmung am Arbeitsplatz unvermindert notwendig sind, neben jenen auf der zusätzlichen Ebene der Arbeitsgruppen, erheblich eingeschränkt worden. Immerhin kann sich eine gewerkschaftlich angeleitete aktive Betriebspolitik die erwähnte, vom Gesetz eröffnete zusätzliche Möglichkeit einer Betriebsversammlung oder einmal weiterer Abteilungsversammlungen pro Halbjahr zunutze machen und die Zahl der Gelegenheiten kollektiver Willensbildung der Belegschaft – im Rahmen der Betriebsverfassung – über das alte Gesetz hinaus erweitern.

Andererseits hängen sowohl bereits die Einrichtung überhaupt solcher Abteilungsversammlungen als auch deren Leitung nach der gesetzlichen Konstruktion einseitig allein vom Betriebsrat ab, ohne daß den Arbeitnehmern an der Basis auch nur minimale Initiativrechte zur tatsächlichen Durchsetzung von Abteilungsversammlungen zugestanden werden. Nach der gesetzlichen Konstruktion handelt es sich also um eine bürokratisch von oben verordnete »Mitbestimmung am Arbeitsplatz«, die als solche eine inhaltsleere Formalität der Betriebsordnung bleibt und eine Aktivierung der Basis nicht zu erreichen vermag. Allerdings kann auch diese vom Gesetz gewollte einseitige Abhängigkeit der Abteilungsversammlungen vom Betriebsrat praktisch dadurch überwunden werden, daß die gewerkschaftlichen Vertrauensleute sich des Instruments der Abteilungsversammlungen bemächtigen und diese nötigenfalls gegen den Betriebsrat, optimal aber im Verbund mit dem Betriebsrat durchsetzen aufgrund und zwecks eine Mobilisierung der Belegschaft.

Schließlich ist aber noch zu berücksichtigen, daß § 45 Betriebsverfassungsgesetz die Themen der Betriebs- und Abteilungsversammlungen neu abgrenzt: Dort dürfen Angelegenheiten, die den Betrieb oder seine Arbeitnehmer unmittelbar betreffen, einschließlich solcher tarifpolitischer, sozialpolitischer und wirtschaftlicher Art behandelt werden; dabei wird allerdings auf die Grundsätze des § 74 Abs. 2 Betriebsverfassungsgesetz hingewiesen, die auch auf die Betriebs- und Abteilungsversammlungen Anwendung finden sollen. Die inhaltliche Bedeutung dieses Verweises ist zumindest unklar.

§ 74 Abs. 2 Betriebsverfassungsgesetz regelt die betriebliche Friedenspflicht durch drei Verbote: das Verbot des Arbeitskampfes zwischen Arbeitgeber und Betriebsrat; das Verbot von Betätigungen, »durch die der Arbeitsablauf oder der Frieden des Betriebs beeinträchtigt werden«; das Verbot der parteipolitischen Betätigung im Betrieb. Von dem Verbot der parteipolitischen Betätigung wird »die Behandlung von Angelegenheiten tarfipolitischer, sozialpolitischer und wirtschaftlicher Art, die den Betrieb oder seine Arbeitnehmer unmittelbar betreffen«, – also der Katalog der zulässigen Themen von Betriebs- und Abteilungsversammlungen – »nicht berührt«: Solche tarifpolitischen, sozialpolitischen und wirtschaftlichen Angelegenheiten dürfen demnach auch dann behandelt werden, wenn sie zugleich »parteipolitischen« Charakter haben. Da diese vom Verbot freistellende Herausnahme des genannten Katalogs im zweiten Halbsatz von § 74 Abs. 2 Satz 3 ausgesprochen ist, wo nur das Verbot parteipolitischer Betätigung geregelt wird, und sich da-

her scheinbar nicht auf die übrigen Regelungen der betrieblichen Friedenspflicht in § 74 Abs. 2 Sätze 1 und 2 Betriebsverfassungsgesetz bezieht, könnte aus dieser Gesetzessystematik heraus gefolgert werden, daß »die Behandlung von Angelegenheiten tarifpolitischer, sozialpolitischer und wirtschaftlicher Art, die den Betrieb oder seine Arbeitnehmer unmittelbar betreffen«, nicht in jedem Fall von der betrieblichen Friedenspflicht freigestellt und damit erlaubt sei, sondern noch den Beschränkungen des § 74 Abs. 2 Sätze 1 und 2 unterliege, also insbesondere unzulässig sei, wenn durch sie »der Arbeitslauf oder der Frieden des Betriebs beeinträchtigt« werde. Da aber jede Behandlung solcher Angelegenheiten im Rahmen der normalen Betriebsratstätigkeit, also nicht etwa außerhalb von Betrieb und Arbeitszeit, zwangsläufig stets – wenn auch möglicherweise nur minimal – zumindest den Arbeitsablauf (von Mitgliedern oder Gesprächspartnern des Betriebsrats, also von Arbeitnehmern, Arbeitsgruppen, Belegschaft oder Vorgesetzten) beeinträchtigen muß, ist in der ausdrücklichen heraushebenden, positiven Regelung der Behandlung der genannten Angelegenheiten eine generelle Freistellung von der betrieblichen Friedenspflicht zu sehen, die nicht nur hinsichtlich des Verbots parteipolitischer Betätigung, sondern für alle Fälle der Behandlung solcher Angelegenheiten gilt, womit allerdings nicht entsprechende Arbeitskampfmaßnahmen des Betriebsrats erlaubt werden, weil schließlich die bloße »Behandlung« solcher Angelegenheiten noch keine Arbeitskampfmaßnahme darstellt.
Diese Interpretation des § 74 Abs. 2, die die Behandlung der in § 45 Betriebsverfassungsgesetz genannten Angelegenheiten von der betrieblichen Friedenspflicht freistellt, ergibt jedoch für den Verweis in § 45 auf »die Grundsätze des § 74 Abs. 2« keinen rechten oder doch nur einen sehr verminderten Sinn: Zwar gilt das Arbeitskampfverbot auch – jedoch auch ohne den Hinweis in § 45, Satz 1, 2. Halbsatz Betriebsverfassungsgesetz – für die Betriebs- und Abteilungsversammlungen. Aber weder das dortige Verbot parteipolitischer Betätigung, von dem in § 74 Abs. 2 Satz 3, 2. Halbsatz ja gerade die Behandlung der in § 45 genannten Angelegenheiten ausgenommen ist, noch das Verbot von den den Arbeitsablauf oder den Betriebsfrieden beeinträchtigenden Betätigungen, das nach dem oben Gesagten im Rahmen des § 74 Abs 2 ja ebenfalls nicht die Behandlung der in § 45 genannten Angelegenheiten erfaßt, können danach für die Be-

triebs- und Abteilungsversammlungen gelten. Einerseits ist allein diese Auslegung sinnvoll, weil die Behandlung von Angelegenheiten tarifpolitischer, sozialpolitischer und wirtschaftlicher Art, die den Betrieb oder seine Arbeitnehmer unmittelbar betreffen, auf Betriebs- oder Abteilungsversammlungen nicht nur – soweit sie während der Arbeitszeit stattfinden – den Arbeitsablauf beeinträchtigen, sondern zwangsläufig stets auch den »Betriebsfrieden« beeinträchtigen müssen angesichts der bei der Behandlung solcher Angelegenheiten artikulierten und sichtbar werdenden grundsätzlichen Gegensätzlichkeit der Interessen von Arbeitnehmern und Unternehmern. Andererseits ist nicht auszuschließen, daß in der zukünftigen Rechtspraxis, insbesondere durch die Arbeitsrechtsprechung, der in § 45 neu aufgenommene Hinweis auf die Grundsätze des § 74 Abs. 2 nicht als eine bloße Wiederholung einer Selbstverständlichkeit – des Arbeitskampfverbots für den Betriebsrat – verstanden wird, sondern benutzt wird zu einer zusätzlichen Einschränkung der zulässigen Thematik von Betriebs- und Abteilungsversammlungen im Sinne einer Ausdehnung der betrieblichen Friedenspflicht. Von daher ist es zweifelhaft, ob das durch das neue Gesetz geschaffene Instrument der Abteilungsversammlungen effektiv und in breitem Rahmen einer gewerkschaftlich angeleiteten Praxis der Vertrauensleute und der betrieblichen Basis nutzbar gemacht werden kann.

3. Nicht durchgesetzt wurde im neuen Betriebsverfassungsgesetz die in § 54 Abs. 1 Buchstabe c des DGB-Entwurfs erhobene Forderung, daß der einzelne Arbeitnehmer bzw. mehrere Arbeitnehmer sich bei Beschwerden »durch eine Person seines (bzw. ihres) Vertrauens« vertreten lassen können.[1] Dadurch hätte im Zusammenhang mit der weiteren, nun in § 39 Abs. 3 des neuen Betriebsverfassungsgesetzes verwirklichten Forderung, daß eine durch Inanspruchnahme des Betriebsrats bedingte Arbeitszeitversäumnis keine Minderung von Lohn oder Gehalt zur Folge haben darf – was auch für die vertretende Vertrauensperson gegolten hätte –, die effektive Vertretungsfunktion des gewerkschaftlichen Vertrauensmannes oder eines Arbeitsgruppensprechers rechtlich wenigstens zum Teil abgesichert werden können, ohne eine gleichzeitige Bindung an eine betriebliche Friedens-

1 Siehe Vorschläge des DGB zur Änderung des Betriebsverfassungsgesetzes, 1970, S. 29 f.

pflicht. Demgegenüber ist das Beschwerderecht des Arbeitnehmers in den §§ 82 ff. des neuen Gesetzes weitgehend individualisiert worden, allerdings mit der Modifizierung, daß der einzelne Arbeitnehmer bei der Ausübung seiner Rechte auf Erörterung der ihn betreffenden Angelegenheiten, auf Einsicht in die Personalakte und auf Beschwerde ein Mitglied des Betriebsrats hinzuziehen kann – was jedenfalls in Großbetrieben angesichts der dort zwangsläufig großen Distanz zwischen Betriebsrat und Basis keine allgemeine Möglichkeit effektiver Interessenvertretung ist.

Nur insoweit als die streitige Angelegenheit die gesamte Arbeitsgruppe im Kollektiv betrifft und damit sowohl eine von ihm selber geltend zu machende persönliche Angelegenheit des gewerkschaftlichen Vertrauensmannes als auch ein kollektives Interesse der von dem Vertrauensmann zu vertretenden Arbeitsgruppe ist, können die Erörterungs-, Auskunfts- und Beschwerderechte der §§ 82 ff., in Verbindung mit der erwähnten Regelung des § 39 Abs. 3 Betriebsverfassungsgesetz, die tatsächliche Vertretungsfunktion des gewerkschaftlichen Vertrauensmann absichern (ohne Einbindung in eine betriebliche Friedenspflicht), weil der Vertrauensmann in diesen Fällen bei der Vertretung der Interessen seiner Gruppe dadurch geschützt wird, daß er die Gruppeninteressen formal als eigene persönliche Interessen vertreten kann. In diesem Rahmen wird die neue Vorschrift des § 85 Abs. 2 bedeutsam, nach der bei Meinungsverschiedenheiten zwischen Betriebsrat und Arbeitgeber über die Berechtigung einer Beschwerde der Betriebsrat eine verbindliche Entscheidung der Einigungsstelle herbeiführen kann. Diese Regelung eröffnet eine zusätzliche, wenn auch nur beschränkte Mitbestimmung der Arbeitnehmerseite für alle Beschwerdefälle, und das bedeutet: potentiell für alle betrieblichen Auseinandersetzungen jeder Art, ohne Begrenzung dieser – wie gesagt, nur beschränkten – Mitbestimmung auf den detaillierten, im Gesetz enumerativ abgegrenzten Katalog der einzelnen Mitbestimmungsangelegenheiten. Jedoch ist nicht geschützt die Interessenvertretung des gewerkschaftlichen Vertrauensmannes zugunsten individueller Interessen einzelner anderer Arbeitnehmer oder auch kollektiver Interessen mehrerer anderer Arbeitnehmer.

4. § 3 Abs. 1 Ziff. 1 Betriebsverfassungsgesetz eröffnet die Möglichkeit, durch Tarifvertrag »zusätzliche betriebsverfassungsrechtliche Vertretungen der Arbeitnehmer« für Arbeitsgruppen

zu vereinbaren. In dieser schwächsten Form einer »Öffnungsklausel« hat nun doch das neue Betriebsverfassungsgesetz die Institution des Arbeitsgruppensprechers aufgenommen und damit nach den Worten des Chefjustitiars des DGB, Gester, einen »Ansatzpunkt etwa für die Anerkennung des Systems der betrieblichen Vertrauensleute und für deren Institutionalisierung im Rahmen der Betriebsverfassung«[2] geschaffen. Die letztere Formulierung macht, trotz ihrer befürwortenden Tendenz, gerade die Fragwürdigkeit dieser neuen Regelung vom gewerkschaftlichen Standpunkt aus deutlich: Denn »betriebliche« Vertrauensleute, die »im Rahmen der Betriebsverfassung« institutionalisiert werden, dürfen wegen der unterschiedlichen Handlungsvoraussetzungen und -möglichkeiten nicht ohne weiteres mit den gewerkschaftlichen Vertrauensleuten gleichgesetzt werden. Von entscheidender Bedeutung ist, daß die Arbeitsgruppensprecher in § 3 Abs. 1 Ziff. 1 Betriebsverfassungsgesetz als »betriebsverfassungsrechtliche Vertretung« bezeichnet werden. Diese Formulierung, die die Institution des Arbeitsgruppensprechers grundsätzlich mit der gleichen Qualität, die dem Betriebsrat in der Betriebsverfassung zukommt, ausstattet und auf die Arbeitsgruppen das gesamte Betriebsverfassungsrecht anwenden läßt bzw. sie ihm unterstellt, legt es zumindest nahe, selbst wenn es nicht ausdrücklich im Gesetz gesagt worden ist, daß – in der zukünftigen Rechtspraxis und Arbeitsrechtsprechung – die Arbeitsgruppensprecher betriebsverfassungsrechtlich eingebunden und insbesondere der betrieblichen Friedenspflicht unterworfen werden.

Daran knüpfen sich zwei »praktische« Alternativen an: Entweder die Arbeitsgruppensprecher sind durch Personalunion weitgehend identisch mit den gewerkschaftlichen Vertrauensleuten, wodurch ein Dualismus in dem Unterbau der Arbeitnehmerinteressenvertretung vermieden würde. Daraus aber würde sich eine entscheidende Lähmung der gewerkschaftlichen Bewegungsfreiheit und Aktionsfähigkeit der gewerkschaftlichen Vertrauensleute ergeben: denn nicht nur der sachliche Aufgabenbereich von Arbeitsgruppensprecher einerseits und gewerkschaftlichem Vertrauensmann andererseits – die Vertretung der Interessen der Arbeitsgruppe – ist im wesentlichen identisch, sondern mangels besonderer (betriebsverfassungsrechtlicher) Handlungsfor-

---

2 Gewerkschaftliche Monatshefte 1972, S. 19 ff., 23.

men des Arbeitsgruppensprechers wären auch die Formen der Erledigung der identischen Aufgabe (also der Arbeitsgruppen-Interessenvertretung) durch den gewerkschaftlichen Vertrauensmann und durch den Arbeitsgruppensprecher identisch, d. h. es ist eine auch nur rein formale Unterscheidung und Trennung in Wahrnehmung der betriebsverfassungsrechtlichen Aufgabe (des Arbeitsgruppensprechers) einerseits und der gewerkschaftlichen Aufgabe (des Vertrauensmanns) andererseits praktisch unmöglich (im Gegensatz zu der formalen Differenzierungsmöglichkeit im Verhältnis zwischen Betriebsrat und gewerkschaftlichem Vertrauenskörper, deren sachlicher Aufgabenbereich zwar ebenfalls weitgehend übereinstimmt, die aber über je spezifische, gegeneinander zu unterscheidende – einerseits betriebsverfassungsrechtliche, andererseits gewerkschaftliche – Handlungsformen verfügen, so daß selbst bei einer weitgehenden Personalunion von Betriebsrat und Vertrauenskörper noch eine formale Trennung in der Funktionserfüllung möglich bleibt – wodurch auch in solchen Fällen das gewerkschaftliche Handeln des Vertrauenskörpers von betriebsverfassungsrechtlichen Bindungen freigehalten werden kann). Bei der Vertretung der Arbeitsgruppe könnte daher der gewerkschaftliche Vertrauensmann nicht mehr bloß als ein von betriebsverfassungsrechtlichen Bindungen freier Gewerkschafter tätig werden, sondern wäre stets zugleich der (möglicherweise) der betrieblichen Friedenspflicht unterworfene Arbeitsgruppensprecher. Wegen der weitgehenden sachlichen Übereinstimmung der Aufgabenstellung und der Identität der Handlungsformen erscheint eine Trennung der praktischen Aufgabenerfüllung derart, daß der Vertrauensmann bei der Vertretung der Arbeitsgruppe einmal nur als Gewerkschafter, ein andermal als Arbeitsgruppensprecher auftritt, praktisch undurchführbar, zumindest unwahrscheinlich, so daß das gewerkschaftliche Handeln der Vertrauensleute häufig, wenn nicht sogar regelmäßig durch die betriebliche Friedenspflicht eingeschränkt würde.

Diese Konsequenz wird auch nicht durch § 74 Abs. 3 Betriebsverfassungsgesetz entschärft, nach dem »Arbeitnehmer, die im Rahmen dieses Gesetzes Aufgaben übernehmen ... hierdurch in der Betätigung für ihre Gewerkschaft auch im Betrieb nicht beschränkt (werden)«. Denn dieser Schutz der gewerkschaftlichen Betätigung im Betrieb gilt nur insoweit, als die gewerkschaftliche Tätigkeit neben der betriebsverfassungsrechtlichen Aufgabe ausgeführt wird. Genau dies aber trifft bei dem als Arbeitsgruppensprecher auftretenden gewerkschaftlichen Vertrauensmann nicht zu, da die so verbundenen beiden Aufgabenbereiche gerade nahezu identisch wären und eine wenigstens formale Trennung in der Aufgabenerfüllung – in gewerkschaftliches Handeln einerseits, betriebsverfassungsrechtliches Handeln andererseits – unmöglich wäre, so daß die konkrete Wahrnehmung der identischen Aufgabe, die Vertretung der Arbeitsgruppe durch den Vertrauensmann/Arbeitsgruppensprecher niemals »rein« gewerkschaftlich erfolgen könnte, sondern stets zugleich den betriebsverfassungsrechtlichen Bindungen, der betrieblichen Friedenspflicht, unterliegen würde. Wenn also die gewerkschaftlichen Vertrauensleute als Arbeitsgruppensprecher den Unterbau für den Betriebsrat bilden und auch als zugleich Arbeitsgruppensprecher ihre volle gewerkschaftliche Bewegungsfreiheit und Aktionsfähigkeit frei von betriebsverfassungsrechtlichen Bindungen, insbesondere an eine betriebliche Friedenspflicht, erhalten sollen – wie es zwingend geboten ist! –, so kann dieser Zweck nicht schon dadurch erreicht werden, daß eine für den Arbeitsgruppensprecher an sich bestehende betriebliche Friedenspflicht scheinbar »eingeschränkt« wird durch eine Freistellung der gewerkschaftlichen Betätigung im übrigen, d. h. neben dem Aufgabenbereich des Arbeitsgruppensprechers, im Sinne von § 74 Abs. 3 Betriebsverfassungsgesetz. Der Zweck, die volle Bewegungsfreiheit des zugleich als Arbeitsgruppensprecher fungierenden gewerkschaftlichen Vertrauensmannes zu erhalten, kann vielmehr nur durch eine völlige Freistellung auch des Arbeitsgruppensprechers von der betrieblichen Friedenspflicht erreicht werden.[3]

Da eine solche Freistellung nach der gesetzlichen Konstruktion in § 3 Abs. 1 Ziff. 1 Betriebsverfassungsgesetz zumindest zweifelhaft ist, bliebe nur der Weg, in dem Tarifvertrag, der Arbeitsgruppensprecher überhaupt erst einrichtet, deren Freistellung von der betrieblichen Friedenspflicht und sonstigen betriebsverfassungsrechtlichen Bindungen ausdrücklich zu vereinbaren. Jedoch wird dieser Weg in der Praxis nur schwer durchsetzbar sein. Zudem ist es nicht völlig ausgeschlossen, daß selbst eine

3 Insoweit muß ich die früher von mir vertretene Ansicht (Erweiterung der innerbetrieblichen Mitbestimmung durch Arbeitsgruppen, in: Gewerkschaftliche Monatshefte 19 (1968), 12, S. 719 ff., 723 f. – in diesem Band S. 62 ff. korrigieren und präzisieren.

solche tarifvertraglich vereinbarte Freistellung der Arbeitsgruppensprecher von der betrieblichen Friedenspflicht später von den Arbeitsgerichten nicht anerkannt werden wird.
Oder – und das ist die andere mögliche »praktische« Alternative – Arbeitsgruppensprecher und gewerkschaftliche Vertrauensleute sind nicht identisch, d. h. es gäbe dann zwei unterschiedliche, getrennte Vertretungssysteme unterhalb des Betriebsrats. In einem solchen Dualismus würden die Arbeitsgruppensprecher zu einer Konkurrenz für die gewerkschaftlichen Vertrauensleute; eine effektive Interessenvertretung und die gesamte Gewerkschaftsarbeit im Betrieb wären gefährdet. Daher verbietet sich diese Alternative vom gewerkschaftlichen Standpunkt aus, und es erscheint wenig wahrscheinlich, daß mit einer solchen auf einen Dualismus gerichteten Perspektive Gewerkschaften überhaupt entsprechende Tarifverträge im Sinne von § 3 Abs. 1 Ziff. 1 Betriebsverfassungsgesetz abschließen werden. Es bleibt also festzustellen, daß wegen der nicht auszuschließenden möglichen Bindung an die betriebliche Friedenspflicht die Arbeitsgruppensprecher, so wie sie in § 3 Abs. 1 Ziff. 1 Betriebsverfassungsgesetz vorgesehen werden, kein geeignetes Instrument für gewerkschaftliche Arbeit im Betrieb sind.

Die betriebliche Friedenspflicht nach dem Betriebsverfassungsgesetz

5. Die in § 74 Abs. 2 Betriebsverfassungsgesetz geregelte betriebliche Friedenspflicht (des Betriebsrats) ist eine Ableitung und Konkretisierung der in § 2 Abs. 1 Betriebsverfassungsgesetz ausgesprochenen grundsätzlichen Verpflichtung von Arbeitgeber und Betriebsrat zur »vertrauensvollen« Zusammenarbeit »zum Wohl der Arbeitnehmer und des Betriebs«. Dadurch werden beide Seiten verpflichtet, ihre eigenen Interessen jeweils nur unter Berücksichtigung der Interessen der Gegenseite zu vertreten und durchzusetzen zu versuchen, d. h. also der Arbeitgeber nur unter Berücksichtigung auch des »Wohls der Arbeitnehmer«, der Betriebsrat die Arbeitnehmerinteressen nur unter Berücksichtigung des »Wohls des Betriebs«, das nach dem in der vergangenen Rechtsentwicklung geprägten Verständnis heute eindeutig als Interesse des Arbeitgebers interpretiert wird. Die Grundsatzverpflichtung des § 2 Abs. 1 Betriebsverfassungsgesetz formuliert somit einen umfassenden, allgemeingültigen Maßstab für

die Wahrnehmung der durch das Betriebsverfassungsgesetz eingeräumten Befugnisse – was trotz der neutral-zweiseitigen, auch den Arbeitgeber treffenden Formulierung praktisch nur für den Betriebsrat relevant wird, weil die durch das Betriebsverfassungsgesetz geschaffenen Rechte im wesentlichen nur solche des Betriebsrats sind, der andererseits nur aus dem Betriebsverfassungsgesetz Befugnisse ableiten kann, während die Rechte und Machtpositionen des Arbeitgebers nicht erst durch das Betriebsverfassungsgesetz geschaffen worden sind, sondern außerhalb von ihm bestehen und durch dieses nur eingeschränkt werden. So wird der Betriebsrat verpflichtet, die eigene Interessenvertretung, die Vertretung der Arbeitnehmerinteressen, in den größeren Interessenbereich des Betriebes insgesamt, der von den überlegenen Machtpositionen des Arbeitgebers bestimmt wird, einzubetten.

Dementsprechend wird in § 74 Abs. 2 Betriebsverfassungsgesetz eine absolute innerbetriebliche Friedenspflicht für den gesamten betriebsverfassungsrechtlichen Bereich ausgesprochen. Dieses betriebliche Friedensgebot ist angesichts des realen grundsätzlichen Interessengegensatzes zwischen Belegschaft und Unternehmensleitung eine Projektion der allgemeinen Sozialpartnerschafts-Ideologie auf die betriebliche Ebene. Zwar ist ein gewisses Maß an Zusammenarbeit zwischen Arbeitnehmer und Arbeitgeber sowie an Störungsfreiheit des Arbeitsablaufs erforderlich zur Erbringung der Arbeitsleitung, von der wiederum Lohn und Gehalt der Arbeitnehmer abhängt und liegt daher insoweit auch im Interesse der Arbeitnehmer, ebenso wie im Rahmen einer kapitalistischen Privatwirtschaft die Arbeitnehmer ein Interesse an der Existenz und Erhaltung von Unternehmen als Arbeitsstätten mit Arbeitsplätzen haben. Ebensowenig wie aus der zweiseitigen Übereinstimmung beim Abschluß des Arbeitsvertrages auf eine entsprechende totale Interessenidentität geschlossen werden kann, rechtfertigt die – wegen des auch im Betrieb fortbestehenden grundlegenden Interessengegensatzes zwischen Arbeitnehmern und Unternehmensleitung – antagonistische Kooperation ein absolutes innerbetriebliches Friedensgebot, das somit lediglich eine einseitige Überhöhung des Unternehmerinteresses verrechtlicht.

6. Als erstes verbietet die betriebliche Friedenspflicht Arbeitskämpfe, Arbeitskampfmaßnahmen zwischen Arbeitgeber und Betriebsrat, d. h. praktisch einen vom Betriebsrat geführten Streik

der Belegschaft. Die betrieblichen Interessengegensätze werden zu Meinungsverschiedenheiten verniedlicht, die nur auf friedlichem Weg beigelegt werden sollen und dürfen (§ 74 Abs. 2 Satz 1 Betriebsverfassungsgesetz). Zweitens verbietet die betriebliche Friedenspflicht »jede parteipolitische Betätigung« von Arbeitgeber und Betriebsrat im Betrieb, wovon allerdings ausdrücklich »die Behandlung von Angelegenheiten tarifpolitischer, sozialpolitischer und wirtschaftlicher Art, die den Betrieb oder seine Arbeitnehmer unmittelbar betreffen«, ausgenommen wird. Damit unterfällt also nicht politische Aktivität schlechthin dem Friedensgebot, sondern einzig die gezielte Propaganda für eine bestimmte Partei (§ 74 Abs. 2 Satz 3 Betriebsverfassungsgesetz).

Weiterhin werden Betätigungen verboten, durch die (entweder) »der Arbeitsablauf oder der Frieden des Betriebs beeinträchtigt werden«. Durch diese Gesetzesformulierung ist die Beeinträchtigung des Arbeitsablaufs zu einem selbständigen Tatbestand eines Verstoßes gegen die Friedenspflicht gemacht worden, der ohne gleichzeitige Beeinträchtigung des alternativ genannten Betriebsfriedens verwirklicht werden kann. Das könnte zum einen sogar zu einer Ausdehnung der betrieblichen Friedenspflicht insoweit benutzt werden, als bereits jede Beeinträchtigung (nicht nur »Störung«) des Arbeitsablaufs, unabhängig davon ob sie zugleich den Betriebsfrieden beeinträchtigt, dem Betriebsrat verboten wird: Schließlich könnte fast jede Tätigkeit des Betriebsrats, soweit sie sich nicht ausschließlich auf interne Beratung nur unter den Betriebsratsmitgliedern beschränkt, sondern nach »außen« Kontakte aufnimmt zu an sich mit Arbeit beschäftigten einzelnen oder mehreren Arbeitnehmern oder Vorgesetzten, als eine solche Beeinträchtigung des Arbeitsablaufs angesehen werden, die dann verboten wäre, sofern sie nicht Ausübung einer im Betriebsverfassungsgesetz ausdrücklich geregelten Kompetenz ist. Es bleibt abzuwarten, welche Entwicklung in dieser Hinsicht die Rechtspraxis und Arbeitsrechtsprechung nehmen werden. Zum anderen besteht eine zweite Möglichkeit für eine Erweiterung der betrieblichen Friedenspflicht darin, daß allein die Beeinträchtigung des Betriebsfriedens, auch wenn sie nicht zu einer Beeinträchtigung des Arbeitsablaufs geführt hat, verboten ist. Indem der Verbotstatbestand der Beeinträchtigung des Betriebsfriedens, der sowieso der alle anderen Unterfälle umfassende Tatbestand ist, nicht mehr auf die Beeinträchtigung des

Arbeitsablaufs abstellt, könnte er zu einer ganz allgemeinen, inhaltlich nichts – und damit alles – sagenden Generalklausel erweitert werden, die praktisch beliebig in unberechenbaren Einzelverboten konkretisiert werden könnte. Damit dürfte jene Rechtsprechung des Bundesarbeitsgerichts fortgeführt werden, die dem Betriebsrat schon jede Tätigkeit verbietet, die allein ihrer Natur nach geeignet erscheint, den Betriebsfrieden zu gefährden.

7. Vor dem Hintergrund des antagonistischen Interessengegensatzes im Betrieb sind die Bezugspunkte und damit auch die inhaltliche Ausfüllung der betrieblichen Friedenspflicht unklar. Sie kann entweder die Beziehungen nur innerhalb der Belegschaft, der Arbeitnehmer untereinander, betreffen oder die zwischen Arbeitnehmern und Geschäftsleitung, möglicherweise auch beides gemeinsam. Im Verhältnis zwischen Belegschaft und Geschäftsleitung verhindert oder zumindest behindert die betriebliche Friedenspflicht unmittelbar eine aktive Durchsetzung der Arbeitnehmerinteressen mittels innerbetrieblicher Machtentfaltung auf der Arbeitnehmerseite, während der Unternehmerseite die Möglichkeit eigener Machtentfaltung durch das Direktionsrecht rechtlich garantiert ist. Hinsichtlich der Beziehungen innerhalb der Belegschaft, der Arbeitnehmer untereinander, meint die betriebliche Friedenspflicht nicht nur vordergründig eine störungsfreie Kooperation der Arbeitnehmer, sondern betrifft im wesentlichen die realen, konkreten Möglichkeiten, eine Solidarität der gesamten Belegschaft zu gemeinsamem, kollektivem Handeln praktisch herzustellen. Da das Bemühen um solidarisches Verhalten der Belegschaft zunächst die stets wirksame, von Geschäftsleitung und Betriebshierarchie ausgehende Tendenz zur Aufsplitterung und Konkurrenz der Arbeitnehmer gegeneinander, d. h. reale objektive und subjektive Faktoren überwinden muß, kann sich dieser Prozeß nicht allein durch gütliches Zureden, nicht reibungslos und schmerzlos vollziehen, sondern bedarf der ständigen praktisch-aktiven Auseinandersetzung mit der hierarchischen Betriebsordnung und der Position des einzelnen in ihr, wodurch der Arbeitsablauf oder/und (damit) der Betriebsfrieden zwangsläufig beeinträchtigt werden müssen. Ein scheinbar konfliktfreies Übertünchen der internen Differenzen dagegen führt nicht zu wirklicher Solidarität und Kampfbereitschaft, so daß auch insoweit die betriebliche Friedenspflicht die Arbeitnehmerseite benachteiligt.

Theoretisch ist es zwar denkbar, daß die betriebliche Friedenspflicht auch in umgekehrter Richtung interpretiert und verwendet wird, d. h. die Machtausübung der Unternehmerseite generell oder konkret bei einzelnen Maßnahmen der Geschäftsleitung für unzulässig erklärt wird wegen einer Beeinträchtigung des Betriebsfriedens, weil die mit der Maßnahme verbundenen Nachteile für die Arbeitnehmer – und welche Unternehmermaßnahme bringt keine solchen Nachteile mit sich? – eine den Betriebsfrieden störende Unruhe unter der Belegschaft ausgelöst hat. Eine solche Wendung der betrieblichen Friedenspflicht wäre etwa vergleichbar der (vorläufigen) Enthebung des Unternehmensmanagements, mit der die Regierung der USA während des zweiten Weltkrieges streikende Bergarbeiter wieder an die Arbeit gebracht hatte. Aber die Durchsetzung einer solchen Theorie ist unter den bestehenden gesamtgesellschaftlichen Machtverhältnissen, die auch die Arbeitsrechtsprechung prägen, praktisch nicht zu erwarten, ebenso wie die Kategorie des Betriebswohls, aus der theoretisch der Betriebsrat auch ein Mitbestimmungsrecht über das Betriebswohl, also eine umfassende wirtschaftliche Mitbestimmung ableiten könnte, in der vergangenen Rechtsentwicklung vereinseitigt zum Interesse des Unternehmers geworden ist. So dient die sanktionsbewehrte innerbetriebliche Friedenspflicht praktisch der Verminderung von Produktionsstörungen sowie einer »subalternen« Integration der Arbeitnehmer in die vorgegebene Ordnung und engt den Umfang einer aktiven Vertretung und Durchsetzung von Arbeitnehmerinteressen erheblich ein, indem die Entfaltung von Arbeitnehmermacht im Betrieb beschnitten wird.

8. Diese betriebliche Friedenspflicht aus dem Betriebsverfassungsrecht wird noch ergänzt durch die tarifvertragliche Friedenspflicht, wie sie die herrschende Arbeitsrechtslehre versteht.

Durch den Tarifvertrag werden für eine bestimmte Frist generelle Regelungen über den Austausch von Arbeitskraft und Arbeitsentgelt vereinbart, entsprechend den insoweit begrenzt übereinstimmenden Interessen von Arbeitnehmern und Unternehmern, den offenen Kampf gegeneinander befristet einzuschränken, solange keine wesentliche Verschiebung der Kräfteverhältnisse zu erwarten steht. Aus dem Eingehen einer solchen tarifvertraglichen Bindung ergibt sich die normale Vertragserfüllungspflicht für die Tarifvertragsparteien, während der Tarifdauer den Austausch von Arbeitskräften und Arbeitsbedingungen wie und soweit vereinbart zu vollziehen. Diese Vertragserfüllungspflicht als eine nur relative, d. h. strikt auf den konkreten Tarifinhalt beschränkte »Friedenspflicht« kann daher nur soweit reichen und einen Arbeitskampf ausschließen, als die (generellen) Regelungen des jeweiligen Tarifvertrags (bereits) eine – unmittelbar geltende und anwendbare – Regelung der betrieblichen Arbeitsbedingungen enthalten, während der Kampf um alle offenen, im Tarifvertrag nicht oder nicht vollständig und abschließend geregelten Fragen, betreffend die betrieblichen Arbeitsbedingungen, auch weiterhin zulässig ist.

Demgegenüber nimmt die herrschende Arbeitsrechtslehre[4] eine (fast) absolute Friedenspflicht der Tarifvertragsparteien an, aufgrund deren während der Tarifdauer praktisch überhaupt keine weiteren (gewerkschaftlichen) Kampfmaßnahmen zulässig sein sollen, indem sie äußerst extensiv Zusammenhänge zwischen dem einzelnen Tarifvertrag und den während seiner Dauer in Betracht kommenden neuen Kampfzielen konstruiert und von daher jeden Streik, der ganz allgemein und unbestimmt »in Widerspruch« zum Tarifvertrag stehen soll, mit Sinn und Zweck der Friedenspflicht für unvereinbar erklärt. Dem liegt die Annahme einer besonderen Ordnungs- und Friedensfunktion des Tarifvertrags als eines »Friedensvertrags« zugrunde, der trotz der Interessengegensätze für eine befristete Zeit eine arbeitsrechtliche Ordnung schaffen bzw. erhalten und dem wirtschaftlichen und sozialen Frieden zwischen Unternehmern und Arbeitnehmern dienen soll. Durch die derart ausgedehnte, absolute Friedenspflicht wird den Gewerkschaften praktisch jede aktive Unterstützung der Arbeitnehmer bei den konkreten Auseinandersetzungen und Kämpfen im Betrieb – während der Tarifdauer – rechtlich untersagt, weil nur allzu leicht irgendein, wenn auch weit hergeholter Zusammenhang zwischen dem Gegenstand der konkreten Auseinandersetzung und dem geltenden Tarifvertrag konstruiert werden kann. Obendrein erstreckt die aus der Friedenspflicht abgeleitete Einwirkungspflicht der Gewerkschaft als Tarifvertragspartei – die ihre Mitglieder zur Einhaltung des Tarifvertrags anhalten muß, während die Basis aufgrund der Mitgliedschaftspflichten der Gewerkschaft gegenüber zu einem solchen Verhalten verpflichtet ist – praktisch die abso-

---

4 Vgl. Hueck-Nipperdey, Lehrbuch des Arbeitsrechts, 7. Aufl. 1967, Bd. II, S. 211, 238 f., 303 ff.; Brox-Rüthers, Arbeitskampfrecht, 1965, S. 132.

lute Friedenspflicht aus dem Tarifvertrag auf alle einzelnen Arbeitnehmer (als Gewerkschaftsmitglieder), da sie nur als Kollektiv, d. h. auf der Ebene gewerkschaftlicher Organisation, Kampfmaßnahmen ergreifen können: die erweiterte absolute Friedenspflicht aus dem Tarifvertrag macht die Gewerkschaften zum Disziplinierungsinstrument gegenüber ihrer Mitgliedschaftsbasis, zugunsten der Erhaltung des betrieblichen Arbeitsfriedens.

Schließlich werden die rechtlichen Möglichkeiten eines (zulässigen) Streiks um die konkreten betrieblichen Arbeitsbedingungen noch weiter eingeschränkt durch die herrschende Arbeitsrechtslehre, nach der die zulässigen Streikziele auf den Kampf um die Durchsetzung eines Tarifvertrags beschränkt werden, für den wiederum die extensiv interpretierte, absolute tarifliche Friedenspflicht gilt: Es bestehe ein teleologischer Zusammenhang zwischen dem Tarifvertrags- und dem Arbeitskampfrecht, da der Arbeitskampf lediglich ein Konnexinstitut zum Tarifvertrag sei und deswegen nur als Instrument zur Herbeiführung einer kollektivrechtlichen, tarifvertraglichen Regelung dienen dürfe.[5] Damit sind praktisch die individuellen konkreten betrieblichen Arbeitsbedingungen, die nur selten und in geringem Ausmaß durch Tarifvertrag geregelt zu werden pflegen, also praktisch die gesamte betriebliche Sphäre aus der Reichweite der zugelassenen gewerkschaftlichen Kampfmöglichkeiten der Arbeitnehmer entrückt worden. Da die Arbeitsrechtsprechung weiterhin die nicht-gewerkschaftlich organisierten Kampfmittel der Arbeitnehmer, also den nicht-gewerkschaftlichen, sogenannten »wilden« Streik ebenfalls für unzulässig erklärt, ist das System der rechtlichen Absicherung des betrieblichen Arbeitsfriedens vor Störung durch kollektive (Kampf-)Maßnahmen der Arbeitnehmer, mit denen sie ihren Interessenstandpunkt in den alltäglichen betrieblichen Auseinandersetzungen durchzusetzen versuchen könnten, »praktisch« perfekt: Alle möglichen Subjekte und Organisatoren eines betrieblichen Streiks auf der Arbeitnehmerseite unterliegen dem Arbeitskampfverbot – der Betriebsrat infolge der betrieblichen Friedenspflicht aus dem Betriebsverfassungsrecht; die Gewerkschaft aufgrund der tariflichen Friedenspflicht und des Verbots eines Streiks um andere als tarifvertraglich zu regelnde Ziele; die Belegschaft bzw. die Arbeitnehmer als Gewerkschaftsmitglieder, auf die die tarifliche Friedenspflicht

5 Vgl. Hueck-Nipperdey a. a. O., S. 880, 884, 1004 ff.

erstreckt wird, und wegen des Verbots des nicht-gewerkschaftlichen Streiks.

Die politische Bedeutung der betrieblichen Friedenspflicht

9. Zwischen dieser fast totalen Befriedung des Betriebs – genauer: dem von der Rechtsordnung unternommenen Versuch einer solchen Befriedung –, insbesondere der betrieblichen Friedenspflicht, und der auf das Eigentum an den Produktionsmitteln gegründeten Herrschaftsgewalt der Unternehmer im Betrieb, und damit über die gesamte Gesellschaft, besteht ein eindeutiger unmittelbarer Zusammenhang: Indem den Arbeitnehmern eine eigene innerbetriebliche Machtentfaltung untersagt wird, während das Direktionsrecht die – zumindest subsidiär und potentiell – umfassende Machtentfaltung der Unternehmerseite im und über den Betrieb, einschließlich der Arbeitnehmer, rechtlich garantiert, wird die Einheit des Betriebs trotz Betriebsverfassung und Mitbestimmung des Betriebsrats als undurchdringlicher Innenraum des Unternehmers behandelt. Das Unternehmerinteresse, d. h. die betriebliche Herrschaftsordnung unter dem Kommando der Unternehmer, wird durch die mittels der betrieblichen Friedenspflicht abgesicherte Verpflichtung des Betriebsrats zur vertrauensvollen Zusammenarbeit mit dem Arbeitgeber und zur Berücksichtigung des Wohls des Betriebs (§ 2 Abs. 1 Betriebsverfassungsgesetz) für allgemeinverbindlich, also auch für Arbeitnehmer und Gewerkschaften verbindlich erklärt. Die Friedenspflicht legt Betriebsrat und Gewerkschaft von Rechts wegen auf die Erhaltung der bestehenden Herrschaftsordnung, und damit der bestehenden Unterordnung der Arbeitnehmer, in Betrieb und Gesellschaft fest und diszipliniert die Arbeitnehmer als diejenigen, die nicht schon – wie die Unternehmer – ohnedies, ohne kollektive Aktion, über effektive, überlegene Herrschafts- und Machtpositionen verfügen und sich gegen ihre Unterordnung in Betrieb und Gesellschaft zur Wehr setzen müssen. Die betriebliche Friedenspflicht soll sicherstellen, daß die Entscheidungsgewalt der Unternehmerseite über Art und Inhalt der Produktion erhalten bleibt, daß die Rationalität und Logik der kapitalistischen Produktion sowie die privatwirtschaftliche Rentabilität des Betriebs durch Betriebsrat und Mitbestimmung nicht im Kern berührt werden, daß eine Beeinträchtigung der Pro-

duktivität durch die Vertretung von Arbeitnehmerinteressen sich in hinnehmbaren Grenzen hält.
Hier wird auch der Zusammenhang deutlich zwischen der betrieblichen Friedenspflicht des Betriebsrats und dem Ausschluß jeglicher wirtschaftlicher Mitbestimmung des Betriebsrats, was auch für die in der Regel der Mitbestimmung entzogenen sogenannten materiellen Angelegenheiten gilt (die wichtigen Neuerungen in § 87 Abs. 1 Betriebsverfassungsgesetz – Mitbestimmung bei Kurzarbeit, Ziff. 3, allgemein in Fragen der betrieblichen Lohngestaltung, Ziff. 10, bei der Festsetzung der Geldfaktoren für den Akkord, Ziff. 11 – sind insgesamt nur von untergeordneter Bedeutung und bilden keinen Ersatz für eine wirtschaftliche Mitbestimmung). Eine echte wirtschaftliche Mitbestimmung des Betriebsrats würde in die Beziehungen zwischen Betriebsrat und Unternehmensleitung einen qualitativ neuen Bereich einführen, in dem aus seinem Wesen heraus der fundamentale Interessengegensatz zwischen der Arbeitnehmer- und der Unternehmerseite stets unmittelbar durchschlägt bei der Behandlung der einzelnen Angelegenheit, so daß ein nur halbwegs sinnvoller Interessenausgleich nicht möglich ist, sondern angesichts des fundamentalen Gegensatzes nur die eine oder die andere Interessenrichtung die Oberhand behalten, d. h. sich durchsetzen kann – was also ein kampfweises Austragen des Interessengegensatzes in jedem Einzelfall erfordert. Unter solchen Umständen ist bei einer wirtschaftlichen Mitbestimmung des Betriebsrats eine betriebliche Friedenspflicht von vornherein sinnlos und in den Wind geschrieben – oder sie müßte die wirtschaftliche Mitbestimmung zur unwirksamen Farce werden lassen. Die unter der Bedingung betrieblicher Friedenspflicht gewährte Mitbestimmung des Betriebsrats nach dem Betriebsverfassungsgesetz läßt die entscheidende Herrschaftsgewalt des Unternehmers über Betrieb und Arbeitnehmer bestehen.
Aus den gleichen Gründen würden auch die (möglicherweise) der betrieblichen Friedenspflicht unterworfenen Arbeitsgruppensprecher (im Sinne von § 3 Abs. 1 Ziff. 1 Betriebsverfassungsgesetz) lediglich zu Transmissionsriemen von oben und damit zu einer Fortsetzung der bestehenden Betriebshierarchie; sie könnten nicht der Entfaltung von Arbeitnehmer-Gegenmacht im Betrieb dienen, ja würden deren Entfaltung zu behindern drohen.
10. Die betriebliche Friedenspflicht hat aber nicht nur die Funk-

tion, die betriebsverfassungsrechtliche Mitbestimmung auf ein systemimmanentes Maß zu beschränken, sondern soll zugleich die Bildung einer auf aktive Interessenvertretung ausgerichteten kollektiven Eigenorganisation der Arbeitnehmer im Betrieb, die schon als solche den Betriebsfrieden stört, ver- oder zumindest behindern: solidarische Interessenvertretung durch kollektive Eigenorganisation und -aktion der Arbeitnehmer widerspricht deren fremdbestimmter Befehlsempfängerstellung im Betrieb und durchbricht die vorherrschende Harmonievorstellung. Als Versuch einer autonomen Vergesellschaftung realisiert sie ein qualitativ neues Prinzip der Organisation sozialen Handelns, in dessen praktischer Vermittlung durch die solidarische Aktion die Arbeitnehmer ihre Unterordnung und Fremdbestimmung in der bestehenden offiziellen Betriebshierarchie in Frage zu stellen beginnen. Schon allein der Tatbestand einer kollektiven Eigenorganisation der Arbeitnehmer im Betrieb stellt wenigstens im Prinzip die Herrschaftsfrage im Betrieb, die als gesellschaftliche Machtfrage über den Betrieb hinausreichend die ökonomischen und politischen Machtverhältnisse in der Gesellschaft insgesamt betrifft. Dieser »Gefahr« soll die betriebliche Friedenspflicht, die dem Betriebsrat eine auf aktive Interessenvertretung ausgerichtete kollektive Eigenorganisation der Arbeitnehmer im Betrieb untersagt, in Verbindung mit der im Betriebsverfassungsgesetz angelegten Entbindung des Betriebsrats aus einem direkten Auftragsverhältnis und direkter konkreter Verantwortung gegenüber der Belegschaft entgegenwirken.

11. Die herrschende Arbeitsrechtslehre jedoch sieht in der Friedenspflicht einerseits und der Freiheit wirksamer Interessenwahrnehmung andererseits keine Gegensätze. Denn ein wirklicher Arbeitsfriede sei nur möglich, wenn ohne sachfremde Verfälschung der Interessenlage der eigene Standpunkt vertreten werden könne; andererseits seien Forderungen nur auf einer vertraglichen oder gesetzlichen Friedensbasis zu verwirklichen, die beide Teile rechtlich zwinge, auf eine kampfweise Änderung des augenblicklichen Zustands zu verzichten.[6] Diese »Friedensidee« oder Theorie des »sozialen Ausgleichs« läßt nur einen begrenzten Interessenhorizont zu und ist auf die Konservierung der Grundzüge des Status quo der gesamtgesellschaftlichen und be-

6 So Hueck-Nipperdey a. a. O., S. 51; Neumann-Duesberg, Betriebsverfassungsrecht, 1960, S. 47 ff.

trieblichen Ordnung gerichtet, mit der Absicht, den dynamisch über den Status quo hinaustreibenden fundamentalen Interessengegensatz zwischen Arbeit und Kapital aus den betrieblichen Arbeitsbeziehungen herauszuhalten. Damit wird die gesamtgesellschaftliche Bedingtheit der betrieblichen Arbeitsbeziehungen, d. h. ihre politische Dimension bewußt unterdrückt, entsprechend der bürgerlichen Ideologie von der Trennung zwischen Politik und Arbeitswelt.

Nach dem sanktionsbewehrten Gebot des Betriebsfriedesn soll die »Politik«, die außerhalb des Betriebs zu Auseinandersetzungen, zum politischen Kampf führt, nicht in den Betrieb »hinein«getragen werden (dürfen). Dafür kommt nicht nur in Betracht die spezielle Friedenspflicht aus dem Verbot der parteipolitischen Betätigung, sondern ganz allgemein die umfassende betriebliche Friedenspflicht aus dem Verbot einer Beeinträchtigung des Betriebsfriedens, die auf eine Ausklammerung des fundamentalen, d. h. gesamtgesellschaftlich bedingten, politischen Interessengegensatzes zwischen Arbeit und Kapital angelegt und angewiesen ist. Damit wird die politische Dimension als »Privatsache« der – außerbetrieblichen – Privatsphäre des einzelnen Arbeitnehmers zugerechnet, die nicht »störend« in den Betrieb hineinreichen darf. Diese Auffassung, die Politik als »störend« im Betrieb für nicht normal erklärt, läuft darauf hinaus, den im Betrieb lebenden Menschen – und schließlich verbringen die Arbeitnehmer immer noch den größeren Teil ihres wachen Lebens in Betrieb und Arbeitswelt – als unpolitisch und entpolitisiert zu betrachten und vorzuschreiben, was aus der betrieblichen Sphäre heraus letztlich auf den gesamten Lebensbereich ausstrahlt. Damit wird der vorhandene Zustand weitgehender Entpolitisierung zugleich zu dem gesollten, vorgeschriebenen Verhalten erklärt.

Dem liegt objektiv die formelle Struktur des gegenwärtigen Arbeitsverhältnisses zugrunde. Nach der offiziellen Betriebsorganisation treten die Arbeitnehmer nicht eigenständig in eine kollektive Beziehung zueinander und untereinander, sondern bestehen nur individuelle Beziehungen zwischen jeweils dem einzelnen Arbeitnehmer und dem Unternehmen als isoliert-individuelle private Beziehungen, so daß die Organisation der Zusammenarbeit der vielen im Betrieb eine Privatsache des Unternehmers und damit überhaupt die betriebliche Sphäre zur Privatsphäre des Unternehmers, betriebliche Herrschaft zur Privatangelegenheit des Unternehmers wird, die der Betriebsfrieden vor dem störenden Eindringen kollektiver Auseinandersetzungen schützen soll.

Die ideologische Trennung von Politik und Arbeitswelt engt den Umfang der betrieblichen wie der außerbetrieblichen Arbeitnehmerinteressenvertretung durch den Betriebsrat und die Gewerkschaft ein, indem eine Arbeitsteilung konstruiert wird, nach der die gesamtgesellschaftlichen, politischen Interessen von Parteien wahrgenommen werden und Betriebsrat und Gewerkschaften lediglich für spezielle partikulare Belange (für den »sozialen« Bereich) zuständig sein sollen. Damit werden die allgemeinen gesellschaftlichen Grundlagen des Arbeitsverhältnisses und der tatsächlichen Herrschaftsordnung im Betrieb von vornherein aus Auftrag und Handlungsmöglichkeiten der gewerkschaftlichen und betrieblichen Interessenvertretung der Arbeiter ausgeklammert, sie sollen nicht vom konkreten Ansatz des betrieblichen Geschehens her in Frage gestellt werden können. Der umfassende gesellschaftspolitische Auftrag der Gewerkschaften wird um das entscheidende Moment verkürzt, nämlich um den Kampf um eine grundlegende Neugestaltung der gesellschaftlichen Strukturen und Bedingungen des Arbeitsverhältnisses.

Auch das betriebliche Geschehen ist wegen des es bestimmenden, gesamtgesellschaftlich bedingten Interessengegensatzes zwischen Arbeitnehmern und Unternehmer politisch determiniert und relevant, das gegenwärtige Arbeitsverhältnis wird geprägt von dem grundlegenden sozialen Konflikt zwischen Arbeit und Kapital. Obwohl Politik die allgemeinen Bedingungen des gesellschaftlichen Lebens meint und die Arbeitnehmer den größten Teil ihres gesellschaftlichen Lebens im Betrieb verbringen, obwohl die zentrale Kategorie des »Wohls des Betriebs« (§ 2 Abs. 1 Betriebsverfassungsgestz) nur in politischer Vermittlung zu interpretieren ist, verkürzt das Gebot des Betriebsfriedens ideologisch die Dimension des Politischen derart, daß der lebendige soziale Zusammenhang zwischen den betrieblichen Auseinandersetzungen und deren gesamtgesellschaftlichen Bedingungen – der objektiv besteht, jedoch stets neu vermittelt werden muß als ein bewußter politischer Zusammenhang – beeinträchtigt und der grundlegende gesellschaftliche Gegensatz zwischen Arbeit und Kapital in die Privatsphäre – einerseits des Unternehmers, andererseits der Arbeitnehmer – abgedrängt und auf der betrieblichen Ebene entpolitisiert wird.

Die betriebliche Friedenspflicht wirkt also mit, die Gewerkschaften, die Betriebsräte und die Belegschaften, d. h. die Arbeitnehmer zu entpolitisieren – und nicht nur im betrieblichen Bereich, sondern für ihr gesamtes soziales Verhalten. Das bewußt politische kollektive Austragen der gesamtgesellschaftlich bedingten und gesellschaftspolitisch wirkenden betrieblichen Konflikte, das eine umfassende Mobilisierung der Arbeitnehmer bewirken könnte, wird durch Abdrängung der politischen Dimension in die Privatsphäre (an den Stammtisch) zu vermeiden gesucht – obwohl bzw. gerade weil in einer solchen Mobilisierung die einzige Möglichkeit liegt, die Unterordnung der Arbeitnehmer in Betrieb und Gesellschaft zu überwinden, da der Arbeitnehmer seine Klassenlage und die für diese kennzeichnende Solidarität nur in der kollektiven Aktion erfahren und bewähren kann, der Arbeitnehmer seinen Freiheitsanspruch nur kollektiv verwirklichen kann. Indem in der betrieblichen kollektiven Aktion der zugrundeliegende antagonistische Interessengegensatz objektiv wirksam und ins Bewußtsein gerufen wird, hebt dieser aktuelle gesamtgesellschaftliche Bezug die Privatisierung und Entpolitisierung des einzelnen Arbeitnehmers und damit des Arbeitsverhältnisses sowie der betrieblichen Sphäre überhaupt auf. Dagegen stellen entpolitisierte Arbeitnehmer, die nicht die gesamtgesellschaftlichen Bedingungen und Zusammenhänge von ihrer konkreten Einzelsituation her zu erkennen vermögen, nicht nur die betriebliche Herrschaftsordnung sehr viel weniger in Frage, sondern nehmen auch in ihrem außerbetrieblichen, privaten und »politischen« Verhalten wenig ober gar keinen Anteil am sogenannten »politischen« Geschehen, d. h. stellen die gesamtgesellschaftlichen Machtverhältnisse ebenfalls nicht mehr in Frage.

12. Damit fügt sich die innerbetriebliche Friedenspflicht in die allgemeine Politik des sozialen Ausgleichs zur Sicherung des kapitalistischen Gesellschaftssystems ein, sie soll die betriebliche Herrschaftsstruktur gerade auch in deren gesamtgesellschaftlich wirksamer Dimension als Bestandteil des allgemeinen gesellschaftlichen und politischen Herrschaftssystems absichern. Umgekehrt genügt eine innerbetriebliche »Ruhestellung« allein nicht, wenn von außen, aus dem allgemeinen gesellschaftlichen und politischen Bereich her, Unruhe in die Betriebe »hinein«getragen werden kann.

Die gesellschaftliche und politische Vorherrschaft des Kapitals in

dieser Gesellschaft ist angesichts der formalen politischen Gleichberechtigung der Arbeitnehmer und angesichts der unumgänglich notwendigen Kooperation der Arbeitnehmer im Produktionsprozeß nur gewährleistet bei einer entsprechenden »Zustimmung«, d. h. systemimmanenten Einordnung der Arbeitnehmer, die dazu gebracht werden müssen, ideologisch eine Harmonie zwischen Kapital und Arbeit zu akzeptieren. Im Interesse der Stabilisierung der Herrschaft des Kapitals über die Arbeit werden die Beziehungen zwischen Arbeit (Arbeitnehmer und Gewerkschaften) und Kapital insbesondere, aber nicht nur in ihrer betrieblichen Dimension entpolitisiert, um die Frage nach den zugrundeliegenden Produktionsverhältnissen aus dem allgemeinen Bewußtsein zu verdrängen. Es ist der Sinn des bürgerlich-demokratischen Verfassungsstaats, einen Zustand sozialen Friedens zu garantieren, in dem der gesellschaftliche Antagonismus entschärft wird, d. h. die sozialen Konflikte zwischen Arbeit und Kapital nicht in ihrem zugrundeliegenden Widerspruch aufgehoben, sondern zwecks Vermeidung systemaufbrechender Störungen zunehmend kanalisiert werden in besondere Institutionen mit gleichsam »parlamentarischer« Verfahrensweise. In solchen Vermittlungsinstitutionen werden die Gewerkschaften durch Friedenspflicht angebunden und müssen dann die dort getroffenen Entscheidungen gegenüber ihrer eigenen Basis durchsetzen.
Die allgemeine Entpolitisierung der Bevölkerung, die die sozialen und politischen Konflikte personalisiert und den einzelnen privatisierend isoliert, ist sowohl eine elementare Existenzbedingung des kapitalistischen Systems als auch eine zugleich durch diese erst möglich gewordene Konsequenz. Der vordergründige Pluralismus von Konsuminteressen in der Distributionssphäre führt zur sozialen Differenzierung und politischen Zersplitterung der Arbeitnehmer, der »Arbeiterklasse«, und ermöglicht den sozialen »Frieden«. Der grundsätzliche, in den Produktionsverhältnissen angelegte gesellschaftliche Antagonismus bleibt auf den »sozialen« und ökonomischen Teilbereich beschränkt und erreicht keine politische Qualität, wird von dem politischen Kampf um die gesamtgesellschaftliche Herrschaftsordnung ferngehalten. Damit wird der gesellschaftliche Antagonismus nicht mehr auf der staatlich-politischen Ebene vertreten, auf der vielmehr nur der eine Pol der Gesellschaft reproduziert wird, während von dem Prozeß der gesellschaftlichen Entscheidungsbil-

dung auf dieser zentralen Ebene gerade die Klassen, die die Verhältnisse ändern wollen, also die Masse der Arbeitnehmer und anderen Unterschichten, ausgeschlossen sind – und trotzdem infolge Entpolitisierung und über Harmonie-Ideologien wirksam – aber letztlich doch nur vordergründig – integriert werden. Darin liegt eine plebiszitäre Basis für den gesellschaftlichen Status quo der Vorherrschaft des Kapitals. Das Gebot des sozialen Friedens und insbesondere die innerbetriebliche Friedenspflicht sollen also gerade diejenigen disziplinieren, die gegen den gesellschaftlichen Status quo antreten könnten.

Betriebliche Friedenspflicht und Vertretung von Arbeitnehmerinteressen

13. Die betriebliche Friedenspflicht ist in der Arbeitsrechtsprechung sogar auf den einzelnen Arbeitnehmer ausgedehnt worden. Obwohl § 74 Abs. 2 Betriebsverfassungsgesetz (bzw. die § 49 Abs. 2, 51 Satz 2 des alten Betriebsverfassungsgesetzes, auf die sich die entsprechende Rechtsprechung bisher bezogen hat) lediglich den Betriebsrat als Organ verpflichtet und direkt nicht einmal dessen einzelne Mitglieder erfaßt, deren individuelles Handeln vielmehr nur insoweit betroffen ist, als es unmitttelbar zum Handeln des Organs gehört, hat das Bundesarbeitsgericht[7] die betriebliche Friedenspflicht aus einer dem Betriebsrat als Organ obliegenden Amtspflicht umfunktioniert in eine individuelle arbeitsvertragliche Nebenpflicht eines jeden einzelnen Arbeitnehmers, die somit allen Arbeitnehmern individualrechtlich eine Störung des Betriebsfriedens untersagt, und dies mit der sogenannten »Treuepflicht« des Arbeitnehmers begründet, die gewaltsam den fundamentalen Interessengegensatz zwischen Arbeitnehmer und Unternehmen überspringt.
Damit wird im Ergebnis auch dem einzelnen Arbeitnehmer von Rechts wegen untersagt, Arbeitnehmermacht zum Widerstand gegen die betriebliche Machtentfaltung der Unternehmerseite zu organisieren, d. h. gewerkschaftlich zu handeln. Da die betriebliche Friedenspflicht auf eine Verdrängung des fundamentalen Interessengegensatzes zwischen Arbeit und Kapital und so-

7 Vgl. dazu R. Hoffmann, Ein Urteil und seine Folgen, Kritische Justiz 1969, S. 71 ff., 78.

mit auf eine Entpolitisierung von Arbeitsverhältnis und betrieblicher Sphäre ausgerichtet ist, dient die Erstreckung der betrieblichen Friedenspflicht auf alle einzelnen Arbeitnehmer dazu, entsprechende »politische«, also auch gewerkschaftliche Betätigungen von Arbeitnehmern im Betrieb zu unterbinden. Auf diesem Wege wird von den mit der Friedenspflicht überzogenen Mitgliedern her auch der Gewerkschaft, als betrieblicher Widerstandsorganisation, die betriebliche Friedenspflicht aufgezwungen. Allerdings ist nicht zu übersehen, daß diese Rechtsmeinung des Bundesarbeitsgerichts bisher praktisch lediglich in den sehr wenigen einschlägigen Entscheidungen dieses Gerichts zum Tragen gekommen ist, während sie in der betrieblichen Realität zumindest direkt nur eine sehr geringe Rolle gespielt hat – was jedoch ihre Gefährlichkeit als potentiell verfügbares Druckmittel nicht verringert.

Schließlich bleibt noch die neue Bestimmung des § 74 Abs. 3 Betriebsverfassungsgesetz zu berücksichtigen, nach der »Arbeitnehmer, die im Rahmen dieses Gesetzes Aufgaben übernehmen, ... hierdurch in der Betätigung für ihre Gewerkschaft auch im Betrieb nicht beschränkt« werden (dürfen). Da nach dieser Vorschrift zumindest implicite auch alle einzelnen Arbeitnehmer überhaupt »in der Betätigung für ihre Gewerkschaft auch im Betrieb« nicht beschränkt werden dürfen, kann nunmehr jedenfalls das gewerkschaftliche Handeln der Arbeitnehmer, auch soweit es ein politisches Handeln der Gewerkschaft ist, nicht mehr unter Berufung auf eine »Treuepflicht« unterbunden werden; es bleibt abzuwarten, ob und wieweit diese Konsequenz in der Rechtsprechung gezogen wird.

14. Die betriebliche Friedenspflicht in ihrer Entpolitisierungsfunktion findet eine notwendige Ergänzung in der institutionellen Trennung zwischen dem Betriebsrat und seiner betrieblichen Basis in der offiziellen Betriebsverfassung. Zwischen Betriebsrat und Belegschaft besteht ein bloß abstraktes Repräsentationsverhältnis, in dem der Betriebsrat der Belegschaft keine Rechenschaft schuldet und für dauerhafte konkrete Einwirkungsmöglichkeiten der Belegschaft auf die Interessenvertretung des Betriebsrats keine entsprechenden, formalisierten Handlungsformen bereitstehen. Die betriebspolitischen Möglichkeiten der Belegschaft sind daher nach dem Betriebsverfassungsgesetz beschränkt auf den alle drei Jahre stattfindenden Wahlakt sowie auf die vierteljährlichen Betriebs- oder Abteilungsversammlun-

gen, die nach § 45 Betriebsverfassungsgesetz den Betriebsrat weder beauftragen noch bindend verpflichten können und vor allem auf die Behandlung solcher Angelegenheiten beschränkt sind, die – auch wenn sie tarifpolitischer, sozialpolitischer oder wirtschaftlicher Art sind – den Betrieb »unmittelbar« betreffen müssen, womit – tendenziell – die gesamtgesellschaftlichen, politischen Dimensionen des Arbeitsverhältnisses aus der offiziell zugelassenen Thematik von Betriebsversammlungen herausgedrängt werden können. Die institutionelle Trennung zwischen Betriebsrat und Belegschaft wirkt durch den (offiziellen) Ausschluß realer Beteiligungsmöglichkeiten der Arbeitnehmer selbst an der Interessenvertretung durch den Betriebsrat und damit an dem Austragen des fundamentalen Konflikts zwischen Kapital und Arbeit auf der betrieblichen Ebene notwendigerweise entpolitisierend, ebenso wie der Auftrag des Betriebsrats zur betrieblichen Interessenvertretung durch die in der Verpflichtung auf den Betriebsfrieden angelegte Ausklammerung der allgemeinen gesellschaftlichen Grundlagen des Arbeitsverhältnisses entpolitisiert ist.

Das offizielle Fehlen einer permanenten direkten Kommunikation zwischen Betriebsrat und Belegschaft verhindert nicht nur die Institutionalisierung einer wirksamen Kontrolle seitens der Basis von unten, die als Mobilisierung von Druck hinter dem Betriebsrat dessen Interessenvertretung gegenüber der Geschäftsleitung zugleich stärken würde. Es verhindert auch eine institutionalisierte und damit beständige Artikulation der spezifischen, antagonistischen Basisbedürfnisse, da der Betriebsrat selbst zu weit von der Basis entfernt ist und daher unter dem Druck von oben tendenziell in den Kategorien einer kapitalistisch verstandenen Rationalität und Rentabilität der Betriebs- und Arbeitsorganisation befangen wird, so daß er die aus der konkreten Basiserfahrung resultierende radikale Umkehrung dieser Rationalität nicht mehr oder jedenfalls nicht direkt und vollständig nachzuvollziehen vermag – während die Basis selber betriebsverfassungsrechtlich keine effektiven Organisationsformen für die Artikulation eben dieser Bedürfnisse hat.

Die betriebliche Friedenspflicht erfordert also die institutionelle Trennung zwischen Betriebsrat und Belegschaft. Diese Feststellung gilt – tendenziell – für den institutionellen Rahmen der offiziellen Betriebsverfassung, schließt jedoch nicht aus, daß in der betrieblichen Praxis gewerkschaftspolitisch bewußte Betriebsräte und gewerkschaftliche Vertrauenskörper in gemeinsamer Zusammenarbeit jene institutionellen Sperren der Betriebsverfassung durchbrechen und eine kontinuierliche Kommunikation zwischen der Basis und den betrieblichen und gewerkschaftlichen Institutionen der Interessenvertretung herstellen können. Andererseits sind nicht wenige Betriebsräte an dem Betriebsfrieden interessiert, weil die Ruhe an der Basis eine stete Wiederwahl durch entpolitisierte Mehrheiten sichern kann. Denn häufig können die Betriebsratsmitglieder die formalen Grenzen aus ihrer betriebsverfassungsrechtlichen Funktion kaum noch durchbrechen, die jahrelange Anpassung der eigenen Betriebspolitik an den institutionellen Rahmen der offiziellen Betriebsverfassung hat sie unfähig gemacht, eine eigenständige, von seiten der Geschäftsleitung unbeeinflußte Politik zu konzipieren und erst recht zu vertreten. Zur Rechtfertigung gegenüber der Belegschaft verweisen sie dann, mehr noch als die Unternehmerseite selbst, auf die Pflicht zur Einhaltung des Betriebsfriedens und streben damit selber »Ruhe« im Betrieb an.

15. Der Verpflichtung des Betriebsrats auf den Betriebsfrieden entspricht mit einer gewissen Zwangsläufigkeit die strikte Trennung von Betriebsrat und Gewerkschaft nach der offiziellen Betriebsverfassung, die zugleich auch einen Trennungsstrich zwischen Gewerkschaft und Belegschaft, also den Gewerkschaftsmitgliedern, zieht. Diese Trennung geht über eine bloße Aufgabenteilung zwischen Gewerkschaft und Betriebsrat hinaus, die trotz unterschiedlicher Funktionszuweisung immer noch aufgrund des fortbestehenden inneren Arbeitszusammenhangs eine gegenseitige Durchdringung zuließe und erforderte; sie ist vielmehr prinzipiell auf eine Trennung von Gewerkschaft und betrieblicher Sphäre, d. h. gegen gewerkschaftliche Präsenz im Betrieb gerichtet. Dadurch soll der Gewerkschaft der Zugriff auf die konkreten betrieblichen, betriebsindividuellen Arbeitsbedingungen verwehrt werden, damit das organisierte gewerkschaftliche Handeln nicht vom konkreten Ansatz des betrieblichen Geschehens her die betriebliche und damit auch die gesamtgesellschaftliche Herrschaftsordnung in Frage stellen kann.

Außerdem wird durch die tendenziell auch den einzelnen Arbeitnehmer – und das Organ der Arbeitnehmerinteressenvertretung im Betrieb, den Betriebsrat – treffende betriebliche Friedenspflicht auch den Gewerkschaften (neben der tarifvertraglichen Friedenspflicht) noch eine besondere Friedenspflicht für den betrieblichen Bereich aufgezwungen, da die gewerkschaftliche Aktion erst durch das kollektiv organisierte individuelle Handeln der einzelnen Arbeitnehmer als der Gewerkschaftsmitglieder konstituiert wird. Darüber hinaus noch zielt die Taktik der Unternehmerseite dahin, praktisch die gesamte betriebliche Tätigkeit der Gewerkschaften in den Rahmen der offiziellen Betriebsverfassung einzubeziehen und dadurch in vollem Umfang an die betriebsverfassungsrechtliche Pflicht zur vertrauensvollen Zusammenarbeit (mit dem Arbeitgeber) sowie zur Ausrichtung am »Wohl des Betriebs« und an die betriebsverfassungsrechtliche Friedenspflicht zu binden, »soweit sie ihre beratenden und unterstützenden Funktionen innerhalb der Betriebsverfassung wahrnehmen«.[8]

Andererseits werden die Gewerkschaften selber vermittels der Ausdehnung der tarifvertraglichen Friedenspflicht, die praktisch zu einer absoluten Friedenspflicht während der Tarifdauer erstreckt wird, in die Rolle von Disziplinierungsinstrumenten gegenüber der betrieblichen Basis, zugunsten der Erhaltung des Arbeitsfriedens, gedrängt.

Die gewerkschaftliche Praxis hat bisher diese einschränkenden Bedingungen und Formen für die Interessenvertretung der Arbeitnehmer im Betrieb – bzw. zur Verhinderung einer effektiven Interessenvertretung der Arbeitnehmer im Betrieb – weitgehend verinnerlicht und akzeptiert, wie der durchgängige Mangel einer effektiven gewerkschaftlichen Betriebspolitik, die Nicht-Präsenz der Gewerkschaften im Betrieb zeigt. Im Rahmen einer – nicht zuletzt auch darauf zurückzuführenden – generellen Gewerkschaftspolitik der bloß subalternen, systemimmanenten Integration, bei der die Gewerkschaften sich wenn auch nicht als »Ordnungsfaktoren« verstehen, so doch objektiv als solche verhalten, schlägt die Unterstützungsfunktion der Gewerkschaft gegenüber dem Betriebsrat, wie sie von der offiziellen Gewerkschaftspraxis propagiert wird, derart auf das gewerkschaftliche Handeln zurück, daß das häufig von betrieblicher Friedenspflicht und kapitalistisch verstandener Rationalität bestimmte Verhalten der Betriebsräte, die ihrerseits entscheidende Machtpositionen in dem realen Prozeß der innergewerkschaftlichen Willensbildung innehaben, die gesamte gewerkschaftliche »Be-

8 So Bundesvereinigung der Deutschen Arbeitgeberverbände, Das neue Betriebsverfassungsgesetz, 1972, S. 29, 33, 35 f., 62.

triebspolitik« prägt, wenn auch diese Bezeichnung für den größten Teil der entsprechenden Praxis schönfärberisch ist.

Wie weit die gewerkschaftliche Praxis die arbeitsfriedliche Beschränkung jeder Arbeitnehmerinteressenvertretung bereits verinnerlicht hat, trotz mancher gelegentlicher verbalradikaler Sonntagsreden, zeigten die offiziellen Vorschläge des DGB zur Novellierung des Betriebsverfassungsgesetzes: Sie halten grundsätzlich, wenn auch mit Modifizierungen, an der Verpflichtung des Betriebsrats auf eine vertrauensvolle Zusammenarbeit mit dem Arbeitgeber fest, mit dem Ziel der »Schaffung einer echten Partnerschaft«. Dabei wird allerdings behauptet, daß die Vorschrift (früher § 49 Abs. 1, heute § 2 Abs. 1 Betriebsverfassungsgesetz) nicht der Angelpunkt der Betriebsverfassung sei, sondern mit dem Ausbau der Mitbestimmungsbefugnisse zunehmend an Bedeutung verliere; Mitbestimmung führe zu Mitverantwortung: »Man kann nicht zu gleichberechtigter Mitbestimmung berufen sein und trotzdem ausschließlich Interessenvertreter bleiben.« Daher solle der Betriebsrat »alle seine Überlegungen einzubetten haben in den größeren Interessenbereich des Gesamtbetriebes« und müsse berücksichtigen, »daß die wirtschaftliche Rentabilität des Betriebes ... Schranken setzt«. Auch die vom DGB vorgeschlagene Streichung der ausdrücklichen Festlegung einer betrieblichen Friedenspflicht des Betriebsrats (früher § 49 Abs. 2 Satz 1, heute § 74 Abs. 2 Satz 2 Betriebsverfassungsgesetz) solle nicht etwa den Weg freigeben, den Betriebsfrieden »stören« zu können; vielmehr umfasse die Verpflichtung zur vertrauensvollen Zusammenarbeit »selbstverständlich« auch die Friedenspflicht im Betrieb.[9] Ein weiteres Beispiel: dem auf dem Höhepunkt der Auseinandersetzungen um das neue Betriebsverfassungsgesetz stattfindenden zehnten ordentlichen Gewerkschaftstag der IG Metall lag ein einziger Antrag aus einer Verwaltungsstelle (Nr. 646) vor, der eine Aufhebung der betrieblichen Friedenspflicht sowie der Verpflichtung zur vertrauensvollen Zusammenarbeit durch das neue Gesetz forderte – und »selbstverständlich« nicht angenommen wurde.

Darin drückt sich der allgemeine Legalismus der deutschen Gewerkschaften aus, der wiederum auf dem Hintergrund der zwie-

9 Vgl. DGB (Pinther), Vorschläge zur Novellierung des Betriebsverfassungsgesetzes, 1969, S. 8, 16 f.
Anders W. Vitt in: Gewerkschaftspost, Nr. 12/1969.

spältigen Stellung und Funktion der Gewerkschaften in der kapitalistischen Gesellschaft zu sehen ist. Denn neben ihrem auf grundsätzliche Systemveränderung gerichteten Auftrag, der die Aufhebung der Unterordnung der Arbeitnehmer in Betrieb und Gesellschaft an der Wurzel anstrebt, müssen die Gewerkschaften aus ihrem Wesen heraus zwangsläufig zugleich als kollektiver Verkäufer der Arbeitskraft auftreten und anerkennen mit Abschluß eines Tarifvertrags prinzipiell sowohl den Warencharakter der Arbeitskraft als auch den Unternehmer als Vertragspartner und damit die Unternehmerfunktion überhaupt, d. h. Eigentum und Herrschaft der Unternehmer. Sie unterliegen wesensnotwendig einer »industriellen Legalität« und übernehmen eine notwendige systemimmanente Funktion der kapitalistischen Wirtschaft. Diese »industrielle Legalität« wird – unter anderem als Legalismus – zum einzig dominierenden Element der Gewerkschaftspraxis, wenn die Gewerkschaften, wie meist in ihrer gegenwärtigen Praxis, auf eigene Aktionen zur Durchsetzung gesamtgesellschaftlich bedeutsamer Veränderungen verzichten und statt dessen nur an »den Staat«, den Gesetzgeber, appellieren und wenn sie sich an der Kanalisation der Konflikte zwischen Arbeit und Kapital in besonderen Vermittlungsinstitutionen beteiligen (Schlichtungsverfahren, »Spitzengespräche«, Konzertierte Aktion) und entsprechenden Friedenspflichten unterwerfen.

Gewerkschaftliche Betriebspolitik und Basisorganisation

16. Demgegenüber muß eine umfassende, zugleich betriebliche und gesamtgesellschaftliche Gewerkschaftspolitik und -strategie die betriebliche und außerbetriebliche Arbeitnehmerinteressenvertretung sowie Arbeitnehmermitbestimmung als bewußte Kritik an der kapitalistischen Betriebs-, Wirtschafts- und Gesellschaftsordnung verstehen und praktizieren, die im größeren Zusammenhang zu ergänzen ist durch den Kampf um eine wirksame öffentliche Kontrolle wirtschaftlicher Macht, die Vergesellschaftung der Schlüsselindustrien sowie eine demokratische Rahmenplanung. Eine solche umfassende Strategie erfordert eine Re-Politisierung des Arbeitsverhältnisses und der betrieblichen Sphäre überhaupt, die deren objektive gesamtgesellschaftliche, politische Determinierung und Relevanz als zentralen Ansatz

des fundamentalen Antagonismus zwischen Arbeit und Kapital hervorhebt. Dieser objektive strukturelle Zusammenhang zwischen der betrieblichen Auseinandersetzung und deren gesamtgesellschaftlichen Rahmenbedingungen muß stets neu vermittelt werden als ein politischer Zusammenhang, d. h. muß als solcher aktualisiert und in das subjektive Bewußtsein der Handelnden, der Arbeitnehmer, gehoben werden und muß zugleich durch eine reale objektive Verbindung der unterschiedlichen Handlungsebenen bzw. -dimensionen von einerseits Betrieb und andererseits Gesellschaft und Politik praktisch konkretisiert werden. Eine solche gewerkschaftliche Betriebspolitik für den Kampf im Betrieb ist zugleich sowohl auf eine Verbesserung der konkreten Arbeitsbedingungen (im weitesten Sinne) als auch auf eine Verbesserung der Bedingungen des gesamtgesellschaftlich-umfassenden Kampfes der Arbeitnehmer gerichtet und ist somit bewußt, in praktischer Vermittlung, zentraler Bestandteil des gewerkschaftlichen und politischen Kampfes um eine grundlegende Neugestaltung der gesellschaftlichen Verhältnisse.

Die Politisierung und politische Beteiligung der Arbeitnehmer, für die als direkte politische Beteiligung von »Massen« zunächst überhaupt praktische Handlungsmöglichkeiten durchgesetzt werden müssen, erfordert eine Aktivierung der Basis und eine unmittelbare Beteiligung der Arbeitnehmer selbst am Kampf um die Mitbestimmung sowie an der Praxis der Mitbestimmung sowohl im Betrieb als auch auf den anderen Ebenen, die allein eine ununterbrochene, mobilisierende und kontrollierende Vermittlung zwischen der alltäglichen Auseinandersetzung um Arbeitnehmerinteressen im Betrieb und den Vertretungsinstitutionen, insbesondere den Mitbestimmungsorganen, gewährleisten kann. Daraus leitet sich die Notwendigkeit ab, für eine solch unmittelbare Beteiligung einen organisatorischen Rahmen und entsprechende Formen des Handelns der Arbeitnehmer selbst an der Basis zu schaffen, als permanenten Willensbildungsprozeß der Arbeitnehmer zur Kontrolle ihrer Interessenvertretung im eigenen praktischen Handeln – und zwar direkt an der Basis, unterhalb der Ebene der institutionalisierten Interessenvertretung.

Diese Strategie eines umfassenden Kampfes gegen die Unternehmerherrschaft auf allen Ebenen stellt die bisherige, traditionelle Gewerkschaftspolitik, insbesondere das Verständnis und die Praxis von Gewerkschaften als subaltern integrierte Ordnungsfaktoren des kapitalistischen Systems in Frage und ist eine Kritik an dem bisherigen Fehlen einer effektiven Betriebspolitik der Gewerkschaften, die bislang keinen oder nur einen geringen Einfluß auf die unmittelbare Arbeitssituation der Arbeitnehmer und deren Bedingungen praktisch angestrebt oder gar erreicht haben. Als zugleich praktische Kritik an der gegenwärtigen Gewerkschaftspolitik ist die Aktivierung und Mobilisierung der Arbeitnehmer an der Basis, im Betrieb, – bzw. der Kampf um eine entsprechende Aktivierung – auch Bestandteil der innerorganisatorischen Auseinandersetzung und Diskussion, d. h. sie ist zugleich ein Instrument der innergewerkschaftlichen Demokratisierung.

Eine solche Aktivierung der Arbeitnehmer an der Basis in den Betrieben strebt eine betriebliche Präsenz der Gewerkschaften in Verbindung mit betriebsnaher gewerkschaftlicher Bildungsarbeit und betriebsnaher Tarifpolitik an und bedarf dafür einer minimalen Institutionalisierung einer gewerkschaftlich handelnden Basisorganisation im Betrieb selbst. Zu diesem Zweck muß die Interessenvertretung der Arbeitnehmer auf allen Ebenen, von der betrieblichen Basisorganisation über den Betriebsrat bis zur Gewerkschaft, von jeder Bindung an eine betriebliche, eine (absolute) tarifvertragliche oder eine sonstige Friedenspflicht freigehalten werden, weil andernfalls eine »Mobilisierung«, eine unmittelbare Beteiligung der Arbeitnehmer selbst, an die Schranken der systemimmanenten Rationalität und Arbeitsteilung der kapitalistischen Gesellschafts- und Wirtschaftsordnung gebunden, d. h. praktisch verhindert werden würde. Auch die Organisationsformen einer zusätzlichen kollektiven Interessenvertretung der Arbeitnehmer an der Basis, die den notwendigen Unterbau für die Institutionen der Arbeitnehmerinteressenvertretung auf den von der Basis abgehobenen Ebenen, insbesondere für den Betriebsrat, bilden sollen, – also vor allem Arbeitsgruppen und deren Vertreter bzw. »Sprecher«, die für die Kommunikation der einzelnen Arbeitsgruppe nach außen (von der Gruppe her gesehen) notwendig sind und auch ohne formelle Institutionalisierung aus unmittelbar praktischen Bedürfnissen zwangsläufig hervortreten, – dürfen also nicht mit einer betrieblichen Friedenspflicht belegt und gebunden werden.

Funktion und Aktionsfähigkeit der gewerkschaftlichen Vertrauenskörper

17. Diese Aufgabe wird in der offiziellen Gewerkschaftskonzeption in erster Linie den gewerkschaftlichen Vertrauensleuten und Vertrauenskörpern in den Betrieben zugewiesen. Der Vertrauenskörper ist die gewerkschaftliche Basisorganisation im Betrieb, die der Arbeitsgruppenstruktur unterhalb der Ebene des Betriebsrats aufsitzt und von dort eine Zusammenarbeit mit dem Betriebsrat anstrebt. In der vergangenen Diskussion um Mitbestimmung am Arbeitsplatz und Arbeitsgruppen ist daher von der offiziellen Gewerkschaftsseite mit einem gewissen Recht darauf hingewiesen worden, daß »Informationsträger zwischen den Arbeitsgruppen und den Betriebsräten ... schon längst vorhanden (sind): Es sind die gewerkschaftlichen Vertrauensleute«.[10] Nach dem offiziellen Selbstverständnis sind die gewerkschaftlichen Vertrauensleute und Vertrauenskörper eine gewerkschaftliche Organisation im Betrieb, also Bestandteil der Gewerkschaftsorganisation, nicht aber Teil der Betriebsverfassung – und sind daher frei von der betriebsverfassungsrechtlichen innerbetrieblichen Friedenspflicht. In diesem Sinn soll der Kampf um eine Absicherung sowie um den Ausbau eigenständiger Rechte für die Vertrauensleute durch Tarifvertrag (Kündigungsschutz für Vertrauensleute, Abhaltung der Vertrauensleutewahlen im Betrieb, Vertrauensleutesitzungen während der Arbeitszeit, Benutzung der betrieblichen Einrichtungen durch die Vertrauensleute, Verteilung von Gewerkschaftsmaterial durch Vertrauensleute, Abhalten von Urabstimmungen im Betrieb) sowohl die Bewegungsfreiheit der Vertrauensleute im Betrieb zugunsten einer aktiven Interessenvertretung als auch überhaupt die Freiheit gewerkschaftlichen Handelns im Betrieb und damit eine gewerkschaftliche Betriebspolitik ermöglichen bzw. verbessern.
Andererseits darf die Bedeutung und Funktionsfähigkeit der gewerkschaftlichen Vertrauenskörper in den Betrieben im Rahmen der gesamten Gewerkschaftsorganisation und Gewerkschaftspraxis nicht überschätzt werden. In noch sehr vielen Betrieben, auch Großbetrieben, gibt es überhaupt keine gewerkschaftlichen

10 So F. Strothmann, Betrieb und Gewerkschaft im Blickfeld der Mitbestimmung. Referat auf der 7. Konferenz der IG Metall für Vertrauensleute und Betriebsratsmitglieder 1969, Niederschrift (1970), S. 23 ff., 38.

Vertrauenskörper oder jedenfalls keine von der Basis selbst gewählten gewerkschaftlichen Vertrauensleute. Oder es gibt sog. »betriebliche Vertrauensleute«, die im Sinne einer »betrieblichen Sozialpolitik« von der Unternehmerseite, von der Geschäftsleitung eingesetzt und gefördert werden, damit praktisch in die offizielle Betriebsverfassung voll integriert sind und wenn nicht sogar formal, so doch zumindest praktisch einer betrieblichen Friedenspflicht unterworfen sind – trotzdem aber gegebenenfalls zumindest stellenweise von den Gewerkschaften als »Ersatz« für einen ansonsten fehlenden gewerkschaftlichen Vertrauenskörper akzeptiert werden.

Während die zuletzt genannten Fälle der sogenannten »betrieblichen Vertrauensleute« von vornherein kein geeignetes Instrument für die Durchführung der oben genannten Zielsetzung sind, bleibt noch im einzelnen näher zu prüfen, ob die echten gewerkschaftlichen Vertrauensleute und Vertrauenskörper als gewerkschaftlich und politisch handelnde Basisorganisationen im Betrieb die Arbeitnehmer und Belegschaften politisieren und mobilisieren können zum und im Kampf um Arbeitnehmergegenmacht in Betrieb und Gesellschaft – und dabei nicht durch die Bindungen einer (betrieblichen) Friedenspflicht behindert und eingeschränkt werden. Nach dem offiziellen Selbstverständnis der Gewerkschaften von Aufgaben und Stellung der Vertrauenskörper ist diese Frage zwar eindeutig zu bejahen. Es gilt aber, nicht die Augen zu verschließen vor tatsächlichen Tendenzen, auch die gewerkschaftlichen Vertrauensleute und Vertrauenskörper in die offizielle Betriebsverfassung zu integrieren und damit auch der betrieblichen Friedenspflicht zu unterwerfen.

18. Die bereits erwähnte Arbeitsrechtsprechung, die die betriebliche Friedenspflicht aus einer nur dem Betriebsrat als Organ obliegenden Friedenspflicht vermittels der individualrechtlichen »Treuepflicht« umfunktioniert hat in eine individuelle arbeitsvertragliche Pflicht jedes einzelnen Arbeitnehmers, betrifft direkt auch jeden einzelnen Vertrauensmann in seiner Stellung als arbeitsvertraglich gebundener Arbeitnehmer und untersagt ihm die Störung des Betriebsfriedens, d. h. verbietet ihm praktisch, gewerkschaftlich zu handeln in Vertretung von Arbeitnehmerinteressen und sie kampfweise durchzusetzen konkret gegen die Geschäftsleitung im jeweiligen Betrieb und Unternehmen. Von der für alle Arbeitnehmer gleichermaßen geltenden indivi-

dualarbeitsvertraglichen Rechtsstellung (bzw. Pflichtstellung) her werden die gewerkschaftlichen Vertrauenskörper, und damit praktisch die Gewerkschaften überhaupt, unter die betriebliche Friedenspflicht gestellt und – tendenziell – ihnen von Rechts wegen gewerkschaftliches Handeln im Betrieb untersagt. Allerdings hat diese Arbeitsrechtsprechung in der Vergangenheit gewerkschaftliche Praxis in den Betrieben, soweit sie tatsächlich im strengen Sinne des gewerkschaftlichen Anspruchs funktioniert hat, bisher nicht wesentlich beeinträchtigen können, ganz abgesehen von der bereits oben aufgezeigten Notwendigkeit auch für die Arbeitsrechtsprechung, gerade diese »Rechts«-Ansicht im Hinblick auf den neuen § 74 Abs. 3 Betriebsverfassungsgesetz doch noch einmal zu überprüfen.

19. Ein weiteres Moment der Integration der gewerkschaftlichen Vertrauenskörper in die offizielle Betriebsverfassung mit Friedenspflicht rührt daher, daß auch die Betriebsratsmitglieder gewissermaßen von Amts wegen zugleich dem gewerkschaftlichen Vertrauenskörper im Betrieb angehören: Nach den Richtlinien für Vertrauensleutearbeit sowohl der IG Metall als auch der IG Chemie-Papier-Keramik sind die gewerkschaftlich organisierten Betriebsratsmitglieder – und das sind ja weitaus die meisten – aufgrund dieser ihrer (betriebsverfassungsrechtlichen) Funktion automatisch Mitglieder des gewerkschaftlichen Vertrauenskörpers, unabhängig von einer besonderen Wahl als Vertrauensmann durch die entsprechende Arbeitsgruppe. Zwar sind die einzelnen Betriebsratsmitglieder außerhalb der Wahrnehmung ihres Betriebsratsamts, also außerhalb des dem Organ Betriebsrat direkt zuzurechnenden Handelns, in ihrer gewerkschaftlichen Betätigung auch im Betrieb frei und an eine betriebliche Friedenspflicht nicht gebunden, wie es jetzt § 74 Abs. 3 Betriebsverfassungsgesetz eindeutig klargestellt hat.

Doch in der täglichen Praxis läßt sich eine deutliche Trennung zwischen den betriebsverfassungsrechtlichen Aufgaben des Betriebsrats und den gewerkschaftlichen Aufgaben des Vertrauenskörpers schwer durchführen, so daß in der Praxis vieler Betriebsräte die beiderseitigen Rechte und Pflichten nicht säuberlich getrennt ständig zusammenwirken oder zusammenstoßen. Denn einerseits ermöglicht die Freiheit des gewerkschaftlichen Handelns der einzelnen Betriebsratsmitglieder eine wirksame Verbindung der offiziellen betriebsverfassungsrechtlichen Verhandlungsposition des Betriebsrats gegenüber der Geschäftsleitung mit den gewerkschaftlich organisierten Druck- und Kampfmöglichkeiten des Vertrauenskörpers zu einer praktisch einheitlich kämpferischen Interessenvertretung der Belegschaft durch die Gewerkschaft im Betrieb. Andererseits kann bei diesem Strukturzusammenhang auch umgekehrt die von der betrieblichen Friedenspflicht geprägte Praxis des Betriebsrats als eines offiziellen Organs der Betriebsverfassung – bzw. der einzelnen Betriebsratsmitglieder – das tatsächliche Übergewicht auch innerhalb des gewerkschaftlichen Vertrauenskörpers, dem ja diese Betriebsratsmitglieder angehören, erlangen und damit einen solchen Vertrauenskörper in den Rahmen der offiziellen Betriebsverfassung einspannen. Das kann am ehesten in den Betrieben geschehen, in denen die gewerkschaftlichen Vertrauensleute nicht, wie an sich vorgesehen, von der Basis direkt gewählt, sondern von den Betriebsräten benannt werden, was noch für etwa ein Viertel aller Vertrauensleute der IG Metall im Jahre 1970 galt.

20. Vor allem aber ergibt sich eine Tendenz zur arbeitsfriedlichen Integration der Vertrauensleute aus ihrer eigentlichen Aufgabenstellung selbst. Wie bereits erwähnt, betont gerade die offizielle Gewerkschaftskonzeption, daß die gewerkschaftlichen Vertrauensleute schon längst die Informationsträger zwischen den Arbeitsgruppen und den Betriebsräten sind und die Rechte einer Mitbestimmung am Arbeitsplatz unterhalb des Betriebsrats wahrnehmen, also gewissermaßen den Unterbau für den Betriebsrat organisieren und bilden. In den Richtlinien der IG Metall und der IG Chemie wird als eine wichtige Aufgabe der gewerkschaftlichen Vertrauensleute und Vertrauenskörper – neben der Vertretung der Gewerkschaftsorganisation im Betrieb und der (wenn auch wenig betonten) Vertretung der organisierten Arbeitnehmer als Gewerkschaftsmitglieder innerhalb der Gewerkschaftsorganisation – die Unterstützung des Betriebsrats in seiner (betriebsverfassungsrechtlichen) Tätigkeit durch die gewerkschaftlichen Vertrauensleute und Vertrauenskörper sowie deren Zusammenarbeit mit dem Betriebsrat genannt, wenn auch »unter Berücksichtigung der unterschiedlichen Aufgaben von Vertrauenskörper und Betriebsrat«. Die gewerkschaftlichen Vertrauensleute erhalten ihren Arbeitsauftrag durch die Ereignisse im Betrieb von den dadurch betroffenen Arbeitnehmern, sie sollen die Konfliktstoffe aus den täglichen Auseinandersetzungen am Arbeitsplatz aufgreifen und nach »Diskussion im gewerk-

schaftlichen Sinne« schließlich (zumindest auch) mit dem Betriebsrat zugunsten der Arbeitnehmer auflösen. Der Vertrauensmann soll »Sprecher und Anführer« einer Gruppe von Arbeitnehmern sein, hat »als Vertreter seiner Gruppe ein vielfältiges Betätigungsfeld« in Zusammenarbeit mit dem Betriebsrat und soll versuchen, daß »die Meinung (seiner) Gruppe beim Betriebsrat berücksichtigt wird«; er ist die »Verbindung zwischen dem Betriebsrat und den einzelnen Arbeitnehmern an ihrer Arbeitsstelle«. Der gewerkschaftliche Vertrauenskörper soll dem Betriebsrat die erforderliche Rückendeckung durch eine von ihm aktivierte Belegschaft verschaffen. Die gewerkschaftlichen Vertrauensleute sollen in den Betriebsversammlungen als Sprecher der Belegschaft auftreten.[11]

In der ihm damit zugewiesenen Aufgabenstellung, faktisch als Unterbau des Betriebsrats zu wirken, ist der gewerkschaftliche Vertrauenskörper allerdings wesentlich geschwächt infolge seiner insgesamt wenig geklärten und geschützten Stellung, nicht nur innerhalb der Gewerkschaftsorganisation selbst, sondern – unter diesem Aspekt – vor allem infolge des Fehlens einer institutionellen Absicherung seiner Stellung gegenüber dem Betriebsrat, der ihm insbesondere wegen seines weitgehenden Informationsmonopols, was die Ebene der Geschäftsleitung angeht, überlegen ist und von dem Rechenschaft zu fordern der gewerkschaftliche Vertrauenskörper und schon gar der einzelne Vertrauensmann nicht »berechtigt« ist, d. h. keine entsprechende formal-organisierte Rechtsmöglichkeit dazu hat. Damit kann die Funktion des Vertrauenskörpers als eines Unterbaus des Betriebsrats praktisch dazu führen, daß die Hemmungen und die Friedenspflicht aus der offiziellen Betriebsverfassung für das praktische Handeln des Vertrauenskörpers im Betrieb übergewichtig werden und es lahmlegen. Gerade wenn die Vertrauensleute sich nicht auf das Mobilisieren von bloß abwehrendem Druck beschränken, sondern darüber hinaus – als Unterbau des Betriebsrats – noch einzelne Funktionen der direkten Interessenvertretung der Arbeitnehmer übernehmen (wie etwa Beteiligung an der Kontrolle der betrieblichen Lohngestaltung und von Zeitaufnah-

11 Vgl. Die Arbeit der Vertrauensleute, Schriftenreihe der IG Metall Nr. 41, 6. Aufl. 1969, insbesondere S. 19, 64 f.; Richtlinien für die Vertrauensleutearbeit der IG Metall, Ausgabe 1970, S. 12.; Die Arbeit der Vertrauensleute, hrgb. von Industriegewerkschaft Chemie-Papier-Keramik, o. J., insbesondere S. 13, 20, 48.

men, in Akkordkommissionen oder bei Änderungen der Arbeitsorganisation), so resultiert daraus eine wenn auch nicht unausweichliche, so doch nicht zu vernachlässigende Tendenz der Integration des gewerkschaftlichen Vertrauenskörpers in die offizielle Betriebsverfassung, derart, daß der gewerkschaftliche Vertrauenskörper selbst zu einer Art betriebsverfassungsrechtlicher Institution mit betrieblicher Friedenspflicht zu werden droht.
Die aufgezeigte Tendenz zur Integration wird sicher in der betrieblichen Praxis sehr vieler gewerkschaftspolitisch bewußter Vertrauenskörper, einschließlich ihrer Betriebsratsmitglieder, überwunden (wobei es hier nicht auf die Feststellung ankommt, ob mathematisch genau eine Mehrzahl der existierenden Vertrauenskörper gewerkschaftspolitisch bewußt handelt oder der Integrationstendenz unterliegt, da diese Tendenz für alle Betriebe und alle Vertrauenskörper objektiv angelegt ist und erst durch entsprechende Praxis jeweils überwunden werden kann). In diesen Fällen trägt häufig auch ein entsprechendes Verhalten der Geschäftsleitung zur Überwindung der Integrationstendenz bei, indem die Geschäftsleitung den gewerkschaftlichen Vertrauenskörper ignoriert und nicht in direkten Kontakt mit dem Vertrauenskörper tritt, sondern die Einschaltung des Betriebsrats durch den Vertrauenskörper verlangt und nur über den Betriebsrat zu verhandeln bereit ist, da dieser gegenüber der Geschäftsleitung für alle Angelegenheiten der Belegschaft zuständig sei. Das wird deutlich in der Schilderung eines konkreten betrieblichen Streitfalles durch einen Vertrauensmann aus einem Betrieb mit über 7000 Beschäftigten: »... Das gab Unruhe und Empörung. Eine Rücksprache mit der zuständigen Bauplanungsabteilung nutzte nichts, und unser Abteilungsleiter meinte sogar, ich sollte mir als Vertrauensmann nicht so viel erlauben. Nun zogen wir Mitglieder des Betriebsrates hinzu und überzeugten sie, daß wir uns durchsetzen müßten, um dem Abteilungsleiter ein für allemal Respekt vor dem Vertrauensmann beizubringen. Nach heftiger Auseinandersetzung erreichte der Betriebsrat« einen durchschlagenden Erfolg in dieser Angelegenheit.[12]
Aber es gibt auch eine genau umgekehrte Richtung des Unternehmerverhaltens, die bewußt auf eine möglichst reibungslose Integration der Arbeitnehmer zielt in der Erkenntnis, daß heute

12 In: »Der Gewerkschafter« Mai 1971, 19. Jg., H. 5, S. 197; vgl. auch »Der Gewerkschafter« April 1970, 18. Jg., H. 4, S. 157.

eine hohe Produktivität und rationale Produktionsentscheidungen nicht mehr ohne eine gewisse Unterstützung der betrieblichen Basis möglich sind. Diese Unternehmen wollen die Belegschaftskooperation als eine zusätzliche Produktivkraft sich einverleiben und integrieren, ohne jedoch eine dieser Belegschaftskooperation angemessene autonome Organisation der Arbeitnehmer durch Verzicht oder zumindest Abbau ihrer eigenen Herrschaftsrechte im Betrieb zuzugestehen. Vielmehr wollen sie die einzelnen unmittelbaren Kooperationsprozesse nur völlig isoliert von deren gesamtbetrieblichen und erst recht gesamtgesellschaftlichen Bedingungen in einer gewissen Formalisierung anerkennen, um sie dadurch in die weiterhin von ihnen bestimmte, vertikal-hierarchische Betriebsorganisation integrieren zu können. Genau darin liegt die Funktion der von den Unternehmern vorgeschlagenen Gruppensprecher, die den unmittelbaren Kontakt mit der Geschäftsleitung pflegen und durch solche Zusammenarbeit zur Vermeidung von Konflikten beitragen sollen; sie haben keine andere Funktion als Informationen von oben (besser: Indoktrinationen) zu empfangen, können erst recht nicht eine Interessenvertretungsfunktion übernehmen. Dieselbe Integrationstaktik der Unternehmer kommt auch gegenüber dem gewerkschaftlichen Vertrauenskörper in seiner praktischen Betätigung als Unterbau des Betriebsrates zum Einsatz.

Die dahinterstehende objektive Bedeutung der Belegschaftskooperation für störungsfreie Produktion und hohe Produktivität wird – durchaus zu recht – auch in der offiziellen gewerkschaftlichen Argumentation für eine Erweiterung der Rechte der Vertrauensleute im Betrieb benutzt, etwa wenn die Freistellung der Vertrauensleute gefordert wird »für bestimmte gewerkschaftliche Tätigkeiten, die auch für den Betrieb eine Minderung von Reibungsverlusten bedeutet hätten».[13] Dieses berechtigte gewerkschaftliche »Verkaufs«-Argument drückt lediglich die Ambivalenz der objektiven Situation des gewerkschaftlichen Vertrauenskörpers in seiner Praxis als Unterbau des Betriebsrats aus.

21. In der vergangenen Diskussion wurde ein Unterschied zwischen Arbeitsgruppensprechern und gewerkschaftlichen Vertrauensleuten darin gesucht, daß die Arbeitsgruppensprecher ihre Aufgabe aus einer Produktionsfunktion ableiten, die gewerk-

---

13 So F. Strothmann, a. a. O. (Anm. 10), S. 31.

schaftlichen Vertrauensleute hingegen ihre Aufgaben aus ihrer Gewerkschaftsfunktion ableiten sollen. Doch nach den offiziellen Gewerkschaftsrichtlinien über die Vertrauensleutearbeit orientiert sich diese an dem Organisationsplan, den das Unternehmen vorgibt, richten sich die Wirkungsbereiche der Vertrauensleute nach den betrieblichen Gegebenheiten. Das Netz der gewerkschaftlichen Vertrauensleute über den Betrieb ist in der Regel entsprechend der formellen Arbeitsorganisation des Betriebs strukturiert; die von den einzelnen Vertrauensleuten zu vertretenden Gruppen sind in der Regel als sog. Nachbarschaftsgruppen zugleich die formalen Arbeitsgruppen, d. h. stimmen mit den von der betrieblichen Arbeitsorganisation geschaffenen Gruppen überein; die Größe der einzelnen vom Vertrauensmann vertretenen Gruppe ist abhängig von den Produktionsbedingungen.[14] Die Organisation des gewerkschaftlichen Vertrauenskörpers soll gerade den objektiven realen Strukturen der konkreten Arbeitssituation im Betrieb aufsitzen, die gegenwärtig eben die von der Geschäftsleitung bestimmten Strukturen der offiziellen Arbeitsorganisation und der formalen Gruppen im Betrieb sind. Durch die autonome gewerkschaftliche Organisation über den Vertrauenskörper werden die formalen Gruppen allerdings zugleich umbestimmt zu Abwehrgruppen, die zumindest in Grenzen zu eigenständigem Handeln fähig sind zwecks Wahrung der gemeinsamen Interessen der Gruppenmitglieder gegenüber der Betriebshierarchie und der Unternehmerseite.

Dieser richtige, prinzipielle organisatorische Ansatz für den gewerkschaftlichen Vertrauenskörper zeigt, daß die Vertrauensleute zwar nicht ausschließlich, aber jedenfalls auch von der Produktionsfunktion, d. h. von der offiziellen Arbeitsorganisation her bestimmt werden in ihrem Wirkungsbereich und in ihrer Aufgabenstellung, die regelmäßig an den formalen Arbeitsgruppen des Betriebs orientiert sind. Auch darin liegt ein Ansatz für eine von der Geschäftsleitung ausgehende Fremdbestimmung über den gewerkschaftlichen Vertrauenskörper, für seinen Einbau in die offizielle Betriebsstruktur mit der damit verbundenen Unterwerfung unter die betriebliche Friedenspflicht. Insbesondere kann die Geschäftsleitung allein durch die Änderung der sozialen und/oder technischen Arbeitsorganisa-

---

14 Vgl. Die Arbeit der Vertrauensleute (IG Metall) a. a. O. (Anm. 11), S. 12 f., 31; Die Arbeit der Vertrauensleute (IG Chemie) a. a. O. (Anm. 11) S. 8 f., 13.

tion die bisherigen formalen Arbeitsgruppen und damit die Grundlage der Organisation des Vertrauenskörpers auflösen, d. h. das gewerkschaftliche Vertrauensleutesystem durcheinanderbringen oder gar – zumindest vorläufig – vollkommen zerstören. Diese Möglichkeit etwa nutzte die Firma Merck nach dem Chemie-Streik 1971, als sie nach dem Streik den Sprecher der Vertrauensleute und seinen Vertreter auf andere Arbeitsplätze versetzte, die dadurch – aufgrund einer entsprechenden Betriebsvereinbarung über die Stellung der Vertrauensleute – ihres Mandats als Vertrauensleute verlustig gingen.[15]

22. Jedenfalls nicht nur aus ihrer Gewerkschaftsfunktion, sondern auch aus der Produktionsfunktion leiten die gewerkschaftlichen Vertrauensleute ihre Aufgaben ab, insoweit sie in der Praxis bereits längst zu Interessenvertretern aller Arbeitnehmer, einschließlich der Nichtorganisierten, geworden sind, wie es insbesondere bei Arbeitskämpfen deutlich wird, die jedenfalls in der Regel unter Führung des gewerkschaftlichen Vertrauenskörpers bzw. der Vertrauenskörperleitung als Streikleitung von organisierten und nicht-organisierten Arbeitnehmern gemeinsam geführt werden. In der Betriebspraxis ist der gewerkschaftliche Vertrauensmann der Sprecher seiner Gruppe einschließlich der nicht-organisierten Gruppenangehörigen und übt damit allgemeine Interessenvertretung im Sinne eines Arbeitsgruppensprechers aus.

Zwar wird er nicht von den unorganisierten Arbeitnehmern und Gruppenangehörigen gewählt, aber als Sprecher seiner Gruppe, die in der Regel der formalen Arbeitsgruppe entspricht, zu der auch Nichtorganisierte gehören, erhält er – nach den Gewerkschaftsrichtlinien – seinen Auftrag von den Gruppenmitgliedern, einschließlich eben der nichtorganisierten Arbeitnehmer. Sein Wirkungsbereich ist abgegrenzt unter Berücksichtigung gerade auch der Unorganisierten, da für die Bestimmung seines Wirkungsbereichs nach den Richtlinien nicht die Zahl der Gewerkschaftsmitglieder, sondern die der Beschäftigten maßgebend ist. Er soll als Vertreter seiner (gesamten) Gruppe diesen Teil der Belegschaft repräsentieren und dem Betriebsrat die erforderliche Rückendeckung durch die Belegschaft, also einschließlich der nichtorganisierten Belegschaftsmitglieder, verschaffen.

15 Vgl. B. Hofer, Streikorganisation am Beispiel Merck, »express international« Jg. VIII Nr. 126 (23. 7. 1971), S. 5.

Er soll Mitgliedschaft und Belegschaft gewerkschaftlich vertreten.[16]
Darin liegt ein grundsätzlicher objektiver Widerspruch, der in der offiziellen Gewerkschaftskonzeption und in den Gewerkschaftsrichtlinien für die Vertrauenleutearbeit bloß zugedeckt wird, ohne ihn offen anzusprechen und zu diskutieren sowie aus dem größeren Zusammenhang zu erklären zu versuchen, was erst allgemein eine bewußte, jeweils konkrete Auflösung dieses objektiven Widerspruchs in der betrieblichen Praxis der gewerkschaftlichen Vertrauenskörper ermöglichen würde. Allein die einseitige und mehr oder weniger formalistische Absicherung, daß die gewerkschaftlichen Vertrauensleute nicht von der ganzen Belegschaft einschließlich der Nichtorganisierten, sondern nur von den Gewerkschaftsmitgliedern gewählt werden – im Gegensatz zu den sogenannten »betrieblichen Vertrauensleuten«, die von der gesamten Belegschaft einschließlich Nichtorganisierter gewählt werden –, vermag den Widerspruch nicht wirklich zu bewältigen, ebensowenig wie die Maßgabe der Gewerkschaftsrichtlinien, daß die Vertrauensleute als Sprecher der Gruppe auch für die Nichtorganisierten auftreten, als Interessenvertreter eines einzelnen Arbeitnehmers aber nur für die organisierten Gewerkschaftsmitglieder handeln sollen.[17]
Denn eine wirkliche Interessenvertretung der nicht-gewerkschaftlichen Gruppenmitglieder durch die gewerkschaftlichen Vertrauensleute läßt unabhängig von den Formalien auch die nichtorganisierten Arbeitnehmer einen Einfluß gewinnen auf die gewerkschaftliche Praxis der Vertrauensleute und auf den gewerkschaftlichen Willensbildungsprozeß. Der Bezug der Arbeit der gewerkschaftlichen Vertrauensleute nicht nur auf eine interne Gewerkschaftsfunktion, sondern auf den gesamten Betrieb einschließlich der nicht-organisierten Belegschaftsmitglieder, im Sinne eines Unterbaus für den Betriebsrat, bietet aber zumindest einen Ansatzpunkt für den Einbau der gewerkschaftlichen Vertrauenskörper in die offizielle Betriebsverfassung und damit für ihre Unterwerfung unter die betriebliche Friedenspflicht.

16 Vgl. Die Arbeit der Vertrauensleute (IG Metall) a. a. O. (Anm. 11), S. 13, 18 f., 31, 52, 65; Richtlinien für die Vertrauensleutearbeit der IG Metall, a. a. O. (Anm. 11), S. 5, 7; Die Arbeit der Vertrauensleute (IG Chemie) a. a. O. (Anm. 11), S. 9, 13, 20.
17 So: Die Arbeit der Vertrauensleute (IG Metall), a. a. O. (Anm. 11), S. 36.

Die Forderung nach »Anerkennung« der gewerkschaftlichen Vertrauensleute

23. Nicht einmal der gewerkschaftliche Kampf, eine Anerkennung der gewerkschaftlichen Vertrauensleute, damit auch gewerkschaftlicher Aktivität im Betrieb überhaupt, von der Unternehmerseite durch Abschluß entsprechender Tarifverträge zu erlangen, ist frei von einer Ambivalenz der Wirkungen solcher Tarifverträge, die ebenfalls eine Tendenz der Integration der gewerkschaftlichen Vertrauenskörper in die offizielle Betriebsverfassung unterstützen können.

Der Tarifvertrag der IG Metall von 1969 soll den gewerkschaftlichen Vertrauensleuten einen Schutz ihrer gewerkschaftlichen Arbeit im Betrieb garantieren: den gewerkschaftlichen Vertrauensleuten, die dem Arbeitgeber als solche bekanntgegeben wurden, »dürfen aus dieser Eigenschaft und Tätigkeit keine Nachteile erwachsen«, wobei in Fällen von Meinungsverschiedenheiten die Tarifvertragsparteien hinzuzuziehen sind. Dieser Tarifvertrag, der als ein »neues Kapitel gewerkschaftlicher Arbeit im Betrieb« von der IG Metall bezeichnet wurde[18], enthält außer der bloßen (insoweit mehr oder weniger) abstrakten »Anerkennung« der gewerkschaftlichen Vertrauensleute durch die Unternehmerseite keinen zusätzlichen Schutz und keine erweiterten Rechte für die Vertrauensleute. Denn einerseits ändert auch dieser Tarifvertrag nicht die arbeitsvertragliche Bindung des einzelnen Vertrauensmannes an seinen Arbeitsplatz, schafft ihm also keine größere Bewegungsfreiheit. Andererseits ist das Verbot der Benachteiligung der Vertrauensleute wegen ihrer gewerkschaftlichen Betätigung in eben der gleichen lapidaren, abstrakten Grundsätzlichkeit wie im Tarifvertrag bereits ausdrücklich im Betriebsverfassungsgesetz (§ 75 Abs. 1, früher § 51 Satz 1) enthalten, wobei in beiden Fällen der geschützte Umfang gewerkschaftlicher Tätigkeit nicht geklärt wird (hier ist auch auf das oben zu § 74 Abs. 3 Betriebsverfassungsgesetz Gesagte hinzuweisen).

Dagegen kann die im Tarifvertrag vorgesehene Meldung der gewerkschaftlichen Vertrauensleute an die Geschäftsleitung, die Voraussetzung für ein Eingreifen des tarifvertraglichen Schutzes ist, zumindest tendenziell auch der Einbeziehung der ge-

18 So F. Strothmann, a. a. O. (Anm. 10), S. 30.

werkschaftlichen Vertrauenskörper in die offizielle Betriebsverfassung dienen bzw. dienstbar gemacht werden von seiten der Unternehmer. So ist es denn auch kein Wunder, daß nach Abschluß dieses Tarifvertrags offenbar in nicht wenigen Betrieben die Geschäftsleitungen auf eine entsprechende Bekanntgabe der gewerkschaftlichen Vertrauensleute gedrängt und das »Gespräch« mit den Vertrauensleuten gesucht haben.[19] So hat das Vorstandsmitglied des Unternehmerverbands »Gesamt-Metall«, Knapp, offen erklärt, daß dieser Tarifvertrag eine Möglichkeit biete, die Gewerkschaft im Betrieb unter Kontrolle zu bekommen: »Die Pflicht zur Benennung (der gewerkschaftlichen Vertrauensleute) hebt sie aus ihrer bisherigen Anonymität heraus.«[20] Dadurch könne vermieden werden, daß die gewerkschaftlichen Vertrauensleute zu einer »fünften Kolonne« im Betrieb würden. Umgekehrt sperren sich in manchen Betrieben die Vertrauenskörper aus wohlverstandenem Eigeninteresse gerade gegen eine solche Bekanntgabe der gewerkschaftlichen Vertrauensleute an die Geschäftsleitung.

Nun ist der Tarifvertrag der IG Metall von 1969 in der Sicht der Gewerkschaft sicher nur ein erster Schritt, der zunächst einmal den »Durchbruch« bringen mußte, dem weitere Schritte folgen sollen in der Richtung, jenen Tarifvertrag durch Aufnahme zusätzlicher Schutzbestimmungen und zusätzlicher Rechte für die gewerkschaftlichen Vertrauensleute zu erweitern. Jedoch wird auch dann die »Anerkennung« als solche stets ihren ambivalenten, legalistischen Charakter mit Integrationstendenz behalten.

Deswegen gilt grundsätzlich die gleiche Feststellung ambivalenter Wirkungen – die ja nicht als vorwurfsvolle Kritik zu verstehen ist – auch für den entsprechenden Tarifvertrag der IG Chemie-Papier-Keramik für die hessische Gummi-Industrie von 1970, der schon erheblich erweiterte Rechte der gewerkschaftlichen Vertrauensleute begründet: Wahl der Vertrauensleute während der Arbeitszeit im Betrieb, Sitzungen des gewerkschaftlichen Vertrauenskörpers im Betrieb, 14 Tage unbezahlten Sonderurlaub für Gewerkschaftsschulung; dabei darf der Vertrauenskörper 3% der Gesamtbelegschaft ausmachen, die Werks-

19 S. »Der Gewerkschafter« April 1970, 18. Jg., H. 4, S. 156.
20 In: Unternehmerbrief des Deutschen Industrieinstituts, Jg. 19 Nr. 33 (14. 8. 1969).

leitung stellt die Vertrauensleute vier Stunden im Quartal frei und erklärt sich bereit, auf den Sitzungen des Vertrauenskörpers Stellung zu nehmen. Diesem Tarifvertrag entsprechen manche betriebsindividuellen Regelungen, die – insbesondere mittels Betriebsvereinbarungen des Betriebsrats – die Freistellung der gewerkschaftlichen Vertrauensleute intern regeln. So sieht etwa eine über den Metall-Tarifvertrag hinausgehende Betriebsvereinbarung eines Metall-Unternehmens (1970) neben einer noch erheblich über den Chemie-Vertrag hinausgehenden Erweiterung des Schutzes und der innerbetrieblichen Bewegungsfreiheit der gewerkschaftlichen Vertrauensleute unter anderem Folgendes vor: es wird eine Vertrauenskörperleitung gebildet, in der sowohl Arbeiter- und Angestelltenvertreter beteiligt als auch alle Betriebe und Abteilungen (des Werkes) zu berücksichtigen sind; vor Tätigwerden des einzelnen Vertrauensmannes ist der Vorgesetzte zu informieren; Versammlungen der Vertrauensleute können auch auf Wunsch der Geschäftsleitung stattfinden.

Diese Betriebsvereinbarung und der Chemie-Tarifvertrag sind, ebenso wie der Metall-Tarifvertrag, beachtliche gewerkschaftliche Erfolge. Dennoch sind auch diese Vereinbarungen objektiv ambivalent, d. h. bieten zumindest tendenziell Ansatzpunkte für eine auf Integration der gewerkschaftlichen Vertrauensleute gerichtete Unternehmerpolitik. Denn diese Vereinbarungen gewähren ausdrücklich auch der Unternehmerseite Einwirkungsmöglichkeiten auf den Vertrauenskörper, insbesondere auf die Struktur und die Tätigkeit des Vertrauenskörpers, gerade um der detaillierten Regelung des Schutzes und der Rechte der Vertrauensleute willen. Diese Kollektivvereinbarungen als zweiseitige Verträge räumen schon als solche beiden Vertragsparteien (hier also auch der Unternehmerseite) Einwirkungsmöglichkeiten auf den Vertragsgegenstand (die gewerkschaftliche Tätigkeit der Vertrauensleute) ein und hängen hinsichtlich ihres künftigen Bestandes auch vom Willen der anderen Vertragspartei, also der Unternehmerseite, ab; sie geben zudem jeder Vertragsseite, also auch den Unternehmern, einen Anspruch auf Einhaltung der einzelnen Vertragsbestimmungen. In ihnen wird die Größe des gewerkschaftlichen Vertrauenskörpers mit 3% der Gesamtbelegschaft angegeben bzw. festgelegt; ebenso wird eine bestimmte Zusammensetzung der Vertrauenskörperleitung (Arbeiter- und Angestelltenvertreter, Berücksichtigung aller Betriebe und Abteilungen) festgelegt; die Geschäftsleitung kann Vertrauensleutesitzungen verlangen und darf auf solchen Sitzungen selbst auftreten und Stellung nehmen; der Vertrauensmann muß vor seinem Tätigwerden im Sinne dieser Vereinbarung die Vorgesetzten informieren (die Pflicht zur Abmeldung bei Verlassen des Arbeitsplatzes besteht zwar auch schon an sich aufgrund des individuellen Arbeitsvertrags, wird hier aber mit spezifischem Bezug auf die gewerkschaftliche Betätigung ausdrücklich zugestanden und als »Unternehmerrecht« anerkannt).

Die mögliche praktische Bedeutung dieser Einwirkungsmöglichkeiten der Geschäftsleitung auf die Struktur und Tätigkeit des gewerkschaftlichen Vertrauenskörpers wird deutlich anhand des oben erwähnten beispielhaften Vorgangs bei der Firma Merck, die nach dem Streik Vertrauensleute an neue Arbeitsplätze versetzte, wodurch sie aufgrund einer Betriebsvereinbarung ihres Mandats als Vertrauensleute verlustig gingen. Diese Analyse besagt nicht, daß solche oder ähnliche Kollektivvereinbarungen tatsächlich in der Praxis stets eine Einflußmöglichkeit und eine effektive Einflußnahme der Geschäftsleitung auf den gewerkschaftlichen Vertrauenskörper herbeiführen und zur Integration des Vertrauenskörpers in die offizielle Betriebsverfassung führen müssen.

Es kommt vielmehr darauf an, in welchem konkreten größeren Rahmen betrieblicher Gewerkschaftsarbeit, also des konkreten Handelns von Vertrauenskörper und Betriebsrat in dem einzelnen Betrieb, eine solche Vereinbarung praktiziert wird: Ebenso wie ein politisch bewußter, auf kämpferische Interessenvertretung eingestellter Betriebsrat und ein ebensolcher gewerkschaftlicher Vertrauenskörper die betriebsverfassungsrechtlich auferlegte Loyalitätsbindung des Betriebsrats an das Betriebswohl (bzw. an die Geschäftsleitung) in ihrer Praxis überwinden und vergessen lassen können, so können solche Interessenvertretungen – die im übrigen überhaupt allein imstande sein dürften, eine solche Betriebsvereinbarung wie die erwähnte durchzusetzen! – in der Praxis entsprechende Einwirkungsversuche der Geschäftsleitung auf das gewerkschaftliche Handeln des Vertrauenskörpers wirksam zurückweisen und damit die objektive Ambivalenz einer solchen Vereinbarung praktisch einseitig zugunsten gewerkschaftlicher Interessenvertretung der Arbeitnehmer entscheiden, d. h. jeden Ansatz zu einer Einbindung des gewerkschaftlichen Vertrauenskörpers in die offizielle Betriebsverfassung und betriebliche Friedenspflicht praktisch zurückweisen.

So kann etwa, entsprechend einem italienischen Beispiel[21], trotz einer in solcher Kollektivvereinbarung enthaltenen »Festlegung« des gewerkschaftlichen Vertrauenskörpers auf die Größenordnung von 3% der Gesamtbelegschaft die Entscheidung über die tatsächliche Größe des gewerkschaftlichen Vertrauenskörpers immer noch der freien Entscheidung der Vertrauensleute selbst und der Gewerkschaft praktisch vorbehalten werden: Gewerkschaft und Vertrauensleute können von sich aus entsprechend den gewerkschaftlichen Notwendigkeiten im Betrieb die tatsächliche Größe des Vertrauenskörpers primär unabhängig von einer solchen Vereinbarung, d. h. in der Regel wesentlich größer als darin »vereinbart«, bestimmen und realisieren; sie können dann nach eigener Entscheidung aus diesem eigentlichen, größeren Vertrauenskörper diejenigen Vertrauensleute bestimmen, die offiziell der Geschäftsleitung als solche entspechend der Vereinbarung bekanntgegeben werden, während aber der tatsächliche Willensbildungsprozeß und damit das effektive gewerkschaftliche Handeln von dem eigentlichen, autonom gebildeten größeren Vertrauenskörper bestimmt wird.

24. Ein weiteres Beispiel für die Integrationstendenz einer auf Anerkennung der gewerkschaftlichen Vertrauenskörper durch die Unternehmerseite gerichteten Politik ist eine für ein Großunternehmen der Montan-Industrie getroffene Vereinbarung (1970) zwischen der Ortsverwaltung der IG Metall und der Geschäftsleitung, praktisch dem Arbeitsdirektor, über die Freistellung eines organisierten Belegschaftsmitglieds als »Gewerkschaftssachbearbeiter«, dessen Aufgabenbereich mit »Wahrnehmung und Überwachung aller gewerkschaftlichen Aufgaben« umrissen wird. Dieser Gewerkschaftssachbearbeiter wird von der Ortsverwaltung der Gewerkschaft, nach Beratung mit den Vertrauenskörpern, bestellt und abberufen, er ist an die Weisungen der Ortsverwaltung gebunden.

Für den wirklichen Charakter dieses Vertrags kennzeichnend ist jedoch, daß in der Vereinbarung selbst das nach dieser Vereinbarung bestellte und damit freigestellte Belegschaftsmitglied ausdrücklich und namentlich genannt wird, wobei es sich zwar um den Vorsitzenden des gewerkschaftlichen Vertrauenskörpers handelt, jedoch ohne daß seine Bestellung und entsprechende

21 Vgl. Garavini, Werkstattdelegierte in Italien II, in: express international, Jg. VII, Nr. 90 (6. 2. 70).

Freistellung von dieser seiner Eigenschaft als Vertrauenskörpervorsitzender abhängig gemacht wird; schon gar nicht gilt die Vereinbarung generell für den jeweiligen Inhaber der Funktion des Vorsitzenden des Vertrauenskörpers. Die – jederzeit kündbare – Vereinbarung ist also tatsächlich einzig und allein auf eine konkrete Person abgestellt, sie steht und fällt mit der betreffenden Person – und deren (Wohl-)Verhalten. Die Erhaltung dieses für den einzelnen persönlich »interessanten« und relativ lukrativen, freigestellten Postens (gerade für den konkreten Inhaber) hängt daher von dem Willen der Geschäftsleitung (Arbeitsdirektor) und vom Gewerkschaftsapparat ab, nicht jedoch von der autonomen Entscheidung der gewerkschaftlichen Vertrauenskörper im Unternehmen.

Da das freigestellte Belegschaftsmitglied der Vorsitzende des gewerkschaftlichen Vertrauenskörpers ist – was durchaus den Abschluß dieser Vereinbarung überhaupt und seine Auswahl motiviert hat, wenngleich die Vereinbarung eben gerade nicht auf die Funktion abgestellt ist – und die Wahrnehmung der primär dem gewerkschaftlichen Vertrauenskörper obliegenden gewerkschaftlichen Aufgaben zu seinem Aufgabenbereich im Sinne der Vereinbarung, besser: zu seinem »Dienstbereich« gehört, wird trotz der in der Vereinbarung enthaltenen Versicherung, daß durch sie die gewerkschaftlichen Aufgaben der Vertrauenskörperleitung nicht beeinträchtigt würden, durch die faktische Abhängigkeit des Vorsitzenden des Vertrauenskörpers von der Geschäftsleitung auch die gesamte Gewerkschaftsarbeit des Vertrauenskörpers im Unternehmen dem direkten Einfluß der Geschäftsleitung ausgeliefert, obwohl bzw. gerade weil der gewerkschaftliche Vertrauenskörper keinerlei direkten Einfluß auf die Bestellung und Freistellung seines Vorsitzenden durch die Vereinbarung hat. Der »Anerkennungserfolg« der Gewerkschaftsseite ermöglicht daher wegen der grundsätzlich falschen Konstruktion der gesamten Vereinbarung (ad personam und nicht auf die Funktion bezogen; tatsächlich überwiegende Abhängigkeit von der Geschäftsleitung entgegen autonomer Bestimmung durch den gewerkschaftlichen Vertrauenskörper) eine betriebsfriedliche Integration des gewerkschaftlichen Vertrauenskörpers in die offizielle Betriebsverfassung.

25. In diesem Beispielsfall tritt auch die nicht unerhebliche Bedeutung hervor, die – im Montan-Bereich – gerade die Arbeitsdirektoren für einen Einbau der gewerkschaftlichen Vertrauens-

körper in die offizielle und damit arbeitsfriedliche Betriebsorganisation haben (können). Die Arbeitsdirektoren nehmen selber scheinbar eine Zwitterstellung »zwischen den Fronten« ein, indem sie einerseits als Gewerkschaftskollegen und »Organe« oder »Träger der Mitbestimmung« von der Gewerkschaft zum Teil offiziell als zu ihrer Seite gehörig betrachtet werden, andererseits als Mitglieder des Unternehmensvorstandes eindeutig Arbeitgeberfunktionen ausfüllen, wobei sich das letztere Moment nach allen Erfahrungen trotz mancher subjektiver Absichten entsprechend der inneren Logik objektiv durchgesetzt hat.
Die Rolle der Arbeitsdirektoren bei dem Versuch, die gewerkschaftlichen Vertrauenskörper in die offizielle, arbeitsfriedliche Betriebsverfassung zu integrieren, ist von Arbeitsdirektoren selbst formuliert worden in einer »Gesprächsnotiz« über ein Gespräch zwischen Vorstandsmitgliedern der IG Metall und Arbeitsdirektoren aus dem Metall-Bereich am 22. 6. 1971, die durch Verteilung auf dem Gewerkschaftstag der IG Metall 1971 in Wiesbaden publik wurde[22]; darin wird von einem »notwendigen Zusammenspiel zwischen Vertrauensleuten ... und den Arbeitsdirektoren« gesprochen; Arbeitsdirektoren fragen danach, wem die Vertrauensleute »verantwortlich« seien (damit ist nach dem Gesamtzusammenhang offenbar nicht nur eine innergewerkschaftliche Verantwortlichkeit, sondern auch eine solche gegenüber den Arbeitsdirektoren gemeint). Arbeitsdirektoren fragen nach der »Betriebsordnung für die Vertrauensleute« und fordern, »man müßte auch die Vertrauensleute ›im Griff haben‹ « – dieses »man« bezieht sich ebenfalls offensichtlich nicht nur auf die Gewerkschaft, sondern auch auf die Arbeitsdirektoren, also die Arbeitgeberseite.

26. Die vorstehend aufgeführten einzelnen Elemente lassen die in jedem »Anerkennungsstreben« mit angelegte objektive Tendenz zur arbeitsfriedlichen Integration der gewerkschaftlichen Vertrauenskörper in die offizielle Betriebsstruktur klar hervortreten. Die von der Gewerkschaft angestrebte »Anerkennung« der Vertrauensleute durch die Unternehmerseite enthält als zweiseitig vereinbarte Anerkennung, die gleichzeitig auch die Gewerkschaft bindet, zugleich eine Anerkennung der bestehenden Unternehmensordnung und der Unternehmerherrschaft im Be-

22 Veröffentlicht in: Gewerkschafts-Spiegel, Nr. 19/1971, Dokumentation S. 21 ff.

trieb durch die Gewerkschaft. Solche »Anerkennung« drückt wie überhaupt die notwendige »industrielle Legalität« der Gewerkschaften deren grundsätzlich zwiespältige Stellung in der kapitalistischen Gesellschaft, als zugleich systemimmanente und systemtranszendierende Kraft, aus und kann in der konkreten Praxis – ebenso wie auf anderen Bereichen der »industriellen Legalität« – vereinseitigt zu einem starr legalistischen, letztlich arbeitsfriedlichen Verhalten führen. Die Forderung nach »Anerkennung« einer Arbeitnehmerinteressenvertretung generell, und speziell der gewerkschaftlichen Vertrauensleute, durch die Unternehmerseite darf nicht zu einem Ziel an sich verselbständigt werden, weil sie derart abstrakt-isoliert keine Mobilisierung zu erreichen vermag und nur einer arbeitsfriedlichen Integration der Arbeitnehmerinteressenvertretung Vorschub leistet. Nur in der tatsächlichen inneren Verbindung mit inhaltlichen Forderungen und Fortschritten, die den Arbeitnehmern konkrete, autonome Einwirkungsmöglichkeiten und -befugnisse für ihre Arbeitsbedingungen zugleich mit und aufgrund der »Anerkennung« einräumen, kann die »Anerkennungsforderung« einen sinnvollen Beitrag leisten für eine Gewerkschaftspolitik, die (im wesentlichen) unbehindert durch Friedenspflichten eine kämpferische Durchsetzung der Arbeitnehmerinteressen verfolgt.
Andererseits wird das tatsächliche Vordringen der arbeitsfriedlichen, legalistischen Tendenz in der praktischen Entwicklung der gewerkschaftlichen Anerkennungsforderung und deren Durchsetzung für die Vertrauensleute noch unterstützt durch die schwache Stellung der gewerkschaftlichen Vertrauenskörper innerhalb der Gewerkschaftsorganisation selbst, da abgesehen von der IG Chemie, in deren Satzung den gewerkschaftlichen Vertrauenskörpern ausdrückliche Mitwirkungs- und Antragsrechte bei der gewerkschaftlichen Willensbildung zuerkannt werden, die gewerkschaftlichen Vertrauenskörper – wenn überhaupt – nur völlig unzureichend institutionell abgesichert sind und daher auch nur wenig auf die innergewerkschaftliche Willensbildung Einfluß nehmen können. Sie können daher auch eine eher auf arbeitsfriedlichen, legalistischen Ausgleich gerichtete Gewerkschaftspolitik der Gewerkschaftsorganisation und -führung kaum oder nur sehr schwer durch Artikulation der Basisinteressen und -bedürfnisse korrigieren.

27. Schließlich ist noch anzumerken, daß selbst die – notwendige – praktische Durchsetzung einer betriebsnahen Tarifpolitik

tendenziell zur arbeitsfriedlichen Einmauerung des gewerkschaftlichen Vertrauenskörpers beitragen könnte. Ein (im Rahmen des allgemeingültigen Regionaltarifvertrags abgeschlossener) Zusatz-Firmentarifvertrag – dessen kampfweise Durchsetzung allerdings zunächst einmal eine erhebliche Einschränkung der von der herrschenden Arbeitsrechtslehre angenommenen absoluten tarifvertraglichen Friedenspflicht-Bindung der Gewerkschaft voraussetzen würde – bringt wiederum zwangsläufig eine zusätzliche tarifvertragliche Friedenspflicht für die Gewerkschaftsseite hervor, die möglicherweise bis hinab zur Ortsverwaltungsebene und gar auf den (eventuell als offizielle Gewerkschaftsgliederung anerkannten) gewerkschaftlichen Vertrauenskörper im einzelnen Betrieb erstreckt wird. Eine solche zusätzliche Friedenspflicht aus einem Zusatz-Firmentarifvertrag könnte im Hinblick auf den Vertragsinhalt, der leicht als eine abschließende und damit jeden betrieblichen Kampf ausschließende Regelung der innerbetrieblichen Arbeitsbedingungen insgesamt betrachtet werden könnte, praktisch die Bindungen aus einer tarifvertraglichen und der umfassenden betrieblichen Friedenspflicht zusammenfallen lassen, die damit auch dem gewerkschaftlichen Vertrauenskörper auferlegt würden – entsprechend der zwar falschen, aber herrschenden Arbeitsrechtslehre, daß die tarifvertragliche Friedenspflicht schon generell, und erst recht bei unmittelbarer Regelung innerbetrieblicher Arbeitsbedingungen, jeden weiteren betriebsinternen Kampf während der Tarifvertragsdauer ausschließen soll.

Zwar handelt es sich dabei »nur« um eine Konsequenz der herrschenden Arbeitsrechtslehre, die ihrerseits allerdings schon bei Durchsetzung solcher betriebsnaher Tarifpolitik überhaupt in Frage gestellt werden muß. Aber das ändert nichts an der aufgezeigten Tendenz, die jedoch nicht eine Ablehnung und Verhinderung betriebsnaher Tarifpolitik rechtfertigen kann. Die Schlußfolgerung geht vielmehr dahin, daß auch betriebsnahe Tarifpolitik nicht schon an sich, d. h. unabhängig von dem größeren Zusammenhang der Gewerkschaftspolitik insgesamt sinnvoll ist, sondern erst von dem konkret vermittelten Zusammenhang einer politisch bewußten, den antagonistischen Interessengegensatz zwischen Arbeit und Kapital aufgreifenden, Betrieb und Arbeitsverhältnis politisierenden Gewerkschaftsarbeit her ihre zentrale strategische Funktion für eine Mobilisierung der Basis entfalten kann.

28. Die vorstehende Darstellung der sich aus objektiven Strukturzusammenhängen ergebenden Tendenz und Gefahr einer arbeitsfriedlichen Integration auch der gewerkschaftlichen Vertrauenskörper in die offizielle Betriebsverfassung darf nicht mißverstanden werden als eine pauschal-generelle Kritik oder gar Ablehnung der gewerkschaftlichen Vertrauensleutearbeit. Die gewerkschaftlichen Vertrauensleute und Vertrauenskörper in den Betrieben sind gegenwärtig – soweit sie überhaupt bestehen! – immer noch das wichtigste, ja das einzige praktisch wirksame Instrument einer gewerkschaftlichen Betriebspolitik. Sie allein vermögen die Präsenz der Gewerkschaften in den Betrieben zu verstärken und durchzusetzen, die Basisorganisation für gewerkschaftliches Handeln in den Betrieben unter den Belegschaften aufzubauen und handlungsfähig zu machen. Doch gerade dieser Tatbestand macht die Einsicht notwendig, daß nicht schon die bloße Existenz und Tätigkeit gewerkschaftlicher Vertrauenskörper in den Betrieben »an sich«, d. h. unabhängig von der konkreten Orientierung ihrer Arbeit, eine wirksame politisch bewußte und den antagonistischen Interessengegensatz auskämpfende Gewerkschaftsarbeit garantiert. Da auch die gewerkschaftlichen Vertrauenskörper in und wegen ihrer Funktion als Unterbau für den Betriebsrat im Rahmen eines ganz wesentlich von der offiziellen Betriebsverfassung bestimmten Handlungszusammenhangs arbeiten müssen, bringt diese objektive Struktur eine reale – jedoch nicht unüberwindliche! – Tendenz zur arbeitsfriedlichen Integration der gewerkschaftlichen Vertrauenskörper in die offizielle Betriebsverfassung hervor.

Zwei Formen betrieblicher Basisorganisation – ohne Friedenspflicht

29. Die vorangehende Klärung der Bedingungen einer unbehinderten Aktionsfähigkeit der gewerkschaftlichen Vertrauenskörper ermöglicht es, die in der vergangenen Diskussion über Mitbestimmung am Arbeitsplatz häufig behauptete grundsätzliche Differenz und den Gegensatz zwischen durch das Betriebsverfassungsgesetz institutionalisierten Arbeitsgruppen (und »Arbeitsgruppensprechern«), die quasi automatisch an die betriebliche Friedenspflicht gebunden seien, einerseits und den scheinbar ebenso selbstverständlich von jeder betrieblichen Friedenspflicht

freien gewerkschaftlichen Vertrauensleuten und Vertrauenskörpern, deren Funktion – als Unterbau für den Betriebsrat – und erweiterte Rechte durch Tarifvertrag vereinbart werden sollen, letztlich als eine bloße Scheinalternative aufzudecken. Beide Möglichkeiten müssen sich im Rahmen einer wesentlich von der offiziellen Betriebsverfassung geprägten Handlungsstruktur bewegen und unterliegen daher grundsätzlich gleichermaßen, wenn auch in Art und Intensität unterschiedlich, einer Tendenz zum Einbau in die offizielle Betriebsverfassung und zur Unterwerfung unter die betriebliche Friedenspflicht. Andererseits ist es auch denkbar und praktisch möglich, selbst betriebsverfassungsrechtliche Arbeitsgruppen (und »Arbeitsgruppensprecher«) trotz einer Institutionalisierung durch das Betriebsverfassungsgesetz von der betrieblichen Friedenspflicht freizuhalten, nämlich wenn die Frage als Teil eines umfassenden Kampfes der Gewerkschaften gegen die betriebliche Friedenspflicht der Betriebsverfassung überhaupt verstanden und behandelt wird, wie es von den maßgeblichen Befürwortern der Mitbestimmung am Arbeitsplatz und der Arbeitsgruppen von vornherein und erklärtermaßen konzipiert wurde.

Für die gewerkschaftspolitische Effektivität beider Möglichkeiten ist gleichermaßen entscheidend der zentrale Angriff auf die Grundstruktur der offiziellen Betriebsverfassung, also die Ablehnung der betrieblichen Friedenspflicht und der Verpflichtung des Betriebsrats zur vertrauensvollen Zusammenarbeit mit dem Arbeitgeber zum »Wohl des Betriebs«. Ihre in vielen Erklärungen beschworene grundsätzliche Ablehnung der offiziellen Betriebsverfassung haben jedoch die Gewerkschaften bislang nicht praktisch umgesetzt und vor allem bei der Novellierung des Betriebsverfassungsgesetzes zu artikulieren und auszukämpfen versäumt. Vielmehr hat gerade diese gewerkschaftliche Praxis, die vor der zentralen Konfrontation um die arbeitsfriedliche Grundstruktur der Betriebsverfassung zurückgescheut ist, die oben aufgezeigten Tendenzen zu einer arbeitsfriedlichen Integration auch der gewerkschaftlichen Vertrauenskörper in die offizielle Betriebsverfassung begünstigt.

Die gewerkschaftspolitische Effektivität beider Möglichkeiten der Basisorganisation und Mitbestimmung am Arbeitsplatz – sowohl der Arbeitsgruppen (und »Arbeitsgruppensprecher«) als auch der gewerkschaftlichen Vertrauenskörper – wird gleichermaßen im wesentlichen durch den übergreifenden Zusammenhang der allgemeinen Gewerkschaftspolitik, durch die politische Orientierung der praktischen Gewerkschaftsarbeit bestimmt. Wenn sich die Gewerkschaften als »Ordnungsfaktoren« der gegenwärtigen spätkapitalistischen Gesellschaft ihre Aufgaben und Handlungsmöglichkeiten allein von einer systemimmanenten Funktion, also »von oben« her gegenüber ihren Mitgliedern vorschreiben und begrenzen lassen, bewegen sie sich ganz allgemein auf einem legalistischen arbeitsfriedlichen Kurs, auf dem sie den fundamentalen antagonistischen Konflikt zwischen Arbeit und Kapital weder vom konkreten betrieblichen Ansatz her noch allgemein auskämpfen und überhaupt nicht mehr in Frage stellen können, schon gar nicht zu seiner Überwindung ansetzen können. Im Rahmen eines solchen allgemeinen Verhaltens, das zwangsläufig zu einer subalternen systemimmanenten Integration der Gewerkschaften führt, ist Mitbestimmung am Arbeitsplatz als Mobilisierung der Basis im Kampf um Gegenmacht und Emanzipation der Arbeitnehmer von vornherein fehl am Platze, würden die beiden hier erörterten organisatorischen Möglichkeiten einer Basismobilisierung mehr oder weniger zwangsläufig in die offizielle Betriebsverfassung eingebaut und der betrieblichen Friedenspflicht unterworfen werden, auch die gewerkschaftlichen Vertrauenskörper.

Oder die Gewerkschaften verstehen und betätigen sich als Widerstands- und Selbsthilfeorganisation der Arbeitnehmer, die ihren Auftrag von unten, also von ihren Mitgliedern an der Basis und von deren Interessen sowie Bedürfnissen her erhalten und die das objektive Spannungsverhältnis zwischen der notwendigen »industriellen Legalität« der Gewerkschaften einerseits und der zugleich auf eine grundlegende Neuordnung von Wirtschaft und Gesellschaft angelegten Arbeitnehmerinteressenvertretung andererseits in einer den fundamentalen antagonistischen Konflikt zwischen Arbeit und Kapital auskämpfenden Praxis jeweils konkret aufzuheben vermögen durch Aktivierung und Politisierung der Basis in den Betrieben. Eine solche Strategie erfordert eine gewerkschaftliche Betriebspolitik, die bewußt den fundamentalen Antagonismus zwischen Arbeit und Kapital im Betrieb auf- und angreift, in diesem Bezugsrahmen das betriebliche Geschehen und das Arbeitsverhältnis als gesamtgesellschaftlich bedingt, d. h. politisch versteht und politisierend wirkt. Diese aggressive, nicht-arbeitsfriedliche Betriebspolitik kann nicht nur auf eine vordergründige, systemimmanente Interessenvertretung gerichtet sein, sondern muß der kapitalistischen Rationalität und Rentabilität der Betriebs- und Arbeitsorganisation (im weitesten Sinne) eine grundlegend andere, von den Erfahrungen und Bedürfnissen der betrieblichen Basis her formulierte Rationalität entgegensetzen, die auf betriebliche und gesamtgesellschaftliche Selbstorganisation und Emanzipation der Arbeitnehmer gerichtet ist. Der solcherart auch auf der betrieblichen Ebene konkret sichtbar werdende fundamentale Antagonismus zwischen Arbeit und Kapital muß im betrieblichen Arbeitskampf ausgetragen werden, ohne Behinderung und Bindung der Arbeitnehmer und ihrer betrieblichen, gewerkschaftlichen Interessenvertretungen durch eine betriebliche Friedenspflicht. Eine gewerkschaftliche Betriebspolitik, deren Praxis in konkreten einzelnen Schritten eine betriebsnahe Tarifpolitik, den Kampf um Mitbestimmung am Arbeitsplatz (im weitesten Sinne) und eine betriebsnahe gewerkschaftliche Bildungsarbeit zu verbinden sucht, erfordert eine gewerkschaftlich aktivierte, politisierte Basisorganisation in den Betrieben.

Im Rahmen einer Gewerkschaftspolitik im letztgenannten Sinne, die die betriebliche Friedenspflicht in konkreter Praxis prinzipiell und zentral in Frage stellt und ablehnt zugunsten einer aktiven, den fundamentalen Antagonismus reflektierenden gewerkschaftlichen Interessenvertretung, werfen die beiden hier diskutierten institutionellen Möglichkeiten einer Basisorganisation – Arbeitsgruppen und/oder gewerkschaftliche Vertrauenskörper – lediglich eine taktische Frage auf, nämlich die Frage nach den besseren Chancen der praktischen Durchsetzbarkeit der einen oder der anderen Möglichkeit, die beide eine politisierte gewerkschaftliche Aktivität in den Betrieben anstreben und dabei eine jede betriebliche Friedenspflicht zu vermeiden und zu unterlaufen suchen.

30. Die zentrale Bedeutung des Vorschlags, für die Basisorganisation der Arbeitnehmer nach Arbeitsgruppen einen formalen Rahmen im Betriebsverfassungsgesetz bereitzuhalten, liegt – nach der Vorstellung seiner gewerkschaftlichen Befürworter, die auf keinen Fall mit der neuen, eher den wesentlich anders gerichteten Unternehmensvorstellungen entsprechenden Regelung in § 3 Abs. 1 Ziff. 1 Betriebsverfassungsgesetz zu verwechseln ist – darin, daß die Arbeitnehmer jederzeit im Betrieb, während der Arbeitszeit oder auch während der Pausen, jedenfalls in unmittelbarer Verbindung zu dem betrieblichen Geschehen und

möglicherweise durchaus den Betriebsablauf hemmend (»störend«), Arbeitsgruppenbesprechungen abhalten können sollen. Auf diesem Wege können sie in direktem Bezug zur konkreten betrieblichen Situation eine kollektive Willensbildung und Interessenartikulation einleiten, die bewußt eine geschlossene gemeinsame Handlungsfront der Arbeitnehmer gegenüber der Betriebshierarchie herstellt und bereits den ersten Schritt einer kollektiven Aktion darstellt, die in gegenseitiger Ergänzung der einzelnen Arbeitsgruppen den gesamten Betrieb zu erfassen vermag.

Gewiß bringt allein die Zulassung oder Schaffung von Arbeitsgruppen und Arbeitsgruppenbesprechungen durch einen formalen gesetzlichen Organisationsakt noch keine Aktivierung und Politisierung der Basis hervor. Jedoch bietet die formale Institutionalisierung für eine entsprechende gewerkschaftliche Betriebspolitik die Chance, unter anderem über solche Arbeitsgruppenbesprechungen die Arbeitnehmer zu politisieren und zu mobilisieren, einschließlich der Möglichkeit betrieblicher Arbeitskämpfe, die wesentlich von den nicht an eine betriebliche Friedenspflicht gebundenen Arbeitsgruppen und Arbeitsgruppenbesprechungen mitgetragen werden – im Rahmen einer gewerkschaftlichen Praxis, die ganz allgemein, nicht nur für solche Arbeitsgruppen, eine Bindung der Arbeitnehmerinteressenvertretung im Betrieb an eine Friedenspflicht ablehnt und zumindest praktisch zu überwinden sucht.

Dabei ist es angesichts der für jede Arbeitsgruppe notwendigen Kommunikation nach »außen«, d. h. über den Bereich der einzelnen Arbeitsgruppe hinaus auf der Ebene des gesamten Betriebs, praktisch unvermeidlich, daß aus den Arbeitsgruppenbesprechungen einzelne Gruppenangehörige gewissermaßen als Gruppensprecher hervortreten, die die Gruppe im Kontakt mit anderen Arbeitsgruppen und mit dem Betriebsrat, möglicherweise auch im direkten Kontakt mit der Betriebshierarchie vertreten. Ohne bürokratisierende Formalisierung, allein aus der konkreten Praxis der Arbeitsgruppen und Arbeitsgruppenbesprechungen können zu den verschiedenen Anlässen jeweils ein oder mehrere Mitglieder der Gruppe, die nicht immer dieselben zu sein brauchen, als der oder die aktuellen Sprecher der Gruppe bestimmt werden; es handelt sich dabei also nicht um die formale Institutionalisierung eines neuen, besonderen »Amts« eines Arbeitsgruppensprechers. Doch erscheint es durchaus sinnvoll, von Rechts wegen, also etwa im Betriebsverfassungsgesetz, die Funktion eines »Arbeitsgruppensprechers« vor Benachteiligungen und Pressionen der Geschäftsleitung ausdrücklich zu schützen, da deren Träger häufig von der Geschäftsleitung als sogenannte Rädelsführer verfolgt werden (es sind die gleichen Gründe, die einen Schutz für die gewerkschaftlichen Vertrauensleute notwendig machen). Mit solchem Schutz darf und braucht – wiederum wie bei den gewerkschaftlichen Vertrauensleuten – keineswegs eine Unterwerfung unter die betriebliche Friedenspflicht verbunden zu sein, ihr Ausschluß sollte und könnte vielmehr ausdrücklich klargestellt werden.

Unter solchen Bedingungen können gerade die gewerkschaftlichen Vertrauensleute im Rahmen von Arbeitsgruppen und Arbeitsgruppenbesprechungen, gegebenenfalls als Gruppensprecher, eine größere Bewegungsfreiheit für ihre gewerkschaftliche Tätigkeit im umfassenden Sinne, also auch als Unterbau für den Betriebsrat, erlangen. Ihre Legitimation hängt dann nicht noch von einer zweiten »Wahl« als Gruppensprecher ab, weil es kein besonderes »Amt« eines Gruppensprechers gibt. Vielmehr wird die Arbeitsgruppe nur jeweils ad hoc auf den konkreten Konflikt bezogen ihren Vertreter benennen, der in der Praxis regelmäßig der gewerkschaftliche Vertrauensmann sein wird, da die gewerkschaftlichen Vertrauensleute sowieso den aktiveren Kern der Arbeitnehmer bilden. Damit erweist sich die Polemik von Teilen des Gewerkschaftsapparats gegen Mitbestimmung am Arbeitsplatz, Arbeitsgruppen und »Arbeitsgruppensprecher« als abwegig.

31. Damit auf dem zweiten Weg die gewerkschaftlichen Vertrauensleute und Vertrauenskörper als betriebliche Basisorganisation die Mobilisierung und Politisierung der Arbeitnehmer zugleich betreiben und aufnehmen können, bedürfen sie der Ausdehnung und – auch rechtlichen – Absicherung ihrer Aktionsmöglichkeiten im Betrieb. Das zielt in erster Linie auf eine Erweiterung ihrer innerbetrieblichen Bewegungsfreiheit gegenüber der Geschäftsleitung und der Betriebshierarchie, insbesondere durch entsprechende Tarifverträge; es erfordert aber auch eine Verankerung ihrer Tätigkeit in den Gewerkschaftssatzungen, mit entsprechenden Teilhaberechten im Prozeß der innergewerkschaftlichen Willensbildung.

Vor allem muß bei einem weiteren Ausbau der Funktion des gewerkschaftlichen Vertrauenskörpers als einer umfassenden betrieblichen Basisorganisation, die auch als Unterbau für den Betriebsrat wirken und damit auch die nicht-gewerkschaftlich-organisierten Arbeitnehmer im Betrieb erfassen und vertreten soll, das in sich widersprüchliche Verhältnis zwischen dem Vertrauenskörper als der betrieblichen Gewerkschaftsorganisation und den nicht gewerkschaftlich organisierten Belegschaftsmitgliedern ins Bewußtsein gehoben und offen diskutiert werden: der Zwiespalt zwischen einerseits der Abschottung der innergewerkschaftlichen Willensbildung des Vertrauenskörpers gegenüber den nicht-organisierten Arbeitnehmern und andererseits der Vertretung auch der letzteren durch den gewerkschaftlichen Vertrauenskörper kann nur konkret in bewußter Praxis kollektiver Interessenvertretung und Aktion, bei geschlossener Handlungseinheit der gesamten Belegschaft unter Anführung des gewerkschaftlichen Vertrauenskörpers überwunden werden. Dieses Problem stellt sich erst recht im größeren Rahmen, wenn die Gewerkschaften ihre bisher nur verbale Kritik an der gegenwärtigen gesetzlichen Trennung von Betriebsrat und Gewerkschaft in zwei streng voneinander getrennte Interessenvertretungen praktisch umzusetzen versuchen und auf der betrieblichen Ebene nur eine einzige, einheitliche, zugleich betriebsverfassungsrechtliche und gewerkschaftliche Interessenvertretung für die gesamte Belegschaft – gewissermaßen die »Vergewerkschaftung« des Betriebsrats – fordern. Eine entsprechende Konzeption, die der geltenden gesetzlichen Regelung gegenübergestellt werden und den praktischen Kampf orientieren kann, ist allerdings erst noch zu erarbeiten und wirft die Grundsatzfrage auf.

Wenn im Hinblick auf eine umfassende Interessenvertretung auch die nicht gewerkschaftlich organisierten Belegschaftsmitglieder von der innerbetrieblichen Tätigkeit der gewerkschaftlichen Vertrauenskörper erfaßt und in diese miteinbezogen werden, resultiert daraus zum einen die oben dargelegte Tendenz einer arbeitsfriedlichen Integration des gewerkschaftlichen Vertrauenskörpers in die offizielle Betriebsverfassung – in Richtung auf ein »betriebliches Vertrauensleutesystem« –, die ihrerseits in dem übergreifenden Zusammenhang einer allgemein politisierten, d. h. bewußt den fundamentalen Antagonismus zwischen Arbeit und Kapital im Betrieb austragenden Gewerkschaftspraxis zu überwinden ist. Des weiteren aber wird vor allem das Problem der demokratischen Kontrolle und Transparenz der innergewerkschaftlichen Willensbildung von der Ebene der gewerk-

schaftlichen Vertrauenskörper in den Betrieben her aufgeworfen. Eine demokratisch kontrollierte Willensbildung setzt ein Mindestmaß an formal abgegrenzten Rechten und Pflichten der Beteiligten voraus, wobei es allerdings hier primär auf die Kontrolle von unten, also auf eine Kontrolle der Basis über die gewerkschaftliche Willensbildung ankommt. In diesem Sinne ist gerade bei einer »Öffnung« des Prozesses gewerkschaftlicher Willensbildung gegenüber den mit-vertretenen unorganisierten Arbeitnehmern ein ganz andersartiger, andersgerichteter Einflußversuch »von außen« entschieden abzuwehren, nämlich von der Unternehmerseite, wenn diese eine solche »Öffnung« entsprechend ihren Integrationsbemühungen dazu ausnutzen wollte, gezielt das Eindringen »gelber«, von ihr »gekaufter« Unterwanderer in die gewerkschaftliche Willensbildung zu befördern.
Die unorganisierten Belegschaftsmitglieder werden konkret und direkt von den innerbetrieblichen Konflikten und Aktionen mitbetroffen. Nach dem gegenwärtigen allgemeinen Bewußtseinsstand der Arbeitnehmer insgesamt, einschließlich der Gewerkschaftsmitglieder, trennt »nur ein Stück Papier« die organisierten von den unorganisierten Arbeitnehmern, die in der Regel die Notwendigkeit von Gewerkschaften und gewerkschaftlichem Handeln vollauf bejahen. Da der Klassenkampf der Arbeitnehmer auf allen Ebenen nicht nur eine Angelegenheit der organisierten Minderheit sein kann, sondern als entscheidendes Argument die Umsetzung der großen Überzahl (aller Arbeitnehmer) in soziale und politische Macht organisieren muß, ist die Beteiligung auch der unorganisierten Belegschaftsmitglieder wesentlich für den Erfolg in den betrieblichen Auseinandersetzungen. Eine solche Beteiligung auch der Unorganisierten ist aber nur realistisch und wirksam, wenn jene voll in die Aktionen mit einbezogen werden, also auch sie an der Willensbildung über die Aktion beteiligt werden und sich aktiv beteiligen können, d. h. zumindest faktisch mit gleichen Einflußmöglichkeiten und mit vollen »Rechten« die Aktion tragen und zugleich kontrollieren können.

Es gilt, geeignete Handlungsformen zu entwickeln, damit zumindest praktisch-materiell die Gesamtheit der betroffenen Arbeitnehmer, einschließlich der Unorganisierten, das betriebliche Geschehen und die betriebliche Interessenvertretung im vorgenannten Sinn kontrollieren kann, auch wenn die Formalien dieser innerbetrieblichen Willensbildung und deren – nicht nur for-

male – Vertretung innerhalb der gesamten Gewerkschaftsorganisation den Gewerkschaftsmitgliedern, vor allem den gewerkschaftlichen Vertrauensleuten, vorbehalten bleiben muß. Auf diesem Wege können sich die Gewerkschaften ein neues Potential aktiver oder aktivierbarer Arbeitnehmer erschließen, das allerdings seinerseits einen gewissen Einfluß in der innergewerkschaftlichen Willensbildung erlangen wird – was keine »Gefahr«, sondern eher eine Verstärkung für die Gewerkschaftsarbeit bedeuten wird, wenn überhaupt die Gewerkschaft sich als aktive, kämpferische Interessenvertretung der Arbeitnehmer in Betrieb, Wirtschaft und Gesellschaft bewährt.
Als eine solche Handlungsform könnte sich möglicherweise in der zukünftigen Praxis ergeben, daß die gewerkschaftlichen Vertrauensleute in den Betrieben nicht mehr nur von den Gewerkschaftsmitgliedern, sondern von der gesamten Belegschaft einschließlich der unorganisierten Arbeitnehmer gewählt werden, während »selbstverständlich« nur Gewerkschaftsmitglieder Vertrauensleute sein können, also nur sie das passive Wahlrecht haben. Eine entsprechende Anregung, die nur eine mögliche und keineswegs schematisch nachzuahmende Form zeigt, bietet das System der Werkstattdelegierten in der italienischen Metallindustrie[23]: dort wählen in jeder Werkstatt oder Abteilung alle Arbeitnehmer, also auch die nicht gewerkschaftlich organisierten, die gewerkschaftlichen Delegierten und nehmen damit direkt an dem Leben und Handeln der Gewerkschaft im Betrieb teil, was sich in einem steigenden Interesse der Arbeitnehmer insgesamt an der Gewerkschaft auswirkt. Damit wird eine einheitliche Verbindung aller Arbeitnehmer zur Gewerkschaftsorganisation und eine Verbindung zwischen der Gewerkschaft und der Wirklichkeit im Betrieb hergestellt, als eine wechselseitige Kommunikation, in der sich beide Pole gegenseitig beeinflussen.

Die taktische Frage

32. Die oben definierte taktische Frage einer »Wahl« zwischen Arbeitsgruppen und Arbeitsgruppenbesprechungen, einschließlich der Möglichkeit von »Arbeitsgruppensprechern«, als dem einen Weg und einer Erweiterung der Rechte der gewerkschaft-

23 Vgl. Garavini, a. a. O. (Anm. 21).

lichen Vertrauensleute und Vertrauenskörper im Betrieb als dem anderen Weg fordert daher bei näherem Hinsehen gar keine Wahl im Sinne einer Entscheidung zwischen zwei einander ausschließenden Möglichkeiten. Vielmehr ist ein sich gegenseitig ergänzendes, gleichzeitiges Nebeneinander beider Wege sinnvoll und sogar notwendig für eine aktive Gewerkschaftsarbeit in den Betrieben: sowohl Arbeitsgruppenbesprechungen (ohne betriebliche Friedenspflicht) als auch erweiterte Rechte für die gewerkschaftlichen Vertrauensleute sind zu fordern. Ebenso kann die praktische Durchsetzung einer jeden der beiden Möglichkeiten prinzipiell gleichermaßen sowohl über eine tarifvertragliche als auch über eine gesetzliche Lösung angestrebt werden, wenngleich in der bisherigen Diskussion und Praxis die gesetzliche, also betriebsverfassungsrechtliche Lösung eher für die Institutionalisierung von Arbeitsgruppen und Arbeitsgruppenbesprechungen, die tarifvertragliche Lösung eher für die Erweiterung der Rechte der gewerkschaftlichen Vertrauensleute im Betrieb reklamiert wurden.

Zwar ist das neue Betriebsverfassungsgesetz gerade erst verabschiedet worden und bringt keine brauchbare und akzeptable Lösung des behandelten Problems, sondern hält grundsätzlich an der betrieblichen Friedenspflicht fest, so daß auch eventuelle, in Ausfüllung der Öffnungsklausel des § 3 Abs. 1 Ziff. 1 errichtete »betriebsverfassungsrechtliche Vertretungen« von Arbeitsgruppen dieser betrieblichen Friedenspflicht unterworfen werden könnten. Doch auch nach Verabschiedung des neuen Gesetzes wird die Diskussion gerade um die Grundzüge und Strukturen der Betriebsverfassung weitergehen, insbesondere von den Gewerkschaften weitergeführt werden, indem der Kampf um die konkrete Anwendung des neuen Gesetzes in der betrieblichen Praxis zugleich zu einem Kampf um eine erneute Novellierung des Betriebsverfassungsgesetzes erweitert wird, in Richtung auf eine prinzipielle und strukturelle Neuregelung des Betriebsverfassungsrechts mit erheblich weitergehender Durchsetzung der Arbeitnehmerinteressen. Es ist ein zugleich konkreter als auch prinzipiell-genereller Kampf gegen die Behinderung der Arbeitnehmerinteressenvertretung im Betrieb durch betriebliche Friedenspflicht und gegen die damit verbundene objektive Tendenz zur subalternen-systemimmanenten Integration der Arbeitnehmerinteressenvertretung in die offizielle Betriebsverfassung. Dieser Kampf betrifft nicht nur das Handeln im Rahmen der offiziellen Betriebsverfassung, sondern ebenso die Tätigkeit der gewerkschaftlichen Vertrauensleute und Vertrauenskörper im Betrieb, also überhaupt gewerkschaftliche Arbeit im Betrieb.

Die gesetzliche und die tarifvertragliche Lösung können sich gegenseitig ergänzen, indem das Gesetz einen allgemeinen Rahmen bereitstellt, der durch Tarifverträge dann ausgefüllt und konkretisiert werden kann. Die gesetzliche Lösung hat den Vorteil, daß ihre praktische Durchsetzung im Betrieb in der Regel weniger Energie und Kraftaufwand erfordert, weil es sich »nur« um die Realisierung einer schon an sich, d. h. wenigstens abstrakt geltenden generellen Regelung handelt und damit die gewerkschaftliche Kraft noch für zusätzliche andere Ziele eingesetzt werden kann. Die tarifvertragliche Lösung dagegen ist flexibler, sie kann auf die Besonderheiten einzelner Bereiche und Betriebe abgestellt werden, aus welcher Praxis sich dann Modelle für spätere gesetzliche Lösungen entwickeln können. Vor allem aber ist sie durch direkten Einsatz des Streikmittels gegen den Widerstand der Unternehmer erkämpfbar. »Recht« – insbesondere ein rechtlicher Schutz von Arbeitnehmerinteressen – muß erst praktisch in den sozialen Beziehungen und Machtverhältnissen durchgesetzt sein, bevor es als solches festgelegt, insbesondere in einem Gesetz fixiert wird. Daher müssen die Gewerkschaften prinzipiell auf beiden Ebenen um die Verwirklichung und Durchsetzung von Arbeitnehmerinteressen kämpfen.

33. Da gegenwärtig in der Bundesrepublik der Prozeß der Politisierung der Gewerkschaftsarbeit und Gewerkschaftspraxis gerade erst beginnt, ist nunmehr – nachdem die Gewerkschaften die Auseinandersetzung um das neue Betriebsverfassungsgesetz weder offensiv noch auf der prinzipiellen Ebene geführt haben – zunächst der Tarifvertrag eher das geeignete Instrument. Denn dessen (zu erkämpfender) Inhalt kann und muß direkt an den konkreten betrieblichen Erfahrungen der Arbeitnehmer ansetzen und dessen Durchsetzung bewegt sich noch im unmittelbaren Erfahrungsbereich der Arbeitnehmer, so daß der Kampf um einen entsprechenden Tarifvertrag bereits selber die betriebliche Basis mobilisieren und politisieren kann.

In der Gegenwart sind daher praktisch die gewerkschaftlichen Vertrauensleute und Vertrauenskörper die wesentlichen Träger des Kampfes um Mitbestimmung am Arbeitsplatz (in einem umfassenden Sinne). Sie bilden zum einen selbst die Institution, die erweiterte Rechte der Arbeitnehmerinteressenvertretung ausüben und eine entsprechende Willensbildung der Basis in den Betrieben organisieren kann. Das setzt einerseits eine bewußte und praktische Klärung ihres Verhältnisses zu den unorganisierten Belegschaftsmitgliedern, andererseits die nicht nur rechtliche, sondern auch tatsächliche Freihaltung von jeder betrieblichen Friedenspflicht voraus. Zum anderen sind die gewerkschaftlichen Vertrauenskörper der einzige effektive und konkrete Ansatz von gewerkschaftlicher Präsenz und Gewerkschaftspolitik in den Betrieben, sie allein vermögen die für eine umfassende Mobilisierung und Politisierung der gesamten Basis erforderliche Vermittlung zwischen der betrieblichen, der gewerkschaftlichen und der gesamtgesellschaftlichen Ebene herzustellen. Als die nicht in die offizielle Betriebsstruktur eingebundene betriebliche Gewerkschaftsorganisation können sie die Praxis der betriebsverfassungsrechtlichen Arbeitnehmerinteressenvertretung wesentlich beeinflussen und – in gewissen Grenzen – sogar umfunktionieren: indem insbesondere der Betriebsrat durch die Zusammenarbeit mit dem gewerkschaftlichen Vertrauenskörper und unter dessen überwältigendem Druck praktisch zum einseitig-kämpferischen Organ einer ausschließlichen Arbeitnehmerinteressenvertretung umgewandelt wird, das die offizielle doppelte Loyalität aus dem Betriebsverfassungsgesetz praktisch überwindet und abstreift; indem aber auch die neugeschaffenen Abteilungsversammlungen als Instrument für eine eigenständige Organisierung und Mobilisierung der betrieblichen Basis genutzt werden. Schließlich bilden die gewerkschaftlichen Vertrauenskörper zur Zeit den einzigen relevanten organisatorischen Ansatz innerhalb der Gewerkschaftsbewegung für eine politisierte Gewerkschaftsarbeit, die in der Praxis stets erst durchgesetzt werden muß gegen die objektiven Tendenzen zu einer subaltern-systemimmanenten Integration und Entpolitisierung der Gewerkschaftsarbeit, die auch das Handeln von Teilen des Gewerkschaftsapparats bestimmen – durchgesetzt werden muß von den gewerkschaftlichen Vertrauensleuten also zunächst auch innerhalb der Gewerkschaftsorganisation selbst.

Eberhard Schmidt
Betriebsnahe Tarifpolitik und Mitbestimmung durch Arbeitsgruppen

Mitbestimmung, ausgeübt durch Arbeitsgruppen im Sinne einer Kontrolle über die Arbeitsbedingungen, also über Bandgeschwindigkeit, Typenfolge, Springerregelung, Gestaltung des Arbeitsplatzes oder Vorgabezeiten, erfreut sich bei den Gewerkschaftsführungen ebenso wie beim Großteil der Betriebsräte geringer Beliebtheit. Das gleiche gilt für eine Tarifpolitik, die betrieblichen Tarifkommissionen einen entscheidenden Einfluß bei der Aufstellung und Durchsetzung betriebsspezifischer Forderungen zusätzlich zu denen des regionalen Tarifvertrages einräumen will. In beiden Fällen verhindert eine Zentralisierung von Entscheidungskompetenzen – einerseits beim Betriebsrat und bei den Arbeitnehmervertretern im Aufsichtsrat, andererseits beim Gewerkschaftsvorstand –, daß eine größere Zahl von Vertrauensleuten und aktiven Mitgliedern über die bloß formale Teilhabe durch Wahlen oder Urabstimmungen direkte Einwirkungsmöglichkeiten auf den Willensbildungs- und Aushandlungsprozeß gewinnen.

Aber die Parallelen zwischen betriebsnaher Tarifpolitik und einer Mitbestimmung durch Arbeitsgruppen im Betrieb sind nicht nur formaler Natur. Vielmehr ist die Durchsetzung der Mitbestimmung als Kontrolle der Arbeitsgruppe über die Arbeitsbedingungen angewiesen auf eine tarifpolitische Strategie, die in der Lage ist, die tatsächlichen Arbeitsbedingungen, die sich von Betrieb zu Betrieb unterscheiden, einzufangen und weitergehende Forderungen durchzusetzen. Wie auch umgekehrt betriebsnahe Tarifpolitik – neben der Beschneidung der übertariflichen Manipuliermasse des Arbeitgebers – erst ihre Konkretion erhält durch Forderungen, die qualitativ neue tarifpolitische Ziele in Angriff nehmen. Werner Vitt, jetzt stellvertretender Vorsitzender der IG Chemie, hat seinerzeit die folgenden durch betriebsnahe Tarifverträge abzuschließenden Regelungen angeführt:

»1. Fragen der Arbeitsordnung (von der Stechuhr bis zum Verhalten der Arbeitnehmer);
2. spezielle Lohn- und Leistungssysteme (d. h. Regelungen der bisherigen übertariflichen Lohn- und Gehaltszuschläge – Abbau der undurchsichtigen Lohnleistungen);
3. Prämien und Gratifikationen;
4. spezielle Rationalisierungsmethoden in Konzernen oder Betrieben;
5. Mitbestimmung und Kontrolle der Berufsausbildung, Umschulung und Fortbildung usw.;
6. Mitbestimmung über Schaffung von Fonds und betriebliche Sozialeinrichtungen.«[1]

Viele dieser Forderungen erfordern eine Mitbestimmung von Arbeitsgruppen, die – beispielsweise in Großbetrieben – allein in der Lage wären, die spezifische Konkretion dieser Forderungen für ihren Arbeitsbereich zu leisten, wo der Betriebsrat nur allgemeine Forderungen präsentieren könnte. Öffnungsklauseln im regionalen Tarifvertrag für betriebliche Zusatztarifverträge müßten es der Arbeitsgruppe oder größeren Einheiten von mehreren Arbeitsgruppen ermöglichen, eine Kontrolle über die Bedingungen, unter denen sie arbeiten müssen, auszuüben und diese Kontrolle auch rechtlich im Tarifvertrag abzusichern, so daß solche Kontrollregelungen nicht, wie in Betriebsvereinbarungen oder gar »freiwilligen Zugeständnissen« des Arbeitgebers, einseitig kündbar sind.

Von einer Verwirklichung dieser tarifpolitischen Konzeption sind die Gewerkschaften derzeit noch weit entfernt. Im folgenden wird daher ausgegangen von einer Kritik der gewerkschaftlichen Tarifpolitik, deren wichtigste Charakteristika die Zentralisierung der tarifpolitischen Entscheidungskompetenzen und die Weiträumigkeit des Geltungsbereichs der Tarifverträge sind. Das Konzept einer betriebsnahen Tarifpolitik resultiert aus dieser Kritik. Die bisher angestellten Versuche von Gewerkschaftsseite, diese Konzeption im Ansatz durchzusetzen, scheiterten nicht nur am harten Widerstand der Arbeitgeber, sondern auch an dem Widerstand vieler Betriebsräte und an gewerkschaftsinterner Obstruktion. Die Einwände, die gemeinhin gegen die

---

Dieser Beitrag entspricht in wesentlichen Teilen einem Aufsatz des Verfassers unter dem Titel »Betriebsnahe Tarifpolitik«, in: Gewerkschaften und Klassenkampf, Kritisches Jahrbuch 1972, Frankfurt/ Main 1972.

1 In: express international, Nr. 91/20. 2. 1970.

betriebsnahe Tarifpolitik gemacht werden, sind am Schluß dieses Aufsatzes behandelt.

I. Kritik der gegenwärtigen gewerkschaftlichen Tarifpolitik

Die Tarifpolitik der Gewerkschaften in der Bundesrepublik ist heute weitgehend zentralisiert. Das gilt für die Aushandlung der Arbeitsbedingungen wie für die der Entlohnung. Die Forderungen der regionalen Tarifkommissionen, in denen eine kleine Zahl bedeutender Funktionäre eines Bezirks vertreten sind, haben nur Empfehlungscharakter an den Vorstand. Die Tatsache, daß der Vorstand diese Empfehlungen in der Regel übernimmt, erklärt sich dadurch, daß bereits im Vorstadium der Verhandlungen diese Forderungen von der Meinung des Gewerkschaftsvorstandes nachhaltig beeinflußt werden. Versagt dieses Sicherungssystem, kommt es also zu Forderungen, die im Sinne des Vorstandes »überhöht« sind (wie etwa im Fall der Klöckner-Hütte, Bremen, in der Tarifrunde 1971), dann werden sie vom Vorstand auf das vorher festgelegte Maß zurückgestuft.

Aber nicht nur die Aufstellung der Forderungen, auch das Aushandeln zeigt deutlich den zentralisierten Charakter des Prozesses. Das Aushandeln der Forderungen wird Verhandlungskommissionen überlassen, in denen sich Gewerkschafts- und Unternehmervertreter gegenübersitzen. Während die Unternehmervertreter bei allen wichtigen Tarifauseinandersetzungen auch in regionalen Verhandlungskommissionen mit zentralen Verhandlungsvertretern, sogenannten Kernkommissionen, aufwarten, ist der zentrale Charakter auf gewerkschaftlicher Seite zwar verschleiert, wird aber offenkundig, wenn es um die Abschlüsse geht, die immer in Absprache mit der Zentrale getroffen werden. Nachdem in einem Tarifgebiet ein Ergebnis erzielt worden ist, gilt es in der Regel als Leitlinie für alle übrigen Bezirke. Eine charakteristische Ausnahme gab es auch hier in der Metalltarifrunde 1970, als der Bezirk Hessen frühzeitig sehr niedrig gegen den Willen des Vorstandes abschloß und so die nachfolgenden Bezirke freie Hand hatten, höhere Ergebnisse zu vereinbaren, was in den kampfbereitesten Bezirken dann auch erfolgte.

Das jährlich wiederkehrende Ritual der Tarifauseinandersetzungen wird nur in seltenen Fällen durch Variationen bereichert.

»Spontane Arbeitsniederlegungen« der Mitglieder in den Betrieben sind jedenfalls noch nicht als echte Beteiligung der Basis zu werten, weil damit in der Regel weder ein Einfluß auf die Aufstellung der Forderungen noch eine wirksame Kontrolle des Kampfes verbunden ist. Urabstimmungen oder regelmäßige Versammlungen, bei denen die Willensbildung der Mitglieder deutlich werden kann, gehören zu den Ausnahmen.

Ein größerer Streik zur Durchsetzung der Forderungen erscheint im Rahmen des vorgegebenen Verhandlungsrituals eher als Unfall, denn als freie Entscheidung der Gewerkschaft und ihrer Mitglieder. Auch der baden-württembergische Metallarbeiterstreik 1971 war eine reine Defensivaktion gegen provozierend niedrige Angebote der Unternehmer. Die Unternehmer wollten den Arbeitern und ihren Gewerkschaften bei einer von ihnen erzeugten Krisenstimmung eine empfindliche Niederlage beibringen, um den seit 1969 zu beobachtenden Trend einer stärkeren Kampfbereitschaft der Arbeiter und auch der Angestellten zurückzudrängen. Die Gewerkschaft verzichtete in diesem Streik auf eine breite Mobilisierung ihrer Mitglieder im gesamten Bundesgebiet. Es gab über Baden-Württemberg hinaus kaum Unterstützungs- oder Solidaritätsstreiks. Das baden-württembergische Ergebnis wurde einfach auf die übrigen Bezirke, nur jeweils geringfügig abgewandelt, übertragen. Der größte Teil der Metallarbeiter erlebte die Tarifauseinandersetzung nur am Fernsehschirm oder erlitt sie ohne Gegenwehr, wenn er in einem Betrieb beschäftigt war, der wegen des baden-württembergischen Streiks Produktionsausfälle hatte und deshalb Arbeiter entlassen mußte.

Es ist zu vermuten, daß die Gewerkschaft hier Rücksicht auf den dritten Partner bei den Tarifauseinandersetzungen nahm: die Regierung. Sie greift mit Hilfe wirtschaftlicher Orientierungsdaten oder politischer Stellungnahmen in die Auseinandersetzungen ein und unterstützt damit in der Regel die Interessen der Unternehmer. Ihr Interesse ist wesentlich darauf gerichtet, Erschütterungen der Stabilität des wirtschaftlichen und gesellschaftlichen Systems, etwa durch größere Streiks, zu vermeiden, da solche Erschütterungen Folgen für die eigene politische Stabilität haben könnten.

Es gibt zur Zeit keinerlei Anzeichen dafür, daß die Gewerkschaften an dem System der Tarifauseinandersetzungen etwas verändern wollen. Ihre Mitarbeit in den Institutionen der staatlichen Einkommenspolitik, vor allem der »Konzertierten Aktion«, verpflichtet sie zu einer Zentralisierung der Entscheidungskompetenzen in der Tarifpolitik, wenn sie glaubwürdige Partner für Regierung und Unternehmer bleiben wollen. Als Reaktionszentrum der staatlichen Wirtschaftspolitik müssen sie auf die Kooperation mit dem Staat setzen und geben damit ihre ursprüngliche Aufgabe, Aktionszentrum der Lohnabhängigen zu sein, preis. Als Ordnungsfaktor des wirtschaftlichen und politischen Systems vermitteln sie lediglich noch Entscheidungen nach unten, die unter Berücksichtigung auch gewerkschaftsfremder Interessen getroffen worden sind. Sie werden damit zugleich zunehmend undurchlässiger für die Willensbildung von unten nach oben. Vor einer tatsächlichen Beteiligung der Mitglieder an den Tarifauseinandersetzungen schrecken sie immer mehr zurück.

Das Resultat dieser Art von Tarifauseinandersetzungen: regionale Verhandlungen (die in Wahrheit verkappte zentrale Verhandlungen sind) mit dem Ergebnis großräumiger Tarifverträge, hat sowohl für die Arbeiter und Angestellten im Betrieb als auch für die Gewerkschaften eine Reihe von negativen Konsequenzen:

1. Die konkreten Arbeits- und Entlohnungsbedingungen im Betrieb werden nur unzureichend vom Tarifvertrag erfaßt. Die aus der Nazizeit überkommenen großräumigen Tarifgebiete sind nach 1945 nicht angetastet worden mit der Folge, daß vor allem in den Großbetrieben der Tarifvertrag für die Lohntüte des Arbeiters nur geringe Bedeutung hat. In der Regel wird bis zu 30% über den Tariflohn gezahlt.

2. Die Spanne zwischen Tariflohn und effektivem Verdienst wird ausgefüllt durch Betriebsvereinbarungen, die jederzeit kurzfristig kündbar sind oder durch sogenannte freiwillige soziale Leistungen, die der Unternehmer jederzeit wieder einseitig kürzen oder ganz streichen kann. Diese Zulagen, in Wahrheit vorenthaltene Lohnbestandteile, werden vom Betriebsrat mittels Vereinbarungen »erkämpft«. Tatsächlich darf der Betriebsrat, da er nach dem Gesetz friedenspflichtig ist, dafür keinerlei Druck mobilisieren. Der Unternehmer gesteht ihm derartige Zulagen »freiwillig« zu und der Betriebsrat präsentiert sie dann vor der Belegschaft als Leistung, die seine Wiederwahl rechtfertigen soll. So wird er durch dieses System in der Regel erfolgreich gezähmt.

3. Arbeitsbedingungen und Entlohnungssysteme werden im zentralen Manteltarifvertrag geregelt, unterscheiden sich aber stark von Betrieb zu Betrieb, so daß nur die allgemeinen Grundzüge geregelt werden können, dem Management bleiben große Entscheidungsspielräume.

4. Im Bewußtsein des Arbeiters ist die Gewerkschaft als entscheidender Faktor zur Aushandlung höherer Löhne oder besserer Arbeitsbedingungen deshalb kaum mehr gegenwärtig. Daß Lohnfragen Machtfragen sind, verblaßt bei diesem System. Löhne und Gehälter erscheinen nur noch arbeitsmarktorientiert: ist die Nachfrage nach Arbeitskräften groß, zahlt der Unternehmer mehr Zulagen, um qualifizierte Arbeiter zu bekommen. In der Flaute kann er die Zulagen wieder streichen. Der Betriebsrat füllt mit seiner Betriebsvereinbarungspolitik also den Leerraum zwischen Tarif- und Effektivverdiensten aus, den ihm die Untätigkeit der Gewerkschaft im Betrieb überläßt.

5. Für die Gewerkschaft hat das zur Konsequenz, daß sie sich vor allem in den Großbetrieben mit den Betriebsräten arrangieren muß. Deren Machtbasis erlaubt es oft sogar, ganze gewerkschaftliche Ortsverwaltungen ihrem Willen zu unterwerfen. Andererseits verstärkt die mangelhafte Verankerung der Gewerkschaft im Betrieb, trotz möglicherweise hohen Organisationsgrades, die Verselbständigungstendenzen der Gewerkschaftsführung, die sich dank einer nicht mobilisierten Basis und damit fehlendem Druck aus den Betrieben um so leichter der Einkommenspolitik der Regierung unterwerfen kann.

Das Resultat des gesamten Teufelskreises ist eine zunehmend stärker an sozialpartnerschaftlichen Vorstellungen orientierte Gewerkschaftspolitik trotz nach außen hin beibehaltener radikaler Reden von Spitzenfunktionären. Die Entpolitisierung eines großen Teils der Mitglieder, die nicht an den Entscheidungsprozessen beteiligt werden, nimmt zu.

II. Das Konzept der betriebsnahen Tarifpolitik

Die Problematik dieser Tarifpolitik ohne echte Beteiligung der Mitglieder ist auch den Gewerkschaften nicht verborgen geblieben. Es hat Versuche gegeben, Alternativen zu entwickeln. Der bedeutsamste Versuch dürfte die Ausarbeitung des Konzepts einer betriebsnahen Tarifpolitik sein.

1958 erklärte der Tarifexperte der IG Metall, Fritz Salm, auf dem 5. Gewerkschaftstag seiner Organisation in Nürnberg: »Die gegenwärtig bestehenden bezirklichen Tarifverträge bieten heute keine genügende Sicherung für die Verdienste und sind oft ein unzulängliches Mittel zur betrieblichen Lohnfindung ... Darüber hinaus besteht die Gefahr, daß durch eine Zentralisierung der Lohn- und Tarifpolitik das gewerkschaftliche Leben in den Bezirken und Verwaltungsstellen erstarrt. Das Interesse und die Anteilnahme der Mitglieder werden zwangsläufig oder können geringer werden, und das Wissen um den Zusammenhang zwischen gewerkschaftlicher Aktivität und Kraft auf der einen Seite und der Lohn- und Gehaltshöhe auf der anderen könnte dadurch leicht in Vergessenheit geraten.« Salm forderte die IG Metall auf: »Die Lohnabkommen sind zum 31. Dezember 1958 kündbar. Diese Situation sollten wir nutzen, um die Schaffung von betriebsnahen Tarifverträgen durch den Abschluß verbesserter Manteltarifverträge, vor allem aber durch die Verbesserung des Abschnitts Entlohnung im Sinne unserer Forderungen in den Mittelpunkt unserer tarifpolitischen Zielsetzung der nächsten Zeit zu stellen.«

In der Folgezeit entwickelte Fritz Salm in vielen Reden und Aufsätzen die Struktur einer betriebsnahen Tarifpolitik: In die regionalen Tarifverträge sollten sogenannte Öffnungsklauseln aufgenommen werden, die vom regionalen Tarifvertrag abweichende Lohn- und Gehaltsfindungsmethoden oder Akkordsysteme in einem Zusatztarifvertrag zuließen. Dabei könnte es unter Umständen nötig werden, für eine bestimmte Zeit auf regionale Gehaltsrahmen-, Lohnrahmen oder Akkordabkommen zu verzichten, um an deren Stelle solche Abkommen durchzusetzen, deren Geltungsbereich sich jeweils auf ein bestimmtes Unternehmen begrenzt. Diese Abkommen müßten die betrieblichen Fertigungstechniken und Produktionsbedingungen erfassen.[2]

Betriebliche Tarifkommissionen, in denen Betriebsratsmitglieder, Vertrauensleute und andere Gewerkschaftsmitglieder vertreten wären, hätten Forderungen auszuarbeiten, die konkret auf die betriebliche Situation zugeschnitten wären und sie in Zusammenarbeit mit der örtlichen oder regionalen Gewerkschaftsfüh-

2 Vgl. dazu Olaf Radke, Betriebsnahe Tarifpolitik, Arbeitsheft Nr. 400 der IG Metall, 1966, S. 22 ff.

rung durchzusetzen. Sie wären darüber hinaus dafür zuständig, die Einhaltung dieser Abkommen im Betrieb zu überwachen.
Vermieden wären bei einer derartigen tarifpolitischen Struktur die Extreme einer zentralistischen und einer bloß betrieblichen Tarifpolitik. Die Beteiligung der Mitglieder an den tarifpolitischen Auseinandersetzungen wäre einmal durch die Möglichkeit der wirksamen Kontrolle ihrer Vertreter in der betrieblichen Tarifkommission gesichert (in der Regel Vertrauensleute) und zum anderen verstärkt durch die von den unmittelbaren Bedürfnissen und Erfahrungen des einzelnen Arbeiters und der Arbeitsgruppe abgeleiteten Forderungen.

Eine derartige offensive Strategie, die die Frage nach der Macht im Betrieb stellte, da die Manipuliermasse des Unternehmers (eben die 30% Differenz zwischen Tarif- und Effektivverdiensten) ebenso unmittelbar angegriffen wäre wie die einseitige Bestimmung der Arbeitsbedingungen, muß natürlich mit dem härtesten Widerstand der Unternehmerverbände rechnen. So erklärte schon 1960 der Geschäftsführer der Bayerischen Papier und Pappe verarbeitenden Industrie, Dr. Armin Walter, in einem Vortrag: »Der Solidarität und Geschlossenheit der Arbeitgeberseite ins Mark zielt die besonders von der IG Metall vertretene Forderung nach betriebsnaher Tarifpolitik ... Nicht mehr der gesetzlich zu vertrauensvoller Zusammenarbeit verpflichtete Betriebsrat wäre Gesprächspartner des Arbeitgebers im freiwilligen Leistungsbereich, sondern die Gewerkschaft. Nachdem in der Vergangenheit wesentliche Zugeständnisse in den Betrieben gewährt wurden, entgingen der Gewerkschaft lohnpolitische Lorbeeren, die sich bisher die Betriebsräte verdienten ... Der Charakter der Tarifverträge als Grundlage von Mindestarbeitsbedingungen eines Fachbereichs ginge verloren, die unterschiedliche Belastungsfähigkeit könnte differenzierter ausgenutzt werden.«[3]

Widerstände gegen eine betriebsnahe Tarifpolitik gab es aber auch in der Gewerkschaft selbst, wie die Versuche, diese tarifpolitische Konzeption in die Tat umzusetzen, sehr rasch zeigten.

---

3 O. Radke, a. a. O., S. 33 f.

III. Versuche zur Verwirklichung betriebsnaher Tarifpolitik

a) Ford-Aktion der IG Metall

Anfangs der sechziger Jahre unternahm die IG Metall ihren ersten und bisher einzigen Versuch, betriebsnahe Tarifpolitik zu betreiben. Das Versuchsfeld waren die Kölner Ford-Werke.[4] Die »Schwerpunktaktion Ford« des IG Metall-Vorstandes begann 1960 mit betriebssoziologischen Untersuchungen, um den Organisationsgrad, der zu dieser Zeit in dem Unternehmen nur 5% betrug, zu steigern. Die Resultate dieser Untersuchung, die als eine wesentliche Ursache das mangelnde Interesse des Betriebsrats an einer Steigerung des Organisationsgrades erbrachten, führten zum Aufbau eines Vertrauensleutekörpers bei Ford und in der Konsequenz zur Wahl eines neuen Betriebsrates. Der Organisationsgrad wurde bis 1963 auf 12% gesteigert. Ursache für die Steigerung war eine betriebliche Agitation, die an den Interessen der Arbeiter anknüpfte. Im Mittelpunkt stand die Forderung nach einem Firmentarifvertrag, der die Lohn- und Arbeitsbedingungen bei Ford verbessern sollte. Dabei ging es sowohl um die tarifvertragliche Absicherung der bisher gezahlten Löhne und Gehälter, der Zuschläge für Nachtarbeit und Überstunden, der Urlaubsregelung, als auch um Einfluß und Kontrolle auf Bandgeschwindigkeit, Springer-Regelung und Typenfolge sowie auf die Ermittlung der Vorgabezeiten.

Der Kampf für einen Firmentarifvertrag bei Ford führte zu einer beträchtlichen Intensivierung der betriebsnahen Bildungsarbeit und damit zu einer Mobilisierung wichtiger Gruppen unter den Arbeitern. Die Streikbereitschaft lag zu diesem Zeitpunkt, nach Ermittlungen der Gewerkschaft, bei den organisierten Arbeitern bei 84% und im Gesamtdurchschnitt bei 70%.

Die Durchsetzung eines Firmentarifvertrages scheiterte schließlich an mehreren Faktoren. Einmal an der unternehmerfreundlichen Rechtsprechung der Arbeitsgerichte, die der IG Metall im Juni 1964 eine Urabstimmung verboten, die die betriebliche Tarifkommission zum Abschluß eines Tarifvertrages über die Arbeitsbedingungen bei Ford beantragt hatte. Die Ford-Werke waren 1963, als sich die Agitation für einen Firmentarifvertrag verstärkte, dem Arbeitgeberverband beigetreten und unterlagen

4 Vgl. dazu Irmgard Gärtner, Der Fall Ford – der Fall IG Metall. Diplomarbeit, Bonn 1969.

damit nach Ansicht der Gerichte noch der Friedenspflicht aus dem regionalen Tarifvertrag. Außerdem sei der Lohntarifvertrag weiter wirksam, obwohl das Lohnrahmenabkommen ausgelaufen war, da der Vertrag auf das Abkommen Bezug nehme. Diese Ausdehnung der Friedenspflicht ist charakteristisch für die herrschende Arbeitsrechtslehre, die damit versucht, die Arbeitgeberposition abzusichern. So geht beispielsweise der ehemalige Senatspräsident Gerhard Boldt so weit, die Durchsetzung von Firmentarifverträgen mit Arbeitskampfmitteln überhaupt als Verstoß gegen eine »überbetriebliche Friedenspflicht« zu werten. Diese ergebe sich »sowohl aus bindenden Tarifverträgen, als auch aus einem gesamtwirtschaftlichen Interesse (!)«.[5]
Entscheidend für das Scheitern dieses Versuchs betriebsnaher Tarifpolitik war aber auch der Widerstand aus der Gewerkschaft selbst. Der damalige Kölner Bezirksleiter der IG Metall, Niedermair, trat entgegen dem erklärten Willen des Vorstandes gegen jeden Abschluß von Zusatzverträgen ein und unternahm alles, um solche Verträge zu verhindern, da er eine Minderung seiner Machtposition befürchtete. Schließlich schloß der Betriebsrat eine Zusatzvereinbarung ab, die lediglich die Absicherung der bei Ford gegenüber dem regionalen Tarifvertrag günstigeren Regelungen zum Inhalt hatte, aber keinerlei Einflußnahme auf Bandgeschwindigkeiten, Springer-Regelung oder Typenfolge enthielt. Das Übereinkommen wurde vom Arbeitgeberverband unterstützt, nicht aber von den Gewerkschaftsvertretern des IG Metall-Vorstandes, die nach wie vor an einem Firmentarifvertrag festhielten. Das Abkommen trat deshalb nicht in Kraft. Betriebsrat und Arbeiter konnten sich nicht gegen die Bezirksleitung durchsetzen.
In der Folgezeit wurde die Forderung nach betriebsnaher Tarifpolitik zwar zum Stereotyp auf Gewerkschaftstagen und in Aktionsprogrammen der IG Metall, ohne daß aber ein neuer Versuch zur Durchsetzung unternommen wurde. Hatte sich Otto Brenner noch 1965 offen für betriebsnahe Tarifpolitik ausgesprochen, so geriet dieses Konzept seit der Zustimmung der Gewerkschaftsführung zur staatlichen Einkommenspolitik nach der Rezession von 1966/67 immer mehr aus dem Gesichtskreis der gewerkschaftlichen Führungsspitze.

5 Gerhard Boldt, Zur Zulässigkeit von Firmentarifverträgen mit verbandsgebundenen Unternehmen, in: Recht der Arbeit, Nr. 9/10, 1971, S. 268.

Oppositionelle Gruppen innerhalb der Gewerkschaft griffen das Konzept wieder auf als Mittel, die gewerkschaftliche Tarifpolitik stärker von der Wirtschaftspolitik, deren abhängig Variable sie zu werden droht, zu lösen und die Kontrolle der Arbeiter über ihre Arbeitsbedingungen zu erkämpfen. Betriebsnahe Tarifpolitik soll die regionale, in Wahrheit zentrale Tarifpolitik unterlaufen, um Tarifpolitik überhaupt wieder als eigenständige gewerkschaftliche Waffe funktionsfähig zu machen. Daß betriebsnahe Tarifpolitik dies leisten könnte, haben nicht zuletzt arbeitgebernahe Juristen erkannt. So schreibt der Regensburger Jurist Professor Richardi: »Eine betriebsnahe Tarifpolitik schließt es aus, den Tarifvertrag als Planungsinstrumentarium für die Herstellung eines gesamtwirtschaftlichten Gleichgewichts einzusetzen.«[6] Allerdings ergeben sich daraus für Richardi im Gegensatz zu anderen noch keine Schranken der Tarifautonomie.
Innerhalb der IG Metall ist die Diskussion um betriebsnahe Tarifpolitik auf dem 10. Gewerkschaftstag 1971 erneut mit aller Schärfe aufgebrochen. Anträge der Verwaltungsstellen Köln und Düsseldorf (und einiger anderer) entwickelten detaillierte Vorschläge und Begründungen. Sie wurden allerdings von der Antragskommission entweder zur Ablehnung empfohlen oder durch Annahme einer tarifpolitischen Entschließung des Vorstandes für erledigt erklärt, die tatsächlich keine der Forderungen berücksichtigte. Obwohl sich eine Reihe der Delegierten für diese Forderungen einsetzte, folgte die Mehrheit den ablehnenden Argumenten des Vorstandes. Dennoch ist die Diskussion über betriebsnahe Tarifpolitik wieder in Gang gekommen und wird Folgen haben. Die beiden Kölner Anträge zur betriebsnahen Tarifpolitik haben folgenden Wortlaut:

VERWALTUNGSSTELLE, KÖLN

Der Gewerkschaftstag möge feststellen:
Die bisherige Tarifpolitik ist zu einem zentralen Problem geworden. Mit ihr ist es nicht gelungen, tariflich zu erfassen: Die Effektivverdienste der Arbeitnehmer, die Methoden der betrieblichen Lohnfindung, die Struktur der Löhne und Gehälter, die Arbeits- und Umweltsbedingungen der Arbeitnehmer im Betrieb.

---

6 Reinhard Richardi, Rechtsprobleme einer betriebsnahen Tarifpolitik, in: Juristische Analysen, Nr. 2/1971, S. 149.

Mitglieder und Funktionäre in den Betrieben sind gezwungen, immer mehr zur Selbsthilfe zu greifen. In den verschiedenen Situationen ergeben sich dadurch für die betrieblichen Funktionäre Gefahren, die aus mangelnder Absicherung durch die Organisation beziehungsweise durch Tarifverträge resultieren. Das hat sich unter anderem in der Rezession 1966/67 und in der Hochkonjunktur 1969 gezeigt. Die auf dem 7. Ordentlichen Gewerkschaftstag in Essen beschlossene Konzeption der betriebsnahen Tarifpolitik muß verwirklicht werden.
Unter betriebsnaher Tarifpolitik ist zu verstehen:
- Erfassung der effektiven Löhne und Gehälter,
- Erfassung der betrieblichen Lohnfindung und der Lohn- und Gehaltsstruktur,
- Gestaltung der Arbeits- und Umweltsbedingungen für die Arbeitnehmer im Betrieb,
- Sicherung der Rechte der Mitbestimmung und Mitwirkung der Betriebsräte und Vertrauensleute im Betrieb, soweit sie nicht durch Gesetze geregelt sind.

Um die Tarifpolitik effektiver zu gestalten und dem Verlangen der Mitglieder und Funktionäre Rechnung zu tragen, muß die betriebsnahe Tarifpolitik verwirklicht werden. Zur Durchsetzung der betriebsnahen Tarifpolitik sind notwendig:
1. Öffnungsklauseln für Zusatzverträge in den regionalen Tarifverträgen als
- Tarifverträgen als
- Branchentarifverträge
- Konzerntarifverträge
- Betriebstarifverträge

2. Bildung von betrieblichen Tarifkommissionen, deren Mitglieder von den Vertrauenskörpern der Betriebe gewählt werden.

VERWALTUNGSSTELLE, KÖLN

Der 10. ordentliche Gewerkschaftstag der IG Metall möge beschließen, die Voraussetzung für die betriebsnahe Tarifpolitik zu schaffen.
1. Die zu bildenden betrieblichen Tarifkommissionen setzen sich wie folgt zusammen:
ein Beauftragter der Bezirksleitung,
zwei Vertrauensleute, welche die Funktion des Betriebsrates ausüben sowie
zwei weitere Vertrauensleute.
Die Anzahl der Tarifkommissions-Mitglieder wird nach den Erfordernissen des Betriebs durch den Vertrauenskörper nach Absprache mit der Bezirksleitung festgelegt.
2. Auf Bezirksebene wird eine Tarifkommission gebildet. Die Mitglie-

der werden nach einem Schlüssel auf den Delegierten- beziehungsweise Mitgliederversammlungen in den einzelnen Ortsverwaltungen gewählt. Die vorgeschlagenen Kolleginnen und Kollegen sollen Mitglieder betrieblicher Tarifkommissionen sein. Es ist darauf zu achten, daß alle Branchen und Betriebe nach ihrer Bedeutung in der Bezirks-Tarifkommission vertreten sind.

3. Regionale Tarifpolitik darf nur in den einzelnen Bezirken durchgeführt werden. Überbezirkliche Verhandlungen können nur nach Zustimmung der Mehrheit der Bezirks-Tarifkommissionen durchgeführt werden.

4. Damit gewährleistet ist, daß sich die einzelnen Tarifbezirke nicht negativ festlegen, ist eine ständige Konsultation notwendig. Verhandlungsergebnisse bedürfen der Zustimmung der Bezirks-Tarifkommissionen.

5. Verhandlungsergebnisse, die von der ursprünglichen Forderung abweichen, sind der Mitgliedschaft zur Abstimmung vorzulegen, sofern die Bezirks-Tarifkommission dies mit Mehrheit beschließt.

6. Das Verhandlungsergebnis gilt als angenommen, wenn sich die Mitglieder mit der Mehrheit der abgegebenen Stimmen für die Annahme entscheiden. Wird das Ergebnis abgelehnt, müssen neue Verhandlungen aufgenommen beziehungsweise Maßnahmen zur Streikurabstimmung eingeleitet werden.

Die Verfahren sind deutlich voneinander zu trennen. Jegliche Empfehlungen und Kommentierungen auf den Stimmzetteln sind zu unterlassen.

7. Sind die Verhandlungen für gescheitert erklärt, dürfen bis zur Urabstimmung keine Verhandlungen oder Schlichtungsgespräche aufgenommen werden.

b) Firmentarifverträge für die chemische Industrie Hessens

Nachdem es auf Initiative einer Gruppe des linken Flügels der IG Chemie gelungen war, 1969 eine Mehrheit auf dem 8. Gewerkschaftskongreß dieser Organisation für betriebsnahe Tarifpolitik zu finden, wurde 1970 der erste praktische Versuch in Hessen unternommen. Werner Vitt, Vorstandsmitglied der IG Chemie, begründete die Notwendigkeit betriebsnaher Tarifpolitik mit dem Argument, »daß die Lohnpolitik und damit das Einkommen der Arbeitnehmer nach wie vor ein wesentliches Element ist, um die Arbeitnehmer zu mobilisieren. Wird jedoch das Einkommen der Arbeitnehmer, wie es den Anschein hat, auch mit Hilfe der ›Konzertierten Aktion‹ und der staatlichen Wirtschaftspolitik immer mehr sogenannten übergeordneten gesamtwirtschaftlichen und damit politischen Kriterien unterworfen, so besteht die Gefahr für die Gewerkschaften, daß sie in die Rolle eines staatlichen Ordnungsgehilfen gedrängt werden, ohne daß prinzipiell die bisherige Einkommens- und Vermögensverteilung zur Diskussion steht. Einer solchen Politik, die also nichts an den wirtschaftlichen Strukturen ändern will, kann man nur entgegenwirken, wenn man die Arbeitnehmer in den Betrieben und Unternehmungen stärker an der Tarifpolitik und damit an ihren unmittelbaren Einkommen interessiert«.[7]

Als Vorreiter für die Durchsetzung betriebsnaher Tarifpolitik in der chemischen Industrie waren neun Großbetriebe in Hessen vorgesehen. Im Februar 1970 wurden zusätzlich zu den Forderungen des regionalen Tarifvertrages besondere auf die jeweiligen Betriebe bezogene Forderungen erhoben. Betriebliche Tarifkommissionen waren gebildet worden und hatten diese Forderungen in Zusammenarbeit mit der Bezirksleitung der Gewerkschaft und der regionalen Tarifkommission erarbeitet.

Die Initiative, die von der Gewerkschaft und einigen progressiven Vertrauensleutekadern in den Betrieben ausging, wurde von Anfang an von den Betriebsräten großer Unternehmen, vor allem der Farbwerke Hoechst, mit starkem Mißtrauen beobachtet. In diesen Betrieben verhinderten die Betriebsräte jede Mobilisierung für die betriebsnahe Tarifpolitik durch Inaktivität. Nur in den Betrieben Merck, Darmstadt, und Caltex, Raunheim, wo von seiten der gewerkschaftlichen Ortsverwaltung und von Gruppen im Betrieb seit Monaten entsprechende Schulungen durchgeführt worden waren, war das Bewußtsein für die Notwendigkeit einer derartigen Tarifpolitik und die erforderliche Kampfbereitschaft vorhanden.

Der sofort eintretende harte Widerstand der Arbeitgeber, die eine ausgedehnte Propagandawelle gegen die Tarifstrategie der Gewerkschaft entfachten, blieb nicht ohne Rückwirkung auf den Gewerkschaftsvorstand in Hannover, der zudem unter politischen Druck geriet, weil er sich anschickte, die Schillersche Wirtschaftspolitik zu unterlaufen. Hinzu kam die mangelnde Bereitschaft einiger Bezirksleiter der Gewerkschaft, sich an die vereinbarte Koordination dieser Tarifrunde zu halten.

Zwar gelang es der hessischen Gewerkschaftsführung mit der Unterstützung aufgebrachter Arbeiter noch, die Bundesschlichtung scheitern zu lassen, obwohl zu diesem Zeitpunkt die Ge-

---

7 Werner Vitt in: express international, Nr. 91/20. 2. 1970.

werkschaftsspitze in Hannover in ihrer Mehrheit offensichtlich nicht mehr an einer harten Haltung interessiert war, aber der geplante Streik, der bereits bis ins einzelne vorbereitet war, mußte im letzten Augenblick abgesagt werden. Äußerer Anlaß war der vorzeitige Tarifabschluß im benachbarten Rheinland-Pfalz, der gegen die Absprachen innerhalb der IG Chemie zustande kam und den hessischen Chemie-Arbeitgebern die Gelegenheit zu Vorauszahlungen an die Beschäftigten ihrer Betriebe gab. Die ohnehin widerwilligen Betriebsräte nützten diese Chance als Druckmittel auf die Bezirksleitung der IG Chemie, in ihrem Betrieb sei nun keine Streikbereitschaft mehr vorhanden. Als lediglich zwei Betriebe standhaft blieben, gab die Bezirksleitung nach. Die Arbeitgeber hatten der Gewerkschaft das tarifpolitische Konzept buchstäblich abgekauft. Die Betriebsräte der großen Unternehmen waren noch einmal davongekommen. Die Vertrauensleute und Mitglieder brandmarkten dieses Verhalten der Betriebsräte und des IG Chemie-Vorstandes zwar als Verrat, waren aber nicht in der Lage, Widerstand zu leisten. Eine Mitgliederbefragung über das Abkommen wurde nicht zugelassen. Die betrieblichen Tarifkommissionen wurden in einigen Fällen wieder aufgelöst. Dennoch hat das Scheitern dieses Versuchs bei vielen bewußten Vertrauensleuten Lernprozesse ausgelöst und deutlich gemacht, wo die Widerstände gegen die betriebsnahe Tarifpolitik zu finden sind.

IV. Betriebsnahe Tarifpolitik – Schwächung der gewerkschaftlichen Verhandlungsmacht?

Zum Abschluß soll auf einige Einwände eingegangen werden, die vor allem von linken Gruppierungen gegen das Konzept der betriebsnahen Tarifpolitik vorgebracht werden.
So wird dem Konzept der betriebsnahen Tarifpolitik vorgeworfen, es bleibe im Rahmen reformistischer Vorstellungen von einer Veränderung der Gesellschaft befangen und eigne sich nicht zur radikalen Umwälzung der bestehenden Strukturen. Dieser Einwand ist insoweit berechtigt, als Tarifpolitik – welche auch immer – nie die Grenzen einer kapitalistischen Wirtschaft überspringen kann, denn sie beschäftigt sich mit dem Preis, zu dem die Ware Arbeitskraft verkauft wird und mit den Bedingungen, unter denen der Kapitalist die Ware Arbeitskraft gebraucht.

Der Einwand ist aber unberechtigt, wenn er unterstellt, man könne sozusagen unmittelbar durch bestimmte Forderungen oder Strategien in ein revolutionäres Geschehen hineinspringen oder durch Anleitung einer revolutionären Partei die Zwischenschritte überspringen. Der entscheidende Zwischenschritt ist der Aufbau einer Gegenmacht der Arbeiter und ihrer Gewerkschaften ebenso wie ihrer Parteien. Es müssen also zunächst die Voraussetzungen dafür geschaffen werden, daß sich die Frage nach der Macht im Betrieb und in der Gesellschaft überhaupt praktisch stellt. In diesem Zusammenhang kommt im Rahmen der Situation in der Bundesrepublik der Strategie betriebsnaher Tarifpolitik durchaus Bedeutung zu. Ein derartiges Konzept, das an den unmittelbaren Interessen und Bedürfnissen der Arbeiter anknüpft, ist geeignet, sie zu mobilisieren und die betrieblichen Auseinandersetzungen voranzutreiben mit der Perspektive, daß die Arbeiter ihre Kämpfe auf gewerkschaftlicher Grundlage selbst führen und organisieren. Tendenziell stellt sich hier die Frage nach der Macht im Betrieb. Und dieses In-Frage-Stellen von Unternehmermacht ist die Voraussetzung dafür, daß die Frage nach der Macht auch in der Gesellschaft gestellt werden kann. Die Reaktion der Unternehmer macht davon einiges deutlich.

Andere Einwände zielen darauf, daß die mit betriebsnaher Tarifpolitik verbundene Dezentralisierung der gewerkschaftlichen Verhandlungsmacht zu einer Entpolitisierung und Schwächung der Gewerkschaften führen könnte. In der Tat bedeutet betriebsnahe Tarifpolitik die Verlagerung bestimmter Entscheidungskompetenzen, die bisher auf höherer Ebene zusammengefaßt waren, nach unten, z. B. auf betriebliche Tarifkommissionen. Andererseits ist nicht daran gedacht, den regionalen Tarifvertrag aufzugeben. Er soll weiterhin die Grundlage bieten. Den Kämpfen auf betrieblicher Ebene kommt lediglich erhöhte Bedeutung zu. Die dadurch bewirkte Mobilisierung der Mitgliederbasis kommt aber letztlich der zentralen Verhandlungsmacht der Gewerkschaften zugute. Die Septemberstreiks 1969 haben das unter anderem bewiesen. Die mobilisierende Kraft, die von den betrieblichen Kämpfen ausgeht, wirkt darüber hinaus in die Gewerkschaften hinein und fördert den innergewerkschaftlichen Demokratisierungsprozeß. Dieser Druck von unten gibt der Gewerkschaftsführung die Handlungsfreiheit wieder, die Interessen ihrer Mitglieder zu vertreten durch die Entwicklung alternativer

Pläne zur staatlichen Wirtschaftspolitik. Am italienischen Beispiel zeigt sich, daß die Verbindung von betrieblichem, gewerkschaftlichem und politischem Kampf für antikapitalistische Strukturreformen möglich ist, und daß, trotz des Ausgangs dieser Kämpfe vom Betrieb her, syndikalistische Verengungen vermieden werden können.

Eine Entsolidarisierung zwischen Arbeitern in Betrieben verschiedener Größenordnungen – auch dies ein häufiger Einwand gegen betriebsnahe Tarifpolitik – wird dann nicht eintreten, wenn es gelingt, den Zusammenhang dieser Kämpfe im Interesse der Verbesserung der Lohn- und Arbeitsbedingungen der gesamten Arbeiterklasse zu vermitteln. Die bestehenden Lohndifferenzen aus Betriebsgröße, Standort und gewerkschaftlicher Organisation sind allerdings systembedingt und nur mit der Abschaffung des Lohnsystems selbst zu beseitigen, nicht durch Tarifpolitik allein.

Wilke Thomssen
Mitbestimmung und Weiterbildung in der Arbeit

Der praktische Zusammenhang von Mitbestimmung und Weiterbildung hat in der gewerkschaftlichen Mitbestimmungsdiskussion der letzten Jahre nicht die von der Sache her gebotene Aufmerksamkeit erfahren, wenn man Weiterbildung nicht nur als Vermittlung beruflicher Fertigkeiten, sondern auch als Medium politischer und sozialer Emanzipation der abhängig Arbeitenden begreift. Der Strukturplan des Deutschen Bildungsrats macht deutlich, daß »jeder Bildungsgang der Weiterbildung ... übergreifende, allgemeine Gesichtspunkte berücksichtigen muß, um jedem die Möglichkeit zu geben, Einsicht in politische, wirtschaftliche, soziale und kulturelle Zusammenhänge zu gewinnen und zu *Teilhabe* und *Mitwirkung* befähigt zu werden«.[1] In den älteren Mitbestimmungsvorstellungen, wie sie etwa von *Naphtali* im Auftrage des Allgemeinen Deutschen Gewerkschaftsbundes formuliert wurden, betrachtete man Wirtschaftsdemokratie und Volksbildung im Sinne einer allgemeinen Arbeiterbildung als organische Einheit und wechselseitiges Verhältnis.[2] In der Gegenwart scheint dieser Zusammenhang aufgrund der eingeleiteten Bildungsreformen so sehr zum unverbindlichen Selbstverständnis geworden zu sein, daß die speziellen Probleme von Weiterbildung, Mitbestimmung und repressiver Arbeitssituation vom Optimismus der großen Lösungsversuche verdeckt werden.

Der Grund für die gewerkschaftliche Abstinenz, sich diesen Fragen nachdrücklicher zuzuwenden, ist sowohl in den Zielen als

---

1 Deutscher Bildungsrat, Empfehlungen der Bildungskommission. Strukturplan für das Bildungswesen, Bonn 1970, S. 57 (Hervorhebungen im Zitat vom Verf.).

2 Vgl. Wirtschaftsdemokratie. Ihr Wesen, Weg und Ziel, hrsg. im Auftrage des Allgemeinen Deutschen Gewerkschaftsbundes von Fritz Naphtali, Berlin 1928, Neuherausgabe: Frankfurt am Main 1966, S. 173.

auch im Organisationsprinzip der Mitbestimmung zu suchen. Durch Mitbestimmung soll auf Entscheidungen der Unternehmens- und Betriebsleitung Einfluß genommen werden, die sich auf die Lage der Arbeitenden in Büro und Fabrik als rationale Betriebs- und Arbeitsanweisungen auswirken. Damit soll »das System der Organisation und Verwaltung überschaubar und verständlich werden«; das Bewußtsein vermittelt werden, daß »die Interessen der Arbeitnehmer durch gewählte Repräsentanten bei allen Entscheidungen der Unternehmens- und Betriebsleitung berücksichtigt werden«; schließlich die Chance gegeben werden, sich »Ungerechtigkeiten und Willkürhandlungen zu erwehren«.[3]

Die Gewerkschaften glauben, damit einen Freiheitsspielraum schaffen zu können, der dem Arbeitenden Einfluß auf seine eigenen Arbeitsbedingungen zu nehmen erlaubt. Welche konkrete Gestalt dieser Freiheitsspielraum annehmen soll, bleibt jedoch in den gewerkschaftlichen Vorstellungen unklar. Offensichtlich ist mehr das subjektive »gesellschaftspolitische Anliegen« gemeint, »dem Arbeitnehmer seine Unselbständigkeit und Abhängigkeit möglichst wenig drückend erscheinen zu lassen«.[4] Eine effektive Mitbestimmung am Arbeitsplatz durch die Arbeitenden selbst haben die Gewerkschaften jedenfalls bisher nicht zum Gegenstand ihres politischen Handelns gemacht. Wie wenig die Arbeitenden Mitbestimmung als praktisches Handeln erfahren können, erweist sich auch an der Organisation der Mitbestimmung, die auf einem schmalspurigen Delegationsverfahren basiert. Ausgeübt wird Mitbestimmung nach dem Modell der Gewerkschaften von einigen Repräsentanten in der Unternehmensspitze. Der Betriebsrat verfügt über nur sehr begrenzte Mitbestimmungsrechte; im größeren Unternehmen kann er den unmittelbaren und andauernden Kontakt zur Arbeitssphäre kaum aufrechterhalten. Zwischen Betriebsrat und Belegschaft vermitteln, soweit vorhanden, die gewerkschaftlichen Vertrauensleute, die gesetzlich nicht anerkannt sind und auch von den Gewerkschaften her keine ausreichenden politischen Aufgaben erhalten. Die Belegschaft zahlt bestenfalls regelmäßig ihren gewerkschaftlichen Bei-

---

3 Mitbestimmung – eine Forderung unserer Zeit, in: Mitbestimmung und Wirtschaftspolitik, hrsg. von Kurt Nemitz und Richard Becker, Köln 1967, S. 343.

4 Ebd., S. 344.

trag; sie muß sich mit ihren Beschwerden und Vorschlägen an den Betriebsrat oder die Vertrauensleute wenden und darauf vertrauen, daß ihre Vorstellungen zum Gegenstand der Interessenvertretung gemacht werden.

Dieser skizzenhaft dargestellten Struktur der Mitbestimmung entsprechen wesentliche Züge der gewerkschaftlichen Bildungsarbeit. Funktionärs-, Betriebsräte- und Vertrauensleuteschulungen, Jugendarbeit und Arbeitsgemeinschaften für Arbeitsdirektoren und Aufsichtsratsmitglieder sind die Hauptbereiche der gewerkschaftlichen Eigeninitiative. Zweifellos ist der Ausstrahlungseffekt dieser Kaderausbildung nicht zu unterschätzen, aber sie ist primär auf den Bestand und die Funktionsfähigkeit der gewerkschaftlichen Organisation gerichtet. Soweit darüber hinaus allgemeine politische Bildung der Arbeiterschaft betrieben wird, dient sie der Nachwuchsrekrutierung. Eine das Gesellschaftsbild der Arbeiter und Angestellten strukturierende kritische Theorie der gesellschaftlichen Verhältnisse bieten die Gewerkschaften, seit sie sich selbst als »Ordnungsfaktor« verstehen, nicht mehr an. Im übrigen versuchen sie auf politischer Ebene Bildungsreformen voranzutreiben, die auch von anderen sozialen Kräften angestrebt werden.

Nimmt man den Marxschen Gedanken beim Wort, daß die neue Gesellschaft im Schoße der alten heranreifen muß, dann ist das sachliche Moment des von Gegnern der Mitbestimmung häufig vorgebrachten Arguments, die Arbeiter seien zur Mitbestimmung nicht oder noch nicht fähig, nicht vollends abzuweisen. Denn die herrschende Praxis der Mitbestimmung wie auch die Einstellung der Arbeitenden zu ihr lassen nicht erkennen, daß die Arbeitenden bereit und in der Lage wären, betriebs- und arbeitsorganisatorische Reformen aufgrund eigener Initiative oder politischer Entscheidungen zu verwirklichen. Gesellschaftliche Veränderungen müssen aber auch in veränderten Arbeitsverhältnissen ihren Ausdruck finden, sollen nicht ein imaginäres Reich der Freiheit und das sehr reale der Notwendigkeit einander unvermittelt gegenüberstehen. Veränderungen der betrieblichen Arbeitsbedingungen und Kooperationsformen sind aber nicht ohne praktisches Tätigwerden der Arbeitenden selbst herbeizuführen. Die formale Delegation von Stimmrechten, die Wahl von Interessenvertretern, wie sie in den nach parlamentarischem Modell verfaßten Interessenorganisationen üblich ist, garantiert weder die angemessene Artikulation von Interessen noch deren uneingeschränkte Vertretung; eine effektive Kontrolle der Tätigkeit von Mitbestimmungsvertretern auf höheren Entscheidungsebenen ist kaum möglich.

I

Mitbestimmung am Arbeitsplatz kann als Vorstufe einer veränderten Organisation gesellschaftlicher Arbeit begriffen werden. Sie überwindet die aus dem individuellen Arbeitsvertrag hervorgehende Isolierung des einzelnen, indem sie Kooperationsformen realisiert, die objektiv in der Vergesellschaftung der Arbeit angelegt sind. Diese Form der Mitbestimmung ist ohne Weiterbildung nicht denkbar. Jedoch stellt sich das Problem der Weiterbildung in diesem Zusammenhang anders als auf der Ebene ihrer Verschulung außerhalb der Arbeitssphäre. Weiterbildung kann sich vielmehr als eine wesentliche Seite des aktuellen Prozesses betrieblicher Mitbestimmung entfalten. Indem die Arbeitenden autonome soziale Erfahrungen machen und die Kreativität produktiver Arbeit nicht durch formale Anordnungen, Kontrolle von ›oben‹ und technisch überholte Kooperationsformen eingeschnürt wird, können sich Einsichten und Interessen artikulieren und als praktische Alternativen formieren. Diese Einheit von Mitbestimmung und Weiterbildung befruchtet nicht nur die allgemeinen Bildungsanstrengungen, sondern über deren spezifische Entfaltung wird auch Mitbestimmung selbst vorangetrieben.
Der Stellenwert dieser *Weiterbildung durch Mitbestimmung am Arbeitsplatz* wird deutlich am Vergleich von institutionalisierter Weiterbildung und *›learning on the job‹*. Verschulte Weiterbildung vermittelt bis zu einem gewissen Grade stets allgemeines Wissen. Auch wenn spezielle Fertigkeiten erlernt werden, sind diese so weit formalisiert, daß sie auf beliebige betriebliche Arbeitsbedingungen anwendbar sind. Der Vorteil dieser Praxisferne liegt darin, daß die Lernenden zu Einsichten und intellektueller Flexibilität unabhängig von den Zwängen der betrieblichen Ordnung und konkreter Arbeitsvollzüge gelangen. Die unternehmenseigenen Weiterbildungskurse, die auf unmittelbar abgreifbare und verwertbare Qualifikationen ausgerichtet sind, dürften allerdings kaum dieses Kriterium erfüllen. Geht man indes von den fortgeschrittensten Formen institutionalisierter

Weiterbildung aus, so wird diese durch die Verschränkung von Bildung und betrieblicher Mitbestimmung nicht ersetzt werden können. Gleichwohl vermag institutionalisierte Weiterbildung einen bestimmten Typus von Verhaltensweisen nicht angemessen zu vermitteln, und zwar eben jene Verhaltensweisen, die sich nicht zu erlernbaren allgemeinen Regeln oder Qualifikationen formalisieren lassen und die doch unter den Rollenanforderungen technologisch und arbeitsorganisatorisch moderner Arbeitssituationen eine immer wichtigere Funktion einnehmen. Gemeint sind Verhaltensweisen wie Kooperationsbereitschaft, Organisationsfähigkeit, technische Sensibilität, Entscheidungsbereitschaft, kollektive Interessenartikulation, Reaktionsfähigkeit bei unvorhersehbaren Störungen u. a. Neben diesem Mangel ist institutionalisierte Weiterbildung mit einem weiteren Problem verbunden, und zwar dem der Übertragung der erworbenen Fähigkeiten in die Praxis. Da dieser Vorgang nicht mehr unter Kontrolle der Weiterbildungsveranstaltungen steht, muß man annehmen, daß unter den Zwängen der herrschenden betrieblichen und arbeitsorganisatorischen Ordnung ein Teil der erworbenen Fähigkeiten, insbesondere die kritischen und weitertreibenden Einsichten nicht zur Anwendung gelangt oder doch so adaptiert wird, daß der ursprüngliche Sinn der Weiterbildung verfälscht wird.

Was die institutionalisierte Weiterbildung durch ihre theoretische Allgemeinheit auszeichnet, geht im *learning on the job* vollends verloren, ohne daß das scheinbar praktische Moment dieser Form des Lernens jenen Vorzug aufwiegen könnte. *Learning on the job* ist ein konkretistischer Vorgang. Er ist an je spezifische Arbeitsvollzüge gebunden, daher mehr eine naturwüchsige Reaktion auf Anforderungen der Arbeitssituation als eine Form praktischen Problemlösungsverhaltens. Diese Einengung durch konkrete arbeitsteilige Verrichtungen erschwert eine flexible Übertragung des Erlernten auf andere Situationsbedingungen. Die mangelnde Distanz zwischen Kenntnissen und unmittelbarem Arbeitsvollzug verhindert nicht nur eine reflektierende Stellung zur Arbeit im engeren Sinne, sie läßt überdies die funktional nicht zwingende Verankerung konkreter Arbeitsverrichtungen in hierarchische Strukturen und betriebliche Normengefüge als Sachzwang erscheinen. Insofern sind die durch *learning on the job* herangebildeten Spezialisten auch stärker an ihren jeweiligen Betrieb gebunden, was als objektive Ursache für den

Immobilismus vieler Arbeiter und Angestellten angesehen werden kann.

Weiterbildung durch Mitbestimmung am Arbeitsplatz vermag die schlechten Seiten der verschulten Weiterbildung und des *learning on the job* positiv aufzuheben. Sie ist praktisch-unmittelbar und reflektierend zugleich. Die Probleme der Betriebsorganisation und Arbeitsabläufe werden nicht mehr isoliert wahrgenommen und ertragen, sondern kollektiv aufgearbeitet und in ihren Zusammenhängen diskutiert. Dabei werden die Arbeitsgruppen sich nicht darauf beschränken, nur veränderte Entscheidungen herbeizuführen, die wiederum in isolierte Anweisungen einmünden, ihre Aufgabe besteht vielmehr darin, neue Kooperationsformen und Problemlösungsstrategien zu entfalten. Mitbestimmung am Arbeitsplatz ist kein neues Verfahren formaler Entscheidungsfindung, sondern eine Kooperations- und Kontrollweise, die die Bedürfnisse und Ansprüche der Arbeitenden, soweit sie aus der konkreten Arbeitssituation und dem Entlohnungssystem hervorgehen, artikulieren und durchsetzen hilft. Die kritische Distanz zur Arbeitssituation ermöglicht die Diskussion produktiver Lösungen, die nicht vorab durchs arbeitsteilige und hierarchische Beriebsgefüge vorgeformt sein müssen. Dieser Prozeß ist nicht betriebs- und arbeitsfremd, da er seine Impulse aus der aktuellen Arbeitssituation erhält und seine Lösungen nicht in Widerspruch zu den technologischen und arbeitsorganisatorischen Anforderungen der Produktion treten müssen. Das schließt nicht aus, daß die übergreifenden Mechanismen privater Kapitalverwertung nach wie vor die Arbeitssituation bestimmen. Gleichwohl verhilft Mitbestimmung am Arbeitsplatz dazu, ihre häufig unter scheinbaren Sachzwängen verdeckten Auswirkungen zu erkennen und jenen Freiheitsspielraum auszuweiten, der Voraussetzung für eine objektiv mögliche und politisch notwendige Veränderung gesellschaftlicher Arbeit und Produktion ist.

Faktisch bedeutet diese Form der Mitbestimmung auch Weiterbildung im allgemeinen Sinne; sie muß von den Arbeitenden auch als solche begriffen werden, denn sie kann nur dann erfolgreich praktiziert werden und den jeweils erreichten Stand repressionsfreier Verhältnisse im Arbeitsprozeß erhalten und erweitern, wenn sie sich als Fähigkeit der Arbeitenden, in größeren und systematischen Zusammenhängen zu denken, auswirkt. Diese Verschränkung von Weiterbildung und Mitbestimmung ist wesentlich durch Sprache, nicht in ihrer Funktion als instrumentelles Verkehrsmittel, sondern als Medium der Kommunikation bestimmt. Nicht nur muß die Sprachlosigkeit instrumenteller Arbeitsvollzüge und deren Verklammerung mit normativen Anweisungen in Kategorien gesellschaftlichter Arbeit ›zur Sprache‹ gebracht werden. Es muß durch offene Diskussion auch eine kollektive Verständigung über mögliche und wünschenswerte Ziele solidarischen und kooperativen Handelns herbeigeführt werden. Denn es ist gerade die sprachlose Faktizität repressiver Arbeitsverhältnisse, die einerseits die Entfaltung kreativen und initiativen Handelns und andererseits die sozial und politisch notwendige Artikulation von Bedürfnissen verhindert. Empirische Untersuchungen haben gezeigt, daß Arbeiter und Angestellte sehr häufig nicht in der Lage sind, auf offene Fragen zur Mitbestimmung differenzierte Antworten zu geben, ohne daß dies Ergebnis als mangelndes Interesse interpretiert werden konnte. Die repressive Arbeitssituation läßt offensichtlich über Beschwerden, Proteste und Arbeitsniederlegungen hinaus keine konkreten Reformvorstellungen entstehen. Daß darüber hinaus durch Sozialisationsprozesse erworbenes kritisches und reformbereites Bewußtsein in der Arbeitssituation verlorengeht, lassen zum Beispiel die Berichte von Pfarrern und Priestern über ihre Erfahrungen aus regulärer Fabrikarbeit erkennen. Die intellektuelle Regression in den ersten Jahren nach der Berufsausbildung, einer Berufsausbildung, die trotz allem mehr leistet, als was in den ersten Arbeitsjahren eingeübt wird, kann durch institutionalisierte Weiterbildung schwerlich rückgängig gemacht werden. Nur eine veränderte, kritische Erfahrung in der Arbeitssituation selbst kann die erworbene Unfähigkeit, autonome soziale Erfahrungen zu machen, aufbrechen. Indem durch praktische Mitbestimmung die zunächst isoliert Arbeitenden, »vom eigenen Arbeitsplatz her, sich zu kollektivem Denken und Handeln zusammenfinden und sich im Kollektiv den Problemen der Herrschaft im Betrieb zuwenden, wird erst wieder die Bildung aktuellen Kollektivbewußtseins ermöglicht«.[5] Als zwanglose Kommunikation ist dieses Kollektivbewußtsein Ausdruck einer fortschreitenden wechselseitigen Vermittlung von Reflexion und Handeln, wodurch allein sich die Perspektive sozialer Emanzipation eröffnen könnte.

---

5 Reinhard Hoffmann, Rechtsfortschritt durch gewerkschaftliche Gegenmacht, Frankfurt am Main 1968, S. 85.

II

Ein zentrales Problem aller Weiterbildungsanstrengungen ist das der *Motivation.* Sicherheit des Arbeitsplatzes, sozialer Aufstieg, angenehmere Arbeit und größere Arbeitsautonomie sind einige Anreize, die gegenwärtig von Initiatoren der Weiterbildung ausgestreut werden. Es ist jedoch fraglich, ob diese Versprechungen zugkräftig sind. Wenn gleichzeitig von ›offener Gesellschaft‹ die Rede ist, deren Entwicklungstendenzen nicht genau vorhersagbar seien, wenn ferner jedermann in Zukunft mit mehrfachem Berufswechsel zu rechnen habe, dann werden die realen Ängste der Arbeitslosigkeit, Entqualifizierung und des Statusverlustes nur noch gestützt. Und angesichts der bisherigen Praxis von wirtschaftlichen Strukturverschiebungen, Betriebsstillegungen und technischen Umstellungen von Arbeitern und Angestellten eine höhere Flexibilitäts- und Mobilitätsbereitschaft zu verlangen, nur weil dies nun mal der Zug der Zeit sei, ist wenig überzeugend. Die Erfahrungen der Arbeitenden widerstreiten den systemkonformen Anreizen zur Weiterbildung. Zwangsweiser Arbeitsplatzwechsel ist stets mit einer Reihe von Einbußen verbunden; mancher soziale Aufstieg hat sich schon nach kurzer Zeit als Schein erwiesen; schließlich ist größere Arbeitsautonomie keine notwendige Folge einer höheren Position in der Betriebspyramide. Erhöhter Leistungs- und Konformitätsdruck ist vielmehr ein abschreckendes Motiv. Aber selbst wenn es gelänge, die abhängig Arbeitenden durch das Argument steigender sozialer und beruflicher Unsicherheit zu motivieren, so muß man fragen, ob dies ein angemessenes Motiv sein kann. Wenn die Motivation zur Weiterbildung deren inhaltliche Entfaltung mitprägt, dann werden Angst und systemkonforme Gratifikationen gerade nicht jene Qualifikationen bewirken, nach denen das traditionelle widersprüchliche System von Ausbildung und Arbeit verlangt, zu deren Vermittlung es aber selbst nicht fähig ist.

Die angemessene Motivation zur Weiterbildung muß einer sich verändernden Arbeitssituation, auf die die Weiterbildung ihrem Inhalt nach gerichtet ist, entspringen. Die Veränderung der Arbeitssituation darf nicht Resultat naturwüchsiger und unkontrollierter Entwicklungen sein, denen Weiterbildung nur zu folgen hätte, sondern muß aus einer rationalen Bewältigung dieser Entwicklungen hervorgegangen sein. Diese rationale Bewältigung ist selbst bereits Moment jenes Wissens und Erkennens, das durch Weiterbildung erworben wird und in der Weiterbildung antizipiert werden muß. Mitbestimmung am Arbeitsplatz kann als ein Handlungssystem begriffen werden, das dieses Verhältnis von Weiterbildung und Arbeitssituation konstituiert. Mitbestimmung ist Erkennen und Verändern zugleich. Was aus der Praxis der Arbeitssituation heraus als richtig erkannt wird, kann als verändertes Arbeitsverhalten in diese Situation wieder einfließen. Scheitert dieser Veränderungsversuch am objektiven Charakter von Technik und Organisation, so lassen sich nicht nur präziser die Ursachen, sondern auch die möglichen Bedingungen angeben, unter denen ein erneuter Versuch eine größere Chance der Verwirklichung hat. Aber nicht nur in der Arbeitssphäre selbst muß sich real etwas ändern, sondern auch die gesamtgesellschaftlichen Perspektiven, die sich in den praxisstimulierenden Gesellschaftsbildern der Arbeitenden niederschlagen, müssen einen wünschbaren sozialen Fortschritt wenigstens als Möglichkeit erkennen lassen. Unter diesen Eindrücken werden die Arbeitenden zu keiner Motivation gedrängt, die nicht ihren Ursprung im Verhältnis von Weiterbildung und sich wandelnder Arbeitssituation hat. Erhöhter Leistungs- und Konformitätsdruck, überflüssige Kontrolle und Autoritätsausübung sowie unzureichende Entlohnung lassen sich rechtzeitig erkennen und zurückweisen. Flexibilität und Mobilität verlieren ihren Zwangscharakter; ihre Chancen und Risiken lassen sich genauer kalkulieren.

III

Es kann an dieser Stelle nicht im einzelnen dargestellt werden, welche betrieblichen Vorkehrungen getroffen werden müssen, damit sich die Arbeitenden in der Weise zu Gruppen zusammenfinden, daß unmittelbare Mitbestimmung praktiziert werden kann. In den letzten Jahren sind von Kennern und Vertretern der Gewerkschaftsbewegung zahlreiche Vorschläge über Arbeitsgruppen, Gruppensprecher und Vertrauensleute gemacht worden, die auch im einzelnen die Aufgaben dieser Interessenorgane entwickelt haben. Dem soll hier zunächst nichts hinzugefügt werden. Es muß nur verhindert werden, daß die Arbeitsgruppen zu einem neuen System von *human relations* der Betriebsleitung werden. Die Arbeitsgruppen sind daher an den aus dem Produktionsprozeß sich ergebenden sachlich notwendigen Kooperationsbeziehungen festzumachen. Das hat zugleich den positiven Effekt, daß die Gewerkschaftsarbeit insgesamt sich wieder stärker an den betrieblichen Arbeitsverhältnissen orientiert. Eine Einschränkung der Gewerkschaftsarbeit wird also nicht eintreten, eher eine Erweiterung. Daß die Betriebsleitungen versuchen, Interessenorgane der Arbeitenden für eigene Zwecke zu benutzen, sieht man bereits an der Praxis mancher Betriebsräte, deren Pufferstellung mit zahlreichen Widersprüchen belastet ist. Es ist aber zu vermuten, daß die Arbeitsgruppen eine eigene Schwerkraft entwickeln, die sich auch auf die Stellung der Betriebsräte günstig auswirken wird. Fraglos werden die technischen und arbeitsorganisatorischen Bedingungen des Betriebsablaufs die Entfaltung der Arbeitsgruppenpraxis behindern und auch objektiv begrenzen. Darüber läßt sich allerdings keine generelle Aussage machen, weil derartige Bedingungen in den einzelnen Betrieben und Produktionsbereichen aufgrund des unterschiedlichen Technisierungsgrades sehr verschieden sind. Es wird notwendig sein, über allgemeine Prinzipien hinaus konkrete Formen des Arbeitsgruppensystems nach Maßgabe der jeweiligen technischen und arbeitsorganisatorischen Bedingungen der Betriebe zu entwickeln. Das hat, wenn man die allgemeinen Prinzipien nicht verläßt, keine Vereinzelung der Arbeitsgruppen zur Folge. Vielmehr hat eine praktische Mitbestimmung am Arbeitsplatz nur dann Sinn, wenn sie den realen Arbeitsbedingungen aufsitzt.

Zweifellos ist Mitbestimmung dieser Art kein sich selbst genügendes Prinzip der Interessendurchsetzung. Will Mitbestimmung am Arbeitsplatz nicht durch Isolierung an kurzschlüssigen Verständigungen ersticken, muß nicht nur der Einfluß gesamtgesellschaftlicher Strukturen auf die Arbeitssituation berücksichtigt werden, sondern es müssen auch prinzipiell kritische und initiierende Anstöße von außen kommen. Unabhängige, institutionalisierte Weiterbildung und wirksame Mitbestimmung in Unternehmensleitungen und wirtschaftspolitischen Gremien bleiben daher der politische Bezugsrahmen für wirksame Mitbestimmung am Arbeitsplatz. Umgekehrt sind aber institutionalisierte Weiterbildung und Mitbestimmung auf den höheren Ebenen des Wirtschaftsprozesses auf veränderte betriebliche Kooperationsverhältnisse angewiesen, weil sie nur unter diesen Bedingungen das realisieren können, was virtuell in ihnen an gesellschaftlichen Veränderungen angelegt ist. Mitbestimmung am Arbeitsplatz kann verhindern, daß dieses Veränderungspotential in der Produktionssphäre im Interesse privater Kapitalverwertung umgedeutet und genutzt wird. Sollten die Unternehmensleitungen nicht bereit sein, auf absolete Kooperations- und Entlohnungsformen sowie auf menschliche Bedürfnisse ignorierende Technologien zu verzichten, fiele den Mitbestimmenden am Arbeitsplatz das Recht zu, die Produktivität öffentlich finanzierter Weiterbildung durch Leistungsverweigerung zurückzuhalten.

Der Begriff von Weiterbildung, wie er aus seiner Verschränkung mit praktischer Mitbestimmung hervorgeht, steht im Gegensatz zu Vorstellungen, die Weiterbildung als ein instrumentelles Verfahren zum Erwerb abgreifbarer und im bestehenden Produktionssystem direkt verwertbarer Qualifikationen betrachten. Solche Vorstellungen lassen sich von einem abstrakten Produktivitätsprinzip und technologischem Fortschrittsglauben leiten. Die Widersprüche der kapitalistischen Produktionsverhältnisse werden als fehlende Qualifikation interpretiert und formalisiert; mit deren systematischer Einübung sollen dann alle Probleme gelöst werden. Weiterbildung durch Mitbestimmung steht aber auch im Gegensatz zu Versuchen der Zukunftsplanung, die glauben, einen Katalog von Qualifikationen aufstellen zu können, deren rechtzeitiger Erwerb die menschliche Gesellschaft im Jahre 2000 oder 2050 ›funktionsfähig‹ erhält. Auch dieser Vorstellung liegt die Annahme zu Grunde, gesellschaftliches Handeln in eine bestimmte Anzahl interagierender Qualifikationen zerlegen zu können. Demgegenüber ist aber ohne weiteres denkbar, daß gesellschaftliche Widersprüche und Konflikte auch dann fortbestehen, wenn ein ausreichendes Maß an Qualifikationen auf allen Gebieten vorhanden ist. Zunehmende Qualifikationen können zwar Veränderungen erzeugen, aber sie bestimmen nicht die Struktur künftiger Gesellschaften. Deren vernünftige Einrichtung läßt sich nicht als erlernbare Qualifikation pädagogisch vermitteln. Schließlich wendet sich der hier entwickelte Begriff von Weiterbildung gegen ein Bildungskonzept, das im Erlernen der allgemeinen Lernfähigkeit sein oberstes Prinzip sieht. Wenn die »heutige soziale Mobilität ... die berufliche Arbeit als die Daseinsmöglichkeit der frei gesetzten Subjektivität zu begreifen«[6] erlaube, so kann damit unter den gegenwärtigen Arbeits-

6 Herwig Blankertz, Der Beruf heute. in: Das Handwerk als Leitbild der deutschen Berufserziehung, hrsg. v. Gisela Stütz, Göttingen 1969, S. 271.

marktverhältnissen nur die ins Idealistische gewendete ›freie Lohnarbeit‹ gemeint sein. Das Erlernen der Lernfähigkeit eröffnet von der Seite seiner Verwendung her den Arbeitgebern die Möglichkeit, nach Maßgabe konjunktureller Schwankungen oder technologischer Neuerungen beliebig auf vorhandene Qualifikationen zurückzugreifen oder diese kurzfristig einzuüben. Erst wenn mit erworbener Lernfähigkeit inhaltliche, kulturell vermittelte Ansprüche an Arbeitssituationen verbunden sind, wenn Lernfähigkeit auch Kritik- und Reflexionsfähigkeit meint, könnte sie kulturell untragbaren Arbeitsaufforderungen Widerstand entgegensetzen. Mitbestimmung am Arbeitsplatz, die nach ihrer reflektierenden Seite hin mit Lernen von Lernfähigkeit identisch ist, bringt nach Maßgabe eines allgemeinen Demokratieverständnisses inhaltliche Ansprüche hervor, indem sie den jeweils fortgeschrittensten Stand repressionsfreier Arbeitsbeziehungen artikuliert und zum Ausgangspunkt weiteren Handelns macht. Insofern ist dieser Begriff von Weiterbildung nicht allgemein, sondern interessengebunden, denn er bezieht sich auf jeweils konkrete Interessengegensätze und Konfliktquellen, aus denen er seine strategische Struktur gewinnt. Ein dieserart interessengebundener Bildungsbegriff wäre aber erst wieder zu fordern, weil er den historisch vermittelten Bedürfnissen und Ansprüchen abhängig Arbeitender gerechter wird als jenes Bildungskonzept, das einerseits vorhandene ›Lücken‹ des Systems füllen und andererseits dem einzelnen ein ›gehobenes‹ Existenzminimum sichern möchte. Insofern er mehr will als abstraktes Reflexionswissen und isolierte Detailkenntnisse, hebt er jene Trennung von scheinbar verwertbarem und ›wertlosem‹ Wissen auf, zu der kapitalistische Interessen Bildung verkommen lassen.

Literaturhinweise

a) Aufsätze in den »Gewerkschaftlichen Monatsheften« (chronologisch geordnet)

Hofmann, Werner, Mitbestimmung als Kontrolle im Unternehmen, 19 (1968), H. 8, S. 467 ff.
Vilmar, Fritz, Die Mitbestimmung muß am Arbeitsplatz beginnen, 19 (1968), H. 8, S. 472 ff.
Hoffmann, Reinhard, Erweiterung der innerbetrieblichen Mitbestimmung, 19 (1968), H. 12, S. 719 ff.
Kuda, Rudolf, Mitbestimmung und organisierter Kapitalismus, 20 (1969), H. 2, S. 65 ff.
Preiss, Hans, Erweiterung der innerbetrieblichen Mitbestimmung, 20 (1969), H. 2, S. 114 ff.
Kern, Horst, Mitbestimmung und technische Entwicklung, 20 (1969), H. 4, S. 221 ff.
Schumann, Michael, Möglichkeiten der Mitbestimmung am Arbeitsplatz, 20 (1969), H. 4, S. 226 ff.
Vilmar, Fritz, Arbeitsgruppenbesprechungen im BetrVerfG verankern! 21 (1970), H. 3, S. 135 ff.
Lenk, Erhard, Mitbestimmung am Arbeitsplatz durch gewerkschaftliche Vertrauensleute, 21 (1970), S. 143 ff.
Crusius, Reinhard, Stillstand durch Wandel, 21 (1970), H. 4, S. 220 ff.
Pinther, Helmut, »Mitbestimmung am Arbeitsplatz«, 21 (1970), H. 5, S. 291 ff.
Bilstein, Helmut, Innergewerkschaftliche Demokratie als Bedingung für sozialen Wandel, 21 (1970), H. 6, S. 341 ff.
Thomssen, Wilke, Mitbestimmung und Weiterbildung in der Arbeit, 22 (1971), H. 1, S. 9 ff.
Vilmar, Fritz, Betriebsdemokratische Strategien in Europa, 22 (1971), H. 1, S. 15 ff.
Hoffmann, Reinhard, Tarifpolitik und Friedenspflicht, 21 (1970), H. 12, S. 714 ff.

b) Beiträge in »express international«

von Oertzen, Peter, SPD und Mitbestimmung, V (1968), Nr. 56, S. 8.
Hoffmann, Reinhard, Zur Betriebsverfassung, V (1968), Nr. 56, S. 8 f.
Weber, Michael, Im Schneckentempo. Wie betriebsnah ist die Tarifpolitik der IG Metall?, V (1968), Nr. 56, S. 8.
Matthöfer, Hans, Betriebsnahe Tarifpolitik, V (1968), Nr. 60, S. 7.
Radke, Olaf, »Mitbestimmung am Arbeitsplatz?,« VI (1968), Nr. 63, S. 5.
Moneta, Jakob, Antwort auf Olaf Radke, VI (1968), Nr. 63.
Schmidt, Edgar, Gegenmacht im Betrieb, VI (1968) Nr. 64, S. 5.
Vitt, Werner, Betriebsnahe Tarifpolitik, VII (1970), Nr. 91, S. 8.
Mandel, Ernest, Arbeiterkontrolle, VIII (1970), Nr. 110 (Teil 1), Nr. 111 (Teil 2).
Heilmann, Horst, Die Shop Stewards. Ansätze zur Arbeiterkontrolle in Großbritannien, VI (1968), Nr. 62, S. 6.
Schütz, Michael, »Entmachtet die Räte«. Betriebsnahe Tarifpolitik vorerst gescheitert, VII (1970), Nr. 98, S. 8.

c) Sonstige Bücher und Aufsätze (Auswahl)

Amt für Industrie- und Sozialarbeit der Evangelischen Kirche in Hessen und Nassau, Überlegungen zur Mitbestimmung am Arbeitsplatz, Sonderdruck aus Stimme der Arbeit Nr. 10/1970.
Anker-Ording, Aake, Betriebsdemokratie, Gesellschaftlicher Fortschritt durch Mitbestimmung, Frankfurt/Main, 2. Aufl, 1972.
Brenner, Otto, Perspektiven der deutschen Mitbestimmung, Arbeitsheft 226 der IG Metall, Frankfurt/Main 1972.
Brock, Hindrichs, Hoffmann, Negt, Pöhler, Sund und Welteke, Industriearbeit und Herrschaft, Frankfurt/Main 1969.
Dies., Der Konflikt um Lohn und Leistung, Frankfurt/Main 1969.
Dies., Die Interessenvertretung der Arbeitnehmer im Betrieb, Frankfurt/Main 1969.
Dies., Die Würde des Menschen in der Arbeitswelt, Frankfurt/Main 1969.
Conert, Hansgeorg, Gewerkschaften heute – Ordnungsfaktor oder Gegenmacht? Arbeit und Leben Niedersachsen e. V., (Hannover) 1970.
Deppe, Frank u. a., Kritik der Mitbestimmung, Frankfurt/Main 1969 (edition suhrkamp 358) darin: Kapitel X: Mitbestimmung am Arbeitsplatz, S. 235 ff. Kapitel XI: Arbeiterkontrolle und Mitbestimmung, S. 243 ff.
Deutsche Postgewerkschaft, Mitbestimmungsentschließung des 9. o. DPG-Kongresses 1968, in: Der Deutsche Beamte, 18 (1968), H. 10, S. 183 ff.

Deutscher Gewerkschaftsbund, Aktionsprogramm, überarbeitete Auflage 1971.

Gorz, André, Zur Strategie der Arbeiterbewegung im Neokapitalismus, Frankfurt/Main 1967.

Graser, Gilbert, Mitbestimmung am Arbeitsplatz und innergewerkschaftliche Demokratie, Gewerkschaftliche Umschau, 13 (1969), H. 4, S. 107 f.

Heidelberger Blätter (Bahrdt, Frielinghaus, Hillmann u. a.), Selbstbestimmte Belegschaftskooperation gegen kapitalistische Hierarchie und Bürokratie, Heidelberger Blätter 14/16, 1969–70.

Helfert Mario, Industrielle Arbeit als politische Gestaltungsaufgabe, WWI-Mitteilungen, 24 (1971), H. 1, S. 17 ff.

Herding, Richard, Industrielle Demokratie in Großbritannien, Arbeitsheft 218 der IG Metall, Frankfurt/Main.

Hillmann Günter, Die Befreiung der Arbeit, Reinbek 1970 (rde 342/3).

Hoffmann, Reinhard, Mitbestimmung am Arbeitsplatz, in: Gewerkschaftliche Umschau, 13 (1969), H. 4, S. 82 ff.

Kalms, Gudrun, Die ›Mitbestimmung am Arbeitsplatz‹ in der Strategie der Gewerkschaften und der Arbeitgeberverbände der Bundesrepublik, unveröffentlichte Diplomarbeit, Otto-Suhr-Institut, Berlin 1970.

Kern/Schumann, Industriearbeit und Arbeiterbewußtsein (2 Bände), Frankfurt (M), 1970.

Kuda, Rudolf, Arbeiterkontrolle in Großbritannien, Frankfurt/Main 1970.

Leminsky, Gerhard, Mitbestimmung am Arbeitsplatz, im Betrieb und im Unternehmen, in: Das Mitbestimmungsgespräch, 15 (1969), H. 10, S. 163 ff.

Mandel, Ernest, (Hrsg.), Arbeiterkontrolle, Arbeiterräte, Arbeiterselbstverwaltung. Eine Anthologie, Frankfurt/Main 1971.

Matthöfer, Hans, Die Bedeutung der Mitbestimmung am Arbeitsplatz und im Betrieb für die politische Bildungsarbeit der Gewerkschaften, Die neue Gesellschaft, 15 (1968), H. 1, S. 37 ff.

Müller-Jentsch, Walter, Mitbestimmung oder Arbeiterkontrolle? atomzeitalter 12, 1967, S. 693 ff.

Negt, Oskar, Soziologische Phantasie und exemplarisches Lernen, Frankfurt/Main 6, 1971.

von Oertzen, Peter, Analyse der Mitbestimmung. Ein Diskussionsbeitrag, Hannover 1965 (Arbeit und Leben).

Papcke, Sven G. (Hrsg.), Anpassung oder Widerstand? Frankfurt (M) 1969; darin: Detlev Albers, Gewerkschaften versus Arbeiterräte, S. 115 ff.

Radke, Olaf, Betriebsnahe Tarifpolitik, Arbeitsheft 400 der IG Metall, Frankfurt/Main.

Ders., Mitbestimmung – was ist das? in: Der Sozialdemokrat, 13 (1968) 10, Ausgabe 1, Frankfurt/Main, S. 1 f.
Schmidt, Eberhard, Ordnungsfaktor oder Gegenmacht. Die politische Rolle der Gewerkschaften, Frankfurt/Main 1971, bes. S. 167 ff.
Schneider/Kuda, Mitbestimmung, München 1969.
Trentin, Bruno, Aktuelle Tendenzen des westeuropäischen Kapitalismus und die Strategie der antikapitalistischen Strukturreform, in: Heidelberger Blätter, 5 (1968), H. 12/13, S. 69 ff.
Vilmar, Fritz, Die Mitbestimmung am Arbeitsplatz, Gewerkschaftsspiegel, 8 (1971), H. 7 (Sonderheft), und Neuwied-Berlin 1971.

Quellennachweise

Michael Schumann, Möglichkeiten der Mitbestimmung am Arbeitsplatz, veröffentlicht in: Gewerkschaftliche Monatshefte, 20 (1969), H. 4, S. 226 ff.

Reinhard Hoffmann, Die Erweiterung der innerbetrieblichen Mitbestimmung durch Arbeitsgruppen, veröffentlicht in: Gewerkschaftliche Monatshefte, 19 (1968), H. 12, S. 719 ff.

Wilke Thomssen, Mitbestimmung und Weiterbildung in der Arbeit, veröffentlicht in: Gewerkschaftliche Monatshefte, 22 (1971), H. 1, S. 9 ff.

Die übrigen Beiträge wurden für diesen Band bearbeitet oder neu geschrieben.

Theorie und Praxis der Gewerkschaften

Aake Anker-Ording
Betriebsdemokratie

Walter Auerbach
Zusammenhänge,
Illusion und Wirklichkeit der sozialen Sicherheit

Otto Brenner
Für eine bessere Welt

Isaac Deutscher
Die sowjetischen Gewerkschaften
Ihr Platz in der sowjetischen Arbeitspolitik

Eric Ertl
Alle Macht den Räten?

Reinhard Hoffmann
Rechtsfortschritt durch gewerkschaftliche Gegenmacht

Karl Korsch
Schriften zur Sozialisierung

Fritz Naphtali
Wirtschaftsdemokratie
Ihr Wesen, Weg und Ziel

Oskar Negt
Soziologische Phantasie und exemplarisches Lernen
Zur Theorie und Praxis der Arbeiterbildung

Oswald v. Nell-Breuning
Mitbestimmung

Karl Neumann
Konjunktur und Konjunkturpolitik

Herwig Roggemann
Das Modell der Arbeiterselbstverwaltung in Jugoslawien

Eberhardt Schmidt
Die verhinderte Neuordnung 1945–1952

Lutz Unterseher
Arbeitsvertrag und innerbetriebliche Herrschaft
Eine historische Untersuchung

Themenkreis Betrieb

1
Industriearbeit und Herrschaft

2
Der Konflikt um Lohn und Leistung

3
Die Interessenvertretung der Arbeitnehmer im Betrieb

4
Die Würde des Menschen in der Arbeitswelt

Europäische Verlagsanstalt